KB236569

UNDERSTANDING JAPAN

우리가 잘 몰랐던 일본
그 진실과 매력 15가지

UNDERSTANDING JAPAN

우리가 잘 몰랐던 일본
그 진실과 매력 15가지

펴낸날　　초판 1쇄 2025년 7월 25일

지은이　　강철근
펴낸이　　서용순
펴낸곳　　이지출판

출판등록　1997년 9월 10일
등록번호　제300-2005-156호
주소　　　03131 서울시 종로구 율곡로6길 36 월드오피스텔 903호
전화　　　02-743-7661　　　　**팩스**　02-743-7621
이메일　　easy7661@naver.com
디자인　　조성윤
인쇄　　　ICAN
물류　　　(주)비앤북스

값 18,000원

ISBN 979-11-5555-258-2 03300

UNDERSTANDING JAPAN

우리가 잘 몰랐던 일본
그 진실과 매력 15가지

강철근 지음

이지출판

신은 디테일 속에 있다

일본은 무엇인가? 일본인은 누구인가? 그리고 일본은 우리에게 무엇인가? 이 질문들은 인문학적 사회학적 국제정치학적 관점에서 절실한 것이다. 요즘같이 내일을 알 수 없는 혼돈의 시대에 이르러서는 더욱 그러하다.

우리 경제계의 리더 한 분이 "미래 한일 협력의 크기는 엄청난 상승효과를 낼 것이다"라고 한 말은 시의적절하다. 트럼프 시대의 광풍 속에서 동아시아의 리틀빅맨으로서 자존심과 자부심을 지켜 나가는 한일 두 나라는 많은 분야에서 상호 협력의 바탕을 마련해야 하는 역사적 과제를 부여받고 있다. 이제 우리 젊은이들이 만들어 나갈 새로운 미래와 신한일 관계는 선택이 아닌 필수 항목이 되었다.

지금 세계 속의 한류 문화를 과시하는 우리 젊은이들이 간과하면 안 되는 중요한 것은 역사 인식이다. 역사학자 카(E. H. Carr)가 말했듯이 역사는 과거와 현재의 대화이며, 과거는 현재의 눈으로 매 순간 다시 해석하는 것이다. 앞만 보고 달려가다가도 가끔 멈춰서서 돌아볼 필요가 있다. 나아가 옆도 보아야 한다. 지금 세계사의 중심추는 돌고 돌아 동아시아로 오고 있는 중이다. 그중에서도 우리가 핵심이 되고 있다. 그 당위성은 오직 역사 인식을 바탕으로 존재한다. 언론에 의한 표피적인 지식으로는 안 된다. 정치에 오염된 편향된 지식으로도 안 된다. 인문학적이며 사회학적인 고통스러운 성찰이 선행된 것이라야 한다.

일본에 대해 우리가 가지고 있는 인식은 어떠한가? 그들에 대한 종주국 의식이나 문화적 자부심과 또 한편 식민의 역사적 열등감이 교차하지는 않는가? 이제 대서양의 시대는 쇠퇴하고 극동아시아 시대, 태평양 시대의 도래와 함께 시대정신의 대변혁이 이루어져야 한다. 그 역사 인식 또한 크게 달라져야 한다.

저 아득한 7세기에서 비롯된 질풍노도의 역사적 변곡점을 관통해 온 동아시아의 새 역사는 지금 21세기에 또다시 격변하고 있다. 작은 부분에서 시작된 그 변화를 15가지 키워드에서 찾고자 한다. 하나하나의 키워드는 작지만 결코 작지 않다. 그 속에 숨어 있는 의미는 크다는 뜻이다.

"신은 디테일 속에 있다"는 말처럼 우리가 전혀 몰랐던 일본의 진실(팩트)과 매력을 디테일하게 새롭게 발견할 수 있는 소프트웨어를 찾자는 이 책의 의도대로 너무나 일본적인 '돈가스' 이야기부터 시작했다. 이러한 현대적 키워드를 찾아 새로운 일본을 말하려는 것이다.

이제 독자 여러분과 함께 멋진 여행을 떠나려고 한다.

도봉산 자락에서
저자 강철근

CONTENTS

제 1 장

일본에 대한
우리의 의식

　도쿄 긴자에 있는 경양식집 렌가테이(煉瓦亭, Rengatei)는 세계적인 돈가스와 오므라이스의 발상지다. 1895년에 창업한 이곳은 4대째 가업을 잇고 있으며, 지금도 여전히 처음 요리법을 그대로 유지해 오고 있다. 나도 일본에 가면 들르는, 아니 요즘 우리 젊은이들이 즐겨 찾는 경양식집이다.

　돈가스와 오므라이스는 비싼 음식이 아니다. 긴자에서는 오히려 저렴한 편이다. 점심은 2,000엔대(1인당), 저녁은 3,000~5,000엔 정도면 맥주 두어 잔과 함께 식사를 할 수 있다. 다만 예약을 받지 않는다. 일본의 인기 있는 맛집은 대부분 예약을 받지 않는다.

　전통음식은 그 나라의 진심이 담겨 있는 정신문화다. 돈가스와 오므라이스는 일본의 정신이 담겨 있는 전통요리다. 이렇게 말하면 어리둥절해할 사람이 있을 테지만, 그러나 사실이다. 일본인들이 오랫동안 외국에 나가 있다가 귀국하면, 아니 외국에서 향수병에 걸려 있다면 그들은 돈가스나 오므라이스, 미소시루(된장국)를 먹으면 당장 낫는다고 한다.

　그들이 돈가스와 오므라이스를 자기 음식 문화화한 배경은 아는 사람들만 안다. 나도 유학하면서 그들과 함께 어울리면서 알게 되었다. 그들의 장인정신은 사소한 음식 하나에도 온 정신을 쏟는다. 일본 돈가스와 오므라이스의 역사를 보면 이 말에 수긍이 갈 것이다. 150여 년 전부터 그들이 이 두 가지 음식에 쏟아부은 정성과 노력은 실로 눈물겹다. 그래서 메이지 유신을 '요리 유신'이라고도 한다. 수천 년 동안 일본인은 제대로 된 음식을 먹어 본 적이 없다. 고기 요리는 더하다. 한국인들이 300여 가지 소고기 요리 레시피를 얘기하면

기절한다. 그것도 일반인들이 가정에서 흔히 먹는 요리 종류라니!

일본 대표 음식 중 하나인 돈가스를 말하자면 일본 현대 요리 전반에 대한 이야기가 나온다. 그만큼 돈가스의 역사와 의미가 크다. 일본 요리의 역사는 150년 남짓이다. 드라마 '대장금'에서 보여 준 것과 같이 요리의 역사가 유구한 우리나라와 비교가 되지 않는다. 한국이나 중국은 요리의 역사가 장대한 만큼 그 질과 양도 무궁무진하다.

그런데 근대 이후에 일본 요리는 일약 뉴욕이나 동남아, 중동 그리고 전 세계에 엄청난 속도로 퍼져 나가 고급요리의 대명사가 된 지 오래다. 세계 어느 곳을 가도 그 도시의 가장 비싸고 고급진 음식점은 일본 요리 식당이다. 반면 중국 요리나 한국 요리 음식점은 꼭 그렇지 않다. 대체 어떻게 된 일일까? 지금부터 그 역사와 배경을 탐색해 보자.

도쿠가와 막부는 말기에 이르러 세상의 큰 변화를 감지하고 적극적으로 서구에 사절단을 파견하였다. 그중에서 특히 젊은 번주(성주)들을 사절단으로 보냈다. 그 후 젊은 리더들이 돌아와서, "중국이나 조선처럼 서양을 무조건 배격하는 양이론(攘夷論)으로는 안 된다. 하루빨리 개국하여 서양을 배워야 한다"며 '화혼양재(和魂洋材, 일본의 정신에 서구의 기술)'의 기치를 내걸었다. 결국 그들이 중심이 되어 메이지 유신(1868년 젊은 무사집단이 정변을 일으켜 도쿠가와 막부를 무너뜨리고 천황 중심의 군주국을 다시 세웠다)이 일어나고, 메이지 천황이 옹립되었다.

16세의 젊은 메이지는 숱한 어려움이 있었지만 과감하게 새로운 시책들을 밀어붙였다. 그중에서 가장 중요하고 의미 있는 것은 1,200여 년간 '육식 금지'라는 금기를 깬 것이다. 그가 메이지 유신 직후인 1872년 처음으로 육고기를 시식하면서 일본에 육식 시대를 열었다. 육식으로 체격을 키워 체력에 대한 열등감을 털어 버리고, 서양 요리를 보급하여 그들의 뛰어난 음식 문화, 나아가 새로운 문명을 섭취, 흡수, 동화하려 하였다.

새로운 일본 정부는 육식을 통해 급속한 근대화 추진을 이루고, 서구 선진국 대열에 들기 위해 서양 문명을 도입하고자 했다. 육식은 곧 서양 문명이었으며, 육식을 통해서만이 서구의 근대화를 이룰 수 있다고 믿었다. 그런 의미에서 일본의 요리 역사서들은 육식의 역사를 메이지 유신에 버금가는 '요리 유신'이라고 평가하고 있다.

문화적 자부심과 역사적 열등감

일본을 방문하는 한국인들은 일본에 있는 유형무형의 유물이나 유적 혹은 무엇을 보건 "저건 우리 한국에서 건너간 거야. 혹은 우리 것을 흉내 낸 거 아닐까?"라고 한마디씩 한다. 유형의 명승고적이나 건축물, 무형의 음악이나 습관, 마쓰리(축제)의 군무, 일본 국민이 즐기는 스모, 그리고 음식을 먹으면서도 "이건 우리나라에서 배워 간 걸 거야"라고 한다.

이러한 한국인의 끝없는 일본에 대한 종주국 의식. 이는 한편으로는 문화적 자부심에서, 또 한편으로는 역사적 열등감에서 기인할 것이다. 언론 기사를 봐도 알 수 있다. 한국 언론에서 일본에 관한 것은 하루도 빼놓지 않고 비교나 비판 기사가 올라온다. 기사 종류를 불문하고 일본이 어떻게 논평하고 어떤 반응이 있었는지도 매우 중요하게 다룬다. 대체 이 부분에서 왜 일본 얘기가 나오는지 의아할 정도다. 일본 언론에서조차 다루지 않는 네티즌의 코멘트를 왜 인용하는지 모르겠다. 심지어 일본 어느 절의 주지가 말한 내용도 크게 인용한다. 아마 우리나라 주지가 기자들과 밥을 먹으며 "에이, 저 한심한 일본 사람들!"이라고 한 말이 기사화되면 어떻게 될까? 일본 기자가 보도할까?

일본 언론은 다르다. 그들은 의식적으로 한국에 관한 기사를 외면한다. 온통 미국과 중국, 유럽에 관한 기사로 도배를 한다. 우리처럼 일본 어느 절의 주지가 한마디한 것을 대서특필하지 않는다. 우리처럼 일본 정치인이 한마디한 것을 중요하게 다루지 않는다.

뿐만 아니라 아시안게임 금메달 기사는 자국 선수라도 거의 다루지 않는다. 한국과 일본은 숙명의 라이벌이라고? 아시안게임 축구 결승전 한일전에 관한 것도 우리는 지상파 방송 3사가 정규 방송 다 제치고 생중계하지만, 일본에서 그 경기를 보려면 TV는 고사하고 웬만한 인터넷 도사 아니면 컴퓨터에서도 찾을 수 없다. 우리 기자들이 일본 네티즌 반응이라며 쓴 기사를 보면 절로 감탄이 나온다. 대체 그걸 어디서 찾았는지….

일본인들은 그런 의미에서 한국인보다 훨씬 순진하지 못하다. 비교하자면 한국인은 세상 물정 모르는 시골 양반이고, 일본인은 시장 장사꾼과도 같다. 게임이 안 된다.

일본이 모든 면에서 한창 잘나가던, 그래서 '재팬 넘버 원'을 외치던 80년대에 남들 다 가는 미국이 아닌 일본 유학을 감행(?)한 나로서는 여러 가지 소회가 있다. 멀리서 바라보던 일본과 가까이 속으로 들어가서 만난 일본은 당연히 너무 달랐다. 곤혹스럽기까지 했다. 그들은 풍요 속에서 포식사회를 만끽하고 있었으며, 국제사회에서 막강한 지위를 누리고 있었으며, 평화의 기치를 내걸고 유유자적하고 있었다. 사실 그랬다. 그들은 막강했다. 그들 말대로 이미 모든 분야에서 아시아를 뛰어넘고 있었다.

나는 엉거주춤한 상태에서 일본 사회의 진면목을 바라보기 위해 기본에

충실하기로 마음먹었다. 일본이 궁금했다. 막부 시대부터 메이지 유신까지 그리고 그 이후 그들의 엄청난 비약이 궁금했다. 임진왜란을 다시 보고, 일본이 당시 조선에서 배워 간 선진 문물이 그들을 변화시켰듯이 막부와 메이지 유신이 그들을 발전시킨 것은 이해하였지만, 그런 변화를 사회 발전으로 연결시킨 일본 사회의 본질이 궁금했다.

나는 학교 수업은 물론 책, 신문, TV 등 무엇이든 섭렵하였다. 지역 모임에도 나갔다. 일본이라는 비밀의 문을 여는 열쇠를 찾기 위해 헤매는 전사처럼 깊은 숲속을 헤쳐 나갔다. 그때 특히 눈에 띄는 단어는 '포식사회'와 오락 엔터테인먼트와 연관되는 말들이었다. 일본 매스컴은 시도 때도 없이 일본의 오늘을 포식사회의 모습으로 규정하며 일본과 세계의 요리를 내놓고 줄기차게 먹어댔다. 그러면서 자국민에게 무조건 즐기라고 몰아붙이고 있었다.

TV에서는 24시간 스포츠와 오락 프로그램을 쏟아냈다. 음란물도 시도 때도 없이 틀어댔다. 정말 일본은 엔터테인먼트의 천국이었다. 당시 근엄하기만 한 우리 상황과 너무 대비되었다. 나는 그 무궁무진한 콘텐츠와 그들의 포용성이 좋았다. 그리고 한편 일본의 각 지방과 전 세계 요리를 가져다가 무진장 먹어대는 포식사회가 부러웠었다.

그러던 중 일본의 엄청난 무역 역조에 대항하여 미국 등 경쟁국들의 압박으로 일본은 듣도 보도 못한 엔고 쓰나미를 맞았다. 순식간에 엔화가 거의 두 배 이상 뛰어올라 무역 역조에 맞먹는 경제 난국에 처하게 되었다. 일본은 1달러당 100엔을 마지노선이라고 아우성쳤고, 실제로 그 마지노선에서 오르내렸다. 일본 중소기업은 연일 비명을 질러댔다.

그러나 정작 죽어나는 건 일본 내 유학생들이었다. 그들이 가진 엔화가 반 이하로 가치가 줄어들었기 때문이다. 가난한 나라에서 온 유학생들이 실제로 굶어 죽거나(중국과 아프리카 유학생 몇몇이 굶어 죽은 기사가 났었다) 거리로 내몰렸고, 주일 미군 강도사건이 계속 보도되었다. 하여간 엔고의 파장은 너무나 컸다.

그 무렵 마침 한국인들(앞으로 이 책에서 한국인들이라 함은 60만 재일교포와 필자를 포함한 당시 2만여 유학생들을 말한다)을 흥분시키는 일이 있었다. 학교 주변 식당이나 주점에서 가끔 들리던 노래가 점차 TV나 라디오에서 흘러나왔다. 학교 행사 때도 학생들과 교수들이 이 노래를 불렀다. 우리가 70년대 말부터 부르던 그 노래, 조용필의 '돌아와요 부산항에'가 80년대 중반 도쿄에서 불리고 있었다. 그때 이 노래는 그냥 노래가 아니라 애국가나 성가처럼 들렸다. 내가 이국 생활에서 접한 최초의 경이로움이었다.

그건 문자 그대로 자부심과 열등감이 교차하는 복합 심리였다. 솔직히 말하면 80년대 중반 나는 일본이라는 나라에 대해 부러운 마음과 조국에서 연일 들려오는 우울한 소식에 주눅들어 있었다. 당시 일본 언론은 한국 상황에 대해 매우 비판적이었고, 한국 정부는 이런 기사를 엄격하게 통제하고 있었다.

슈퍼스타 조용필의 등장

이런 상황에서 조용필의 등장은 나만이 아니라 재일교포 모두에게 큰 위안이 되었다. 그는 과연 슈퍼스타였다. 물론 다른 가수들도 있었지만 조용필은 압도적이었다. 일본 매스컴을 도배하다시피 한 조용필을 일본인들은 정말 좋아했다. 몇몇 교수는 회식 때 나에게, 자신들이 노래를 부를 테니 평가해 달라고까지 했다. 나는 졸지에 그들의 한국 노래를 평가해 주기도 했다.

30여 년이 흐른 지금 되돌아보니 격세지감이 느껴진다. 세계 속에서 연일 기세를 떨치고 있는 우리 아이돌들의 파워에 가장 민감하게 반응하는 나라는 일본이다. 특히 몇 년 전부터 극우단체의 반한류 데모가 곳곳에서 벌어지는 것을 보며, 나는 웃음을 참을 수가 없었다. 아니, 나보다 더 통쾌한 웃음을 터뜨리는 사람들은 재일교포, 특히 평생 일본에서 한스러운 삶을 살아온 도쿄 우에노 뒷골목에서 작은 식당을 하는 김씨네 가족일 것이다. 지금도 가끔 한국인 차별 반대 데모를 벌이는 그들은 전 세계를 뒤흔들고 있는 BTS나 블랙핑크 등 케이팝의 광풍에 반한류 데모를 하는 일본인 데모대를 바라보며 어리둥절해하고 있을 것이다.

한일 관계에 별다른 감정이 없는 우리 청년들이 격렬하게 벌이는 축제에 나는 기꺼이 동참하고 있다. 이제 비로소 새로운 한일 관계가 이루어지고 있음을 확신하며, 한일 두 나라는 서로 다시 보고 다시 인식해야 한다. 우리에게 일본은 무엇인지 다시 생각해야 하며, 그들과의 관계도 새롭게 정립해야 한다.

그래서 여기서 쓰고자 하는 이야기는 새로운 관점에서 보는 일본과 일본인론이다. 임진왜란과 이순신 이야기(『나의 징비록』)와 『한류 이야기』를 쓴 작가로서가 아니라 21세기를 살아가는 한 사람으로서 일본을 다시 보고 다시 쓰고자 한다. 특히 새로운 일본인들이 만들어가는 일본 문화와 사회를 중심으로 다시 쓰려고 한다.

사실 이전에는 일본의 역사나 정치에만 관심을 기울였었다. 다시 말해 일본의 하드웨어에만 관심을 두었다. 그러나 한 세대가 지난 지금, 나는 그런 거창한 것보다 작고 세밀한 소프트웨어에 훨씬 더 관심을 갖기 시작했다. 사실 돈가스 같은 것에는 관심도 없었다.

90대 후반 일본 대중문화 개방 당시 우리는 얼마나 노심초사했던가. 그들에게 문호를 개방하는 순간 한국은 일본의 무지막지한 게임, 제이팝, 애니메이션

등 일본 대중문화의 쓰나미에 다 먹힐 것으로 추측했다. 그래서 대다수 학자들과 일반 대중은 일본 대중문화 개방을 적극 반대했다.

하지만 1998년 가을, 모든 문화 수입을 전면 개방했다. 그런데 바로 그 순간부터 한류 대중문화의 씨앗이 태동하게 될 줄이야! 한류는 바로 그때부터 시작되었다. 항상 그러했듯이 우리는 위기에 봉착하면 괴력을 발휘한다. 역설적으로 말해 한류는 일본 대중문화 개방을 통해 일깨워졌고 발전하였다.

실로 21세기 한국과 일본의 대중들은 이제까지와는 전혀 다른 양상으로 존재한다. 그들은 매사에 쿨하며 거리낌이 없다. 전 시대의 감정 찌꺼기 같은 것은 아예 없다. 그들은 동시대의 감성을 공유하면서 비로소 같은 것을 같은 시각으로 바라보기 시작하였다.

그 주역은 두 나라의 여성과 젊은이들이다. 이미 세계 문화의 주도권이 여성과 청소년에게 넘어갔다고 하지만, 그 실체가 21세기 한일 양국에서 적나라하게 펼쳐지고 있었다. 그들은 구김살이 없다. 좋은 건 좋은 거다. 일본의 젊은이와 여성들이 그러하고 한국의 그들이 그러하다.

일본의 수많은 여성과 젊은이들이 '겨울연가'의 배용준 배우가 좋아서 남이섬으로 춘천으로 몰려다니고, 한국 광장시장과 전국의 맛집을 찾아다닌다. 한국의 젊은이들은 일본 도쿄 롯폰기의 맛집을 찾아 나선다. 한국의 BTS와 블랙핑크의 일본 전국 투어 한 번 공연에 5만 명의 젊은이들이 열광하고, 일본 지방 곳곳을 찾아다니는 한국 여성과 청년들로 일본의 외래 관광객 1위를 차지하고 있다. 그들은 다르다.

1895년에 개업해 130년이 넘게 오늘날까지 사랑받고 있는 노포, 렌카테이.
일본의 오므라이스와 돈가스의 원조인 경양식집이다.

제 2 장

돈가스의
사상을 말한다

메이지 유신은 요리 유신?

일본의 전통음식은 없다

일본의 전통음식에는 무엇이 있을까? 먼저 생선회, 스키야키, 우동, 메밀국수, 돈가스 등을 떠올릴 것이다. 그러나 아니다. 결론부터 말하면 일본 고유의 전통음식은 없다. 단 하나도 없다. 놀랍게도 없다. 그들의 주식인 밥과 된장국조차 어디서 왔는지 불분명하다.

나는 이에 대한 의문을 풀기 위해 현대 일본 음식 중 가장 대표적인 돈가스 이야기를 하려고 한다. 그만큼 돈가스가 가진 역사와 의미가 크기 때문이다. 일본 유학 시절 학교 구내식당에 점심을 먹으러 가면 메뉴는 늘 우동, 라면, 도시락 혹은 돈가스였다. 간혹 멀리 가 봤자 샤브샤브 정도 추가다. 사실 이것이 일본의 대표적인 가정요리다. 일본 문화에 관심이 많은 나는 식사 때마다 요리에 대해 질문했다.

"이건 무엇으로 만든 건가요?"

"이건 샤브샤브니까 몽골에서 온 거겠죠?"

"돈가스는 양식에서 유래한 거죠?"

"카레라이스는 물론 인도에서?"

"우동은 일본 전통요리겠죠?"

일본인 친구들은 내가 질문하기 시작하면 고개를 절레절레 흔들며, "또 시작이군. 이제 그만 좀 해요." 그러면 나는 "당신들이 제대로 안 가르쳐 주니 그런 거 아니오." "우리도 잘 몰라요." "일본인이 일본 음식을 잘 모른다고?" 이런 대화가 이어졌다.

정말 그들은 일본 음식에 대해서 잘 몰랐다. 왜냐하면 일본 음식의 정체 자체가 불분명하기 때문이다. 전문가가 아니면 그들은 매일 먹는 요리에 대해 잘 모른다. 한국인들이 한식에 대해 전문가적 식견을 갖고 있는 것과 비교되는 대목이다. 다만 일본인들은 맛보다는 멋과 눈요기를 즐긴다. 그래서 그들은 음식은 눈으로도 먹는다고 한다. 이건 사실 음식에 대한 맛과 전통에 대한 자신감의 결여가 아닌가?

일본은 아득한 옛날 백제와 관련이 많은 7세기 덴무(天武) 천황이 불교의 영향과 섬나라의 빠듯한 식량 사정 때문에 살생과 포식을 금지한 이래, 도쿠가와 에도 막부 시대(1603~1867) 260여 년간을 거쳐 메이지 유신 시대(1868년 이후)에 이르기까지 1,200여 년 동안 고기 먹는 것을 철저히 금지시켰다. 그러다가에도 막부 시대 말기에 이르러 일본의 대외교류가 활발해지고 서양 문화를 접하기 시작하면서 모든 면에서 엄청난 충격을 받았으며, 오히려 한 걸음 더 나아가 그 충격을 거부하지 않고 적극 받아들였다. 이 점이 중국과 조선과 달랐다. 그때부터 동북아 삼국의 역사는 뒤바뀌게 되었다.

도쿠가와 막부 15대 쇼군 도쿠가와 요시노부(德川慶喜)는 우여곡절 끝에 새로운 메이지 천황에게 정권을 넘겨주며 왕정 복고(봉환)를 선언했다. 이와 함께 메이지라는 새로운 시대, 근대화를 촉진시킨 '메이지 유신' 시대가 도래하였다. 신흥 군주 메이지는 일본의 국정지표를 쇄국에서 단번에 개국으로 대전환하고 서양 따라잡기에 올인하여 근대화 개혁을 강하게 추진하였다.

그는 발상의 대전환으로 육식을 선포하고, 서양 음식을 반강제로 보급하여 체형적으로 문화적으로 서구에 대한 열등감을 해소하고자 했다. 그러나 메이지 유신은 결코 쉽지 않았다. 나라 전체가 혼돈의 소용돌이에 휩싸였다. 신구 세력의 갈등은 첨예하게 부딪혔고, 저마다 지사와 열사를 자처하며 붕당을 만들어 대치하였다. 이러한 혼돈 속에 쓰러져 간 애국지사는 480여 명에 달했다. 메이지 유신에 대한 이야기는 뒤에서 더 하겠다.

막부 말기 상황을 절실하게 표현한 인물이 있다. 서구 통상사절단을 처음 접한 왕실의 한 통역사는 당시 상황을 "나는 서양 문화를 처음 접했을 때 마치 암실에서 햇빛 환한 곳으로 나왔을 때의 눈부심 같았다"고 말했다.

그들은 진짜 그렇게 느꼈고, 메이지 신정부는 일본의 급속한 발전을 기획하고 실행에 옮겼다. 메이지 원년 1868년부터 1872년까지 5년간의 변화를 보아도 그들이 얼마나 새로운 변화를 염원하고 초조해했는지 짐작할 수 있다.

우선 수도 '에도'를 '도쿄'라 하고, 교토부에 신교육의 효시인 초등학교와 대학교를 세웠다. 그리고 도쿄와 요코하마 사이에 전신을 개통하고 국회(중의원)를 개원했다. 정부에 일본 경제 발전 모델을 이끄는 통상산업성을 설치하고, 각종 사절단을 서양에 파견했으며, 남녀 학생들을 미국에 유학 보내고, 도쿄에 사범학교를 설립, 신바시와 요코하마 사이에 철도를 개통했다. 그들은 이러한 격렬한 변화를 처음 고기를 먹으면서 맞이하기 시작하였다.

대체 돈가스는 어떻게 생겨난 걸까?

원래 가축을 먹는 것은 도래인(고대 삼국시대에 한반도에서 일본으로 건너간 사람들을 지칭하는 일본식 표현. 이 말에는 무언가 두렵고 범접하기 어려운 사람들이라는 뜻이 담겨 있다)의 습성으로 고대 일본에는 없던 습관이었다. 사실 육식 금지 정책은 덴무 천황 이전 덴지 천황 등 도래인 세력과 동일시되거나 가까웠던 세력에 저항하고 탄압하기 위한 덴무의 새로운 결단이었다. 막강한 백제 출신 도래인 세력을 등에 업은 덴지 천황을 천신만고 끝에 물리친 덴무 천황은 불교의 도래와 함께 대두되기 시작한 불교 교리를 국정철학으로 삼고, 그 명분을 내세워 도래인 세력을 억압하고 견제하기 위한 육식 금지 정책을 밀어붙였다.

그 찬란한 백제 문화를 가지고 일본으로 건너간 백제인들은 당시 일본의 후진적인 생활과 문화를 접하면서 하나하나 가르치며 정착했다. 그리고 육식이라고는 전혀 모르는 그들에게 육식을 가르쳤다. 7세기 초 덴지 천황이 새 나라를 건설하고자 백제 도래인들과 함께 자리 잡았던 오미(近江) 지방은 백제나 신라에서 건너간 도래인들이 정착해 살던 곳으로, 당시부터 그곳은 좋은 소를 사육하는 기술이 뛰어나 지금도 '오미소'나 '오쓰소'의 산지로 유명하다.

몇 년 전 오사카성을 보러 갔을 때, 개보수 작업으로 절반은 가림막으로 덮였고 공사 안내문에 '나니와(難波)의 꿈을 되살리는 작업'이라고 크게 쓰여 있는 것을 보고 목이 잠겨 오는 것을 느꼈다. 나니와는 오사카 지방의 옛 지명으로 인근의 오미, 오쓰 등과 함께 백제 도래인들의 슬픔과 한이 서려 있는 곳이다. 오죽하면 그 지명이 나니와(難波)였을까? 내 귓가에는 나당연합군에 의해 처절하게 무너져 내린 백제국을 탈출하여 난파선을 타고 일본에 망명한 백제인들의 절규가 들리는 듯하였다.

침몰해 가는 조국 백제를 도망치듯 떠나오며 얼마나 많은 유민들이 가슴속 한을 감추고 있었을까? 그 바닷길은 또 얼마나 시커멓고 무서웠을까? 그래서 천신만고 끝에 도착한 오사카 항구를 비추는 달빛은 어떠했을까? 일본인들은 아직도 그 옛날 천여 년 전의 기억을 그대로 간직하고 있구나 하고 생각했다. 제명여제(의자대왕의 누이동생)와 그 아들들인 덴지, 덴무 천황이 만들어 간 옛 일본의 처절한 역사는 아직도 펄펄 살아 있었다. '그 나니와의 꿈은 무엇이었을까?'

메이지 시대에 비록 육식이 해금되었다 해도 고기가 서민의 식탁에 오르기까지는 많은 시간이 걸렸다. 백성들은 당연히 육고기를 멀리했다. 너무 비쌌고, 어떻게 조리하는지 방법도 몰랐다. 그만큼 일본인에게 육식은 엄청난 일이었다. 한국에서 소고기 요리가 수백 가지가 넘는다는 이야기에 그들은 놀라움에 앞서 우선 믿으려 하지 않는다.

우리나 일본이나 소고기 요리는 먼저 냄비에 넣고 끓이는 전골을 먹게 된다. 고기에 대한 저항감을 완화시키는 데는 무엇보다 냄새를 없애는 것인데, 고기에 된장을 넣고 일본인에게 친근한 파, 곤약, 두부 같은 재료와 함께 끓이는 것으로, 여기서 일본 소고기 전골인 스키야키가 나왔다. 이것이야말로 일본 고기 요리의 효시였다. 스키야키의 어원은 여러 가지 설이 있는데, 소고기를 스키(쟁기)에서 구운 데서 나왔다는 설, 스기(삼나무) 판자에 끼워서 구웠던 스키야키의 와전이라는 설, 도쿠가와가 매사냥에서 돌아오는 길에 쟁기 위에다 새를 구워 먹은 데서 나왔다는 설도 있다.

서민들이 자유롭게 육식을 먹게 된 것은 육식이 해금된 지 한참 지난 다이쇼 시대(1912~1926)와 쇼와 시대(1926~1989)로 넘어가는 시기였다. 이때 드디어 돈가스가 탄생하게 되는데, 스키야키처럼 일본 서민들이 다가가기 쉬운 고기라 해도 처음부터 먹을 수는 없었다. 더군다나 서양인들처럼 고기와 빵을 함께 먹는다는 것이 얼마나 어려운 일인지 몰랐다. 당연히 일본인들은 주식인 밥과 가장 잘 어울리는 일양(日洋) 절충 양식을 찾으며 새로운 양식 아닌 양식을 찾게 되었다. 그것이 돈가스였다. 그렇게 일식과 양식이 혼합된 절묘한 돈가스가 만들어지는 과정은 하나의 드라마였다.

어느 나라나 고기를 먹는 습관은 비슷하다. 먹는 순서도 소고기에서 닭고기, 닭고기에서 돼지고기로 자연스레 옮겨간다. 일본 요리 역사서에서 말하는 돈가스의 유래를 보면, 돈가스라는 말은 영국의 커틀릿(cutlet)과 프랑스의 코틀레트(côtelette)에서 유래되었다. 그것이 일본으로 건너와 처음에 비프가쓰레스가 되고, 다음에 치킨가쓰레스, 그리고 포크가쓰레스로 변해 갔다. 그 포크가쓰레스가 쇼와 초기인 1930년대에 이르러 돈가스로 정착했다. 일본 요리서에 여러 가지 설이 있지만, 돈가스를 처음 만들어 판 사람은 쇼와 4년(1929년) 도쿄 우에노 오카치마치에 있는 폰치켄의 궁내청 셰프였던 시마다 신지로라는 것이 정설이다.

그는 돈가스를 창안해 내기까지 엄청난 고민과 실험을 거쳤다. 일본인의 취향에 잘 맞는 일식 양식을 만들어 내고 싶은 그의 의지는 돈가스 특유의 크기와 두께, 독특한 가열조리법, 젓가락으로 먹을 수 있는 모양새, 함께 나오는 야채까지 그야말로 예술작품을 창조하는 과정이었다. 그는 돈가스를 속까지 잘 익히기 위해 먼저 고기를 2.5~3cm 두께로 자르고, 나이프와 포크를 쓰지 않아도 되도록 칼로 미리 썰어 젓가락으로 먹을 수 있게 했다.

내가 일본에서 놀란 것은, 그들은 모든 양식을 일식처럼 먹었다. 양식 레스토랑에서 포크와 나이프를 전혀 사용하지 않고 젓가락으로만 먹는 것이었다. 물론 주방에서 나올 때부터 스테이크를 미리 잘라서 나온다. 그러니 돈가스를 미리 잘라서 젓가락으로 먹는 것은 오히려 자연스런 일이었다.

또 한 가지 중요한 포인트가 있다. 돈가스 창안자들은 온갖 실험 끝에 일본의 뎀뿌라 튀기는 가열기술을 돈가스에 응용했다. 즉 서양의 포크커틀릿처럼 기름을 살짝 두르고 부치는 것이 아니라 기름이 가득 담긴 깊은 프라이팬에 넣고 튀기는 딥프라이 방식으로 바꿨다. 더 나아가 접시에 돈가스와 일본인들이 잘 먹지 않던 양배추채를 곁들여 내놓았다.

더욱 혁신적인 것은 튀긴 고기를 미리 썰어서 접시에 내놓아 손님들이 낯선 서양식 나이프나 포크가 아니라 일본식 젓가락을 쓰도록 했다. 거기에 노란 무를 곁들이고, 돈가스에 일본식 우스터 소스를 듬뿍 끼얹어 빵이 아닌 밥과 함께 먹는 것으로 일식 양식을 완성시켰다. 이런 각고의 노력으로 돈가스는 대표적인 일식 양식이 되었다. 외국 음식을 일본화하기 위해 이런 수십 년간의 집념을 보이는 나라가 일본이다. 그야말로 '화혼양재'의 정신이 설집된 것이 이 돈가스 요리다.

일본 요리책을 보면, 돈가스의 맛은 빵가루의 질감에서 좌우된다. 빵가루는 큰 빵덩어리를 갈아서 그 가루를 대나무발 위에 널어 말려서 만든다. 유럽식 고운 빵가루로는 일본식 돈가스의 씹히는 맛을 낼 수가 없다. 돈가스에 사용되는 일본식 빵가루는 고기에 잘 붙고, 수분의 증발을 막으며, 잘 타지 않는다. 또한 튀김옷이 기름을 적당히 흡수해 영양가를 높이고 풍미가 좋아지며 바삭하게 갈색으로 튀겨진다. 또한 밀가루, 계란 푼 것, 빵가루를 세 겹으로 입혀 고기와 기름이 바로 닿지 않게 하고, 육즙이 유실되지 않아 식욕을 자극한다.

돈가스 재료도 햄이나 소시지 원료로만 쓰이던 돼지 안심살을 써서 부드러운 돈가스가 태어났다. 여기에 그때까지 별로 먹지 않던 양배추를 곁들이면서 본격적인 일식 양식이 탄생하였다. 이렇게 해서 돈가스는 쇼와 시대 서민들이 가장 먹고 싶은 음식으로까지 발전하였다. 돈가스에 대한 취향도 점차 분리되어, 중년층은 대체로 히레(안심)가스를 즐기고, 젊은 층은 로스(등심)가스를 즐기는 경향이 있다. 안심은 육질이 연하고, 등심은 지방층에 둘러싸여 있기 때문이다.

일본은 외래 음식 천국

일본의 대외 개방은 빨랐고 적극적이었다. 외래 문화에 대한 흡수력 또한 그랬다. 일본 최초의 서양 문화는 당시 전 세계를 휘젓고 다니던 포르투갈 선박이 전해 준 것이다. 포르투갈 선원들은 총포와 서양 음식을 전했으며, 선교사들을 실어 날랐다. 그때 나가사키와 히라도를 통해 전래된 서양 음식은 뎀뿌라(포르투갈어 템포라tempora에서 유래됨), 빵, 카스테라, 비스킷, 호박, 감자, 캐러멜 등이었다.

특히 일본에서 빵이라 불리게 된 것은 포르투갈어에서 유래된 것인데, 빵의 어원은 라틴어 panis, 포르투갈어 팡(pao), 스페인어 pan, 프랑스어 팽(pain), 그리고 중국어로 멘빠오(麵麭)다. 참고로 인도 파키스탄이나 이란 등지에는 '차파티(chapati)'라는 무발효식 빵이 있고, 이집트나 터키에는 발효식 빵 '난(nan)'이 각각 보급되어 정착했다. 기막힌 사실은 일본의 빵과 뎀뿌라, '나가사키 카스테라'는 19세기 말부터 이미 세계적인 일본 특산품이 되었다.

빵의 보급과 함께 양배추, 양파, 생강, 피망, 레몬, 오렌지 등 서양 채소도 본격적으로 전래되었다. 감자는 19세기 북해도에서 처음 재배하기 시작하여 흉작 시의 대용식품이 되었다. 또한 겨자는 일본인들이 어묵과 돈가스를 먹을 때 필수품이다. 13세기 가마쿠라 시대에 중국에서 제면기술이 전해져 온 것이, 이때 국수와 우동, 메밀국수 같은 면 종류가 대중화되기 시작했다.

결론적으로 일본에 전통요리는 없다. 개방 이후 중국이나 서양의 요리가 대거 일본화되었으며, 오늘날 일본의 식탁은 국적 없는 식탁이 되어 버렸다. 만일 일본이 중국이나 한국처럼 고유의 민족 음식을 풍부하게 가지고 있었다면, 메이지 유신 이후 일본 천황이 육식을 강요하고 서양 요리를 마구 도입한 '요리 유신'을 감행할 필요는 없었을 것이다. 그토록 다양한 외래 음식을 억척스럽게 일본화하는 일은 없었을 것이다.

이것은 일본인들이 생래적으로 가지고 있는 모방 정신일까, 아니면 모방을 통한 창조적 기질일까? 서구 문명에 대한 일본인의 태도를 보면 그 기본 정신을 이해할 수 있을 것 같다. 2차 세계대전 이후 일본제 인스턴트 라면이 일거에 전 세계에 퍼진 것은 일본의 대표적인 창조적 모방 정신의 발로라 할 것이다. 일본 사학자 이토 마사테루의 코멘트가 이를 뒷받침하고 있다.

"일본인은 서구 문화를 섭취하려고 너무 서두른 나머지 그 장단점이나 일본에 적합한지 여부를 잘 검토하지 않고 실행해 버린다. 낡은 것은 뭐든지 버리고 돌아보지 않으며, 새로운 것을 보면 앞뒤 가리지 않고 달려드는 것은 도대체 무엇 때문인가? 수백 년 동안 좋다고 여겨 온 풍속(습관)에는 반드시 무언가 뛰어난 것이 있게 마련이다. 그러지 않고서는 오래가지 않았을 것이라는 점을 결코 잊어서는 안 된다."

제 3 장

무라카미 하루키 그리고 상실의 시대

트렌드가 된 소확행

면도날처럼 예리한 예술가의 감성으로 그가 속한 사회를 느낀 그대로 진단하는 말들은 시대를 앞서간다. 무라카미 하루키(村上春樹)의 글은 소설이든 에세이든 우리에게 끝없이 메시지를 던진다. 그는 1986년 에세이 「랑게르한스섬의 오후」에서 느리고 한없이 작은 일상 속을 더듬으며 마치 혼자 중얼거리듯 말했다. 그것이 '소확행(小確幸)'이다.

소확행은 일상에서 느낄 수 있는 작지만 확실하게 손에 잡을 수 있는 행복감을 말한다. 누구라도 잡을 수 있고 가질 수 있는 소소한 것들. 예컨대 아침 커피 한 잔이나 따뜻한 빵 한 조각 같은 것이다. 그 후 이것은 우리가 일상에서 누릴 수 있는 것들로 확산되었고, 우리 모두의 권리가 되었다. 나아가 보통사람들의 트렌드, 즉 삶의 경향이 되었다. 그의 말 한마디가 30여 년 만에 현대 트렌드가 되어 버린 것이다.

젊은이들은 취업, 결혼, 주택 구입 등 불확실하거나 불가능한 목표보다는 실현 가능한 일상의 작은 것에서 행복을 찾는다. 얼마 전 드라마 '블랙독'을 보면서 나는 순간순간 목이 메었다. 젊은 친구들이 기간제 교사에서 정교사가 되기 위해 고군분투하는 모습이 너무 가슴 아팠다. 보는 내내 이건 바로 기성세대의 잘못이라고 독백한 적이 많았다.

그러니까 당연히 젊은이들은 기성세대가 도저히 이해할 수 없는 그들만의 새로운 길을 찾아 나서고 새로운 세상을 만들어 나가기 시작한 것이다. 요즘 유행하는 미닝아웃(Meaning out), 케렌시아(Querencia)라는 말이 그런 것 아닌가.

나는 정말 그 말의 의미가 무엇인지 몰랐다.

미닝아웃이란 남에게 드러내기에는 좀 부끄럽거나 숨기고 싶은 자신만의 의미 있는 취향이나 정치적·사회적 신념을 과감하게 드러내는 것이다. 이는 의미라는 뜻의 미닝(meaning)과 성소수자가 자신의 성정체성을 밝히는 커밍아웃(coming out)의 합성어다. 기성세대가 만들어 놓은 공권력과 사회제도에 대한 불신 속에서 젊은이들이 혼자서도 소셜미디어 등을 통해 여론을 모으고 변화를 꾀할 수 있게 되면서 미닝아웃이라는 트렌드가 생겨난 것이다.

케렌시아는 에스파냐어로 '투우 경기장에서 소가 잠시 쉬면서 숨을 고르는 장소'라는 뜻으로, 자신만의 피난처 또는 안식처를 이르는 말이다. 이러한 미닝아웃과 케렌시아는 얼마 전 서울대 소비트렌드분석센터의 대한민국 소비 트렌드로 선정되었다.

소확행은 이제 하나의 유행어에서 일상어가 되어 버린 지 오래다. 취업포털 사이트 인크루트가 남녀 3천 명을 대상으로 한 설문조사에서 소확행이 28.8%로 유행어 1위를 차지했다. 사실 소확행은 우리나라에서보다 대만에서 무라카미의 젊은 팬들 사이에서 대유행했다. 심지어 상품 광고는 물론 회사 이름까지 '소확행'이라 쓰기도 했다. 지난 대만 총통 선거에도 이 말이 등장했다. 이는 대만의 사회적 분위기를 반영한 것인데, 경제가 어려운데 어떻게 보면 현실에 안주하고 도피하는 소확행이라는 말이 시대적 요구와 부합한다는 것이다.

이러한 현상은 어느 나라나 비슷하다. 젊은이들은 의지도 능력도 없어 사랑을 포기하니 결혼도 포기하고 결혼을 포기하니 2세 출산은 당연히 포기하는 3포 세대에서, 인간 관계마저 포기하고 내 집 마련의 꿈도 포기하는 5포 세대가 되고, 더 나아가 미래에 대한 꿈과 희망마저 포기하는 7포 세대가 되고 있다. 이런 세대를 보면서 일본의 '사토리 세대'를 생각해 본다.

언젠가 일본 출장길에 『절망의 나라의 행복한 젊은이들』이라는 책을 보게 되었다. 제목만 보고도 가슴이 답답해 왔다. 1985년생 젊은 사회학자 후루이치 노리토시는 1990년대 이후 일본은 거품경제의 불황에 빠져들었고, 그 불황 속에서 헤매고 있는 젊은 세대들을 기성세대들은 크게 걱정했다. 그러나 '일본 국민 생활만족도 조사'에서 20대 75%가 '지금 나는 행복하다'라고 응답해 일본 열도는 충격에 휩싸였다. 더럽고 부조리한 기성사회, 일하면 일할수록 점점 더 가난해져 더 불행해지는 워킹푸어, 그리고 가진 자들만을 위한 산업구조까지…, 이러한 일본의 부조리한 사회를 살아가면서 어째서 20대 젊은이들은 행복하다고 말할 수 있는 것인지, 그들은 대체 누구인가?

절망의 나라의 행복한 젊은이들

이 책에서 후루이치 노리토시는 일본 젊은이들을 사토리 세대(깨달음을 얻은 도사 같은 세대)라 칭하면서 대체 그 젊은이가 누구인지, 태평양전쟁 시대를 포함해 젊은이에 대한 담론을 살피고 '젊은이'란 실체가 없는 일종의 환상이 아닌가 하고 기본적인 의문을 제기했다. 또한 요즘 젊은이들은 물건도 사지 않고, 해외 여행도 다니지 않고, 정치에도 관심 없고, 심지어 섹스에도 별 관심 없는, 안으로만 파고드는 내향적 이미지가 지배하고 있다고 평가했다. 그리고 일본 젊은이들이 과연 행복한지, 미래의 젊은이들은 희망이라고는 찾아보기 어려운 그저 하루하루 살아가는 '희망고문' '희망난민'의 세대라고 전망했다.

또 저자는 일본의 사토리 세대가 발견한 행복한 삶의 방식을 의지박약한 젊은이들의 잘못이 아니라 이런 부조리한 사회에 살게 만든 기성세대들의 업보라고 통렬하게 지적했다. 그동안의 기성세대는 일본에 오래오래 고착되어 온 격차사회, 비상식적인 고용구조 같은 사회 정책이 젊은이들을 이렇게 만들었다고 성토했다,

정치적으로 열세인 젊은이들이 어떻게 사회를 바꿀 수 있겠는가. 결국 젊은이들은 이처럼 어려운 상황에서 현실에 안주하며 불투명한 미래에 현혹되기보다 하루하루 일상에 만족하며 인생의 행복을 찾아가는 것이다. 그야말로 소확행적인 삶을 선택한 것이다. 이것이 오늘날 젊은이들의 '혁명'이자 최대치의 '행복'인 것이다.

무라카미 하루키처럼 일본 젊은이들을, 아니 세계 젊은이들을 우울하게 만들고 동시에 그들이 살아가는 세상을 처연한 아름다움으로 만들어 나가는 작가도 없다. 그는 현대 일본 젊은이들의 이야기를 일본 특유의 허망함과 슬픈 감성으로 글로벌한 젊은이들의 이야기로 승화시켰다.

하기사 일본인 자체가 우울하고 슬픈 민족이다. 독자들은 무슨 소리냐고 하겠지만, 그들은 언제나 우울하고 슬프다. 툭하면 눈물을 흘린다. 마치 생활 속에서 늘상 울 준비를 하고 사는 민족 같다. 일본인의 집단의식은 광기와 공격성으로 점철되어 있다. 그러나 개인은 그렇지 않다. 이건 일본인 친구가 한 사람이라도 있거나 잠깐이라도 일본에서 살아본 사람이라면 알 수 있는 일이다. 그들은 언제나 슬프고 외롭다. 더 정확하게 말하면 그런 감정을 특히 더 많이 느끼며 사는 민족이다.

1946년 루스 베네딕트(Ruth Benedict)가 쓴 『국화와 칼(The Chrysanthemum and the Sword: Patterns of Japanese Culture)』은 서양인의 시각으로 일본인의 이중성을 여실히 그려 낸 책이다. 여기서 '국화'는 차 한 잔에도 도(道)를 따지는

섬세한 미의식을 나타내고, '칼'은 적에 대해서는 가차없이 죽일 수 있는 잔인성을 상징한다. 그들 스스로도 일상 속에서 속마음(혼네)과 겉모습(다테마이)이 다르다는 것을 인정한다.

태평양전쟁 시기인 1944년, 미국 정부는 전쟁 상대인 일본을 정확히 이해하기 위해 루스 베네딕트에게 일본인과 일본 문화에 관한 책을 써달라고 부탁했다. 재미있는 사실은, 그녀는 한 번도 일본에 가 본 적이 없었다. 미국 내 일본인 이민자들과 인터뷰를 하고, 일본학 연구자들에게 자문을 구했으며, 영화 또는 책을 통해 일본과 일본인에 대한 자료를 가지고 집필하였다. 그럼에도 지금까지 일본 문화에 대한 대표적인 책으로 알려져 있다.

모노노아와레(物哀)는 일상 속에서 민감하게 슬픔을 느끼는 마음을 뜻하는 일본식 표현이다. 일본 문학작품에서 흔히 나타나는 이 감정은 고대 『만요슈(萬葉集)』에서부터 현대 일본 문학에 이르기까지 이들 작품을 읽다 보면 왠지 모르게 슬픈 감정이 저절로 생겨난다. 그래서 일본 작품은 쉽게 읽히지 않는다. 단단히 마음먹지 않으면 곧 슬픔 속에 빠지고 만다. 일본 조간신문 연재 소설을 읽다가 갑자기 우울해져 하루를 허비한 적도 있다.

그래서 폴 발리(Paul Varley)도 말했듯이, 일본 문화의 근저에는 그러한 슬픔이 깔려 있다. 사쿠라(벚꽃)와 모노노아와레는 각별한 관계다. 그 옛날 『만요슈』 시가에는 벚꽃의 아름다움을 슬프도록 아름답다고 노래한 것이 한둘이 아니다. "눈같이 시린 하얀 벚꽃 눈같이 일순간에 지니 애처럽도록 아름답구나. 근심 많은 세상 오래 갈 일 있으랴." 이 같은 노래는 도처에 있다. 이토록 벚꽃이 일본인들의 가슴속에 살아 있게 된 배경은 한참 거슬러 올라간다.

헤이안 시대(9~12세기) 이전에는 벚꽃이 아니라 줄곧 매화의 시대였다. 원래 일본 귀족사회는 매화만을 노래해 왔다. 그러던 것이 10세기 중엽부터 일본만의 문화를 사각하게 되고 소위 '국풍(國風)'이 자리잡게 되었다. 천황가의 문양도 국화로 바뀌었고, 처음으로 한자가 아닌 히라가나로 된 이야기책도 나왔다. 그것이 현존 세계 최고(最古)의 장편소설 『겐지 이야기(源氏物語)』다.

이 책은 일본 헤이안 시대 중기(11세기)에 궁녀 무라사키 시키부가 지은 소설로, 800여 수의 와카(和歌)가 들어 있는 54장에 달하는 장편이다. 이는 894년 중국 문화를 배우고 수입하는 견당사의 파견이 중단된 이래 중국과 한국의 문화를 일본식으로 재탄생시킨 국풍 문화의 영향이다. 이때 한자에서 차용한 히라가나 문자가 탄생하고, 일본의 대표적인 정형시 와카와 소설 같은 이야기 형태의 문학 모노가타리(物語), 수필 등의 문학이 발달하면서 일본 고유의 문학이 태동하기 시작했다.

노르웨이의 숲 – 상실의 시대

무라카미 하루키가 1978년 야쿠르트 스왈로스와 히로시마 카프의 야구 경기를 보던 중 외국인 선수 데이브 힐튼이 2루타를 치는 순간 야구광이던 그는 너무 감동하여, 이제부터 대중에게 감동을 주는 소설을 써야겠다는 생각을 했다. 그 후 1987년 『노르웨이의 숲-상실의 시대』를 썼다. 처음에는 책 제목이 그냥 '상실의 시대'였으나, 비틀즈 광팬인 아내의 강력한 권고로 '노르웨이의 숲'으로 바뀌었다고 한다.

비틀즈의 '노르웨이의 숲'이란 노래는 젊은 연인들의 평범한 사랑 이야기다. 그런데 이 노래를 듣고 있으면 마치 일본의 와카처럼 막연한 슬픔에 잠기게 된다. 혼자 노르웨이의 그 광활한 숲에서 길을 잃고 헤매는 듯한 적막감에 빠져든다. 비틀즈의 노래 때문인지 무라카미 하루키의 글 때문인지 잘 모르겠다. 그런 그의 소설이 우리나라에서만 '상실의 시대'가 붙었다. 정확한 이유는 모르지만, 현대 우리 시대의 정서와 잘 부합하는 것만은 사실이다. 그리고 우리에게는 '상실, 시대' 이런 게 더 잘 먹히니까!

80년대 일본 역사상 최고의 풍요 속에서 '일본 세계 세일'이라는 기치 아래 거침없이 앞으로 돌진해 나가던 일본에서 역설적이게도 젊은 세대들은 오히려 한없는 소외감과 상실감으로 위축되었고, 점차 초식동물처럼 왜소해져 갔다. 이때 그런 젊은이들의 고독한 사랑을 애절하게 그리고 담담하게 그려 낸 이 책은 일본은 물론 전 세계 누적 판매 수천만 부 이상을 기록하며 지금까지도 '무라카미 현상'을 일으키고 있다. 그의 책은 일본이건 한국이건 100쇄 이상 발간되어 모든 작가들을 부럽게 하고 있다. 현대 일본 사회나 우리나 세계 속의 모두는 한 가족인가 보다.

그런데 지금 말하고자 하는 건, 일본 대중가요 '위를 보고 걷자' 혹은 '스키야키송' 이야기다. 무라카미 하루키는 어느 날 저녁 집에서 면도를 하다가 라디오에서 이 노래를 들으며, "무슨 노래 제목이 저래? 스키야키송이라니! 미친 거 아냐?"라고 말했다. 이건 그의 단편 「저녁 무렵에 면도하기」에 나오는 내용이다.

그런데 이 노래는 그의 생각과는 달리 순식간에 일본은 물론 전 세계를 휩쓸었다. 이 노래가 나오고 일 년 뒤 영국의 재즈그룹 'a taste of honey'가 리메이크했는데, 노래 제목을 뭘로 할까 하다가 그들이 아는 유일한 일본 음식 이름 스키야키(sukiyaki)로 정했다고 한다. 이 스키야키송은 나오자마자 더 폭발적인 인기로 우리에게까지 알려졌다. '위를 보고 걷자'가 아닌 '스키야키송'으로. 사람들은 지금도 이 노래를 그냥 '스키야키송'이라 부른다.

이 노래가 일본에서 대히트한 후 1963년 미국 빌보드 차트에서 연속 3주

1위에 올라 당시 모두 놀랐다. 비영어권 노래가 그것도 자국 가사로 연속 3주 1위를 하다니 기가 막힌 일이었다. 아직도 그 기록은 깨지지 않고 있다. 물론 그 뒤 50여 년 만에 한국의 싸이, BTS, 블랙핑크가 해내고 있지만….

이제는 전설적인 일본 국민가요가 된 이 노래 역시 슬프다. 내가 이 노래를 처음 들은 건 80년대 중반 도쿄에서다. 사람들은 이 노래를 옛날 노래라 하여 잘 듣지도 않았고, 오히려 조용필의 '돌아와요 부산항에'가 더 많이 들리던 시절이었다. 당시 일본에서 조용필의 인기는 정말 대단했다. 그들은 조용필의 애조 띤 노래를 정말 좋아했다.

일본인들이 그토록 염원하던 64년 도쿄올림픽 때 일본 선수단이 "위를 보고 걷자. 눈물이 넘쳐흐르는 걸 남에게 보이지 않게 하기 위해서…. 나는 기억해요, 나 혼자만의 봄날에 그 별 헤던 날의 한밤중에 걷던 모습을…" 하고 노래를 부르자 일본 국민들은 다 울었다. 왜 울었냐고? 그냥 울었다. 노래도 가사도 그냥 그래서….

특별한 이유는 없었다. 2차 세계대전 패전국인 일본 국민은 지긋지긋한 전쟁의 상처를 안고 그동안의 신산한 삶을 견뎌 내고 먹고살 만해지자 아시아에서 최초로 올림픽까지 열었으니. 사실 일본 지배 계층과는 달리 국민들의 삶은 비참했다. 도쿠가와 막부 시대 이래 수백 년 동안 단 한 번도 평화는 없었다. 그들은 평생 자기가 태어난 지역 밖을 나가 보지도 못했다.

나는 이 노래를 처음 들을 때 '위를 보고 걷자' 해서 행진곡풍의 씩씩한 내용인 줄 알았는데, 다 듣고 나자 가슴이 뭉클했다. 그런데 2011년 3월 11일 온 세상을 공포와 경악으로 몰아넣은 일본 도호쿠 지방의 원전사고와 후쿠시마 쓰나미. 일순간에 2만여 명이 죽고 실종되고 그 후유증으로 자살자가 속출한 대재앙. 아직도 그 후유증을 앓고 있는 일본. 그 무시무시한 대재앙이 덮치자

이제 모두 일본은 끝났다고 생각했다. 그날 그들의 모습을 지켜본 인류는 신의 더할 수 없는 분노에 몸서리쳤다.

그러나 사고 후 몇 년 만에 일본 전국에 있는 젊은이들이 모여서 다시 그 노래 '위를 보고 걷자'를 리메이크했다. 폐허가 되어 대자연으로 돌아간 도호쿠 지방의 황량함을 해금으로 진솔하게 표현해 낸 이 노래는 시작부터 그야말로 심쿵했다. 그들은 흐르는 눈물을 남에게 들키지 않으려고 위를 보고 노래하고 있었다. "…그 봄날 나 혼자만의 한밤중에… 나 홀로 눈물 흘리며 걷고 있어요." 그들은 그곳에서 가족을 잃거나 그 지역 출신 가수들이었다. 홀로 남은 할머니도 있었다. 나는 그 노래를 여러 번 반복해서 들었다.

그들이 새로 붙인 노래 제목도 좋았다. "one love"였다. "하나의 사랑, 당신이 감사할 때 두려움은 사라지고, 풍요로움은 넘쳐나고(one love, when you are grateful, fear disappears, and abundance appears)." 이 노래는 세계적인 레게 가수 밥 말리도 함께 참여하여 더 유명해졌다. 그 사고 현장에는 지금 커다란 팻말이 세워져 있다. "우리는 다 괜찮아요. 그저 감사할 따름입니다." 그들은 슬픔을 딛고 다시 일어서고 싶어 했다. 지금은 눈물을 흘리지만 감사하며 다시 일어니고자 했다. 나 역시도 그들을 응원한다. '위를 보고 걷자!'

제 4 장
일본의 선각자들

우에무라 다카시 아사히신문 기자

이띤 믹구름 속에도 한 가닥 빛은 있다(Every cloud has a silver lining). 불행 속에도 한 줄기 희망이 있다. 일본을 이야기하다 보면 우울해지고 재미없어지다가도 가끔 나타나는 멋쟁이들 때문에 반짝하고 유쾌한 상황으로 바뀌게 된다. 그야말로 먹구름 속의 한 가닥 빛이다. 우에무라 다카시(植村隆) 아사히신문 기자가 바로 그런 사람이다. 1991년 8월 11일 일본 아사히신문 사회면 헤드라인은 이렇게 장식되었다.

'그때를 생각하면 지금도 눈물이…. 전 조선인 종군위안부 전후 반세기 만에 무거운 입을 열다'

1991년 8월 초 일본의 한 젊은 기자가 취재차 한국에 왔다가 충격적인 이야기를 듣게 된다. 열일곱 살에 일본군에게 속아 위안부로 끌려갔었다는 한 할머니의 이야기였다. 이 이야기는 바로 일본의 정론지 아사히신문 헤드라인으로 기사화되었다. 그 후 이 역사적인 위안부 기사는 한일 양국의 최대 외교 쟁점으로 떠오르는 계기가 됐다. 할머니 이름은 김학순. 우에무라는 "역사의 진실을 회피하지 않고 역사를 교훈으로 삼아 잘못을 반복하지 않겠다는 게 가장 중요합니다"라고 말했다.

하지만 우리의 삶과 역사는 그렇게 단순하게 일목요연하게 돌아가지 않는다. 우에무라 기자의 간절한 소망과는 달리 오히려 진실을 묻으려는 사람들이 더

많았고, 보도 이후 우에무라 기자는 일본 극우 세력에 의해 '날조기자, 매국노'
로 내몰렸다. 심지어 그의 가족까지 살해 협박에 시달렸으며, 어린 딸 사진이 인
터넷에 퍼져 '왕따를 당하길 바란다' '자살하라'는 등 최악의 인신공격을 받았다.

20년이 넘도록 온갖 협박과 불이익에 고통받아 온 우에무라 다카시는 이 같
은 사실을 밝힌 것을 절대로 후회하지 않으며, 다시 과거로 돌아가도 똑같이
행동했을 거라고 말했다. 그는 이 일로 2014년 아사히신문사를 조기 명예퇴직
하였고, 교수 임용이 예정돼 있던 대학교에서도 임용 취소 통보를 받았다.

문제가 된 두 편의 기사와 관련된 상황을 살펴보자.

1991년 8월 11일자 아사히신문과 이를 비판한 2014년 2월 6일자 『슈칸분
순(週刊文春)』 기사다. 당시 아사히신문 오사카 본사 사회부 우에무라 다카시 기
자는 아사히신문 오사카 본사판에 전 조선인 종군위안부 가운데 한 명이 정신
대협의회에서 처음 자기 경험을 증언했다는 기사를 한국 언론보다 먼저 보도
했다. 3일 후, 이 여성은 김학순(金學順)이라는 실명으로 기자회견을 열어 피해
경험을 증언했다. 이 증언이 계기가 되어 피해자들이 잇따라 전면에 나서기 시
작했고, 결국 이를 계기로 '위안부' 문제는 국제적인 문제로 등장했다.

20여 년 후인 2014년 1월 말, 일본의 최대 주간지 『슈칸분슌』이 '위안부'
문제를 부정하는 우익 세력을 이끌어 온 대표적 인물 니시오카 쓰토무(西岡力)
도쿄기독교대 교수의 비판 기사를 내보냈다. 여기서 니시오카 교수는 우에무
라의 기사가 '정신대'라는 용어를 잘못 사용하고 '위안부'가 강제 연행된 것처
럼 쓰고 있어 "날조기사라 말해도 과언이 아니다"라고 비판했다. 나아가 "잘못
된 기사로 일한 관계뿐 아니라 일본의 국제적 이미지를 악화시킨 책임은 매우
중대하다"면서 아사히신문에까지 책임을 물었다.

우에무라 기자도 가만히 있지 않았다. 그는 수많은 보도자료와 책을 냈다. 『나는 '날조기자'가 아니다-우에무라 다카시 전 기자의 '위안부' 최초 보도, 그리고 그 후』(일본어판 『진실-나는 '날조기자'가 아니다[私は〈捏造記者〉ではない]』)(岩波書店, 2016)는 이 같은 우에무라 공격의 기록이자 그에 대한 반증 등을 담은 투쟁 기록이다. 또한 우에무라 다카시가 지금까지 한국과 맺어 온 관계를 담은 자서전이기도 하다. 그는 이 책에서 자신의 경험을 강하게 말했다.

"나는 날조를 하지 않았습니다."

우에무라의 기사는 한일 외교에 큰 파장을 불러왔고, 결국 위안부 강제성을 인정한 '고노 담화'로 이어졌다. 1993년 고노 요헤이 당시 관방장관은 담화를 통해 "(위안부) 모집과 이송, 관리 등도 감언과 강압에 의한 것이었습니다"라고 모두 눈감았던 일본의 부끄러움을 들춰내는 발언을 했다. 너무도 당연한, 그러나 엄청난 발언이었다.

한국 포함 모든 언론인 가운데 최초로 위안부 문제를 보도한 우에무라 다카시 전 아사히신문 기자가 자신의 기사가 날조라고 공격한 우익을 상대로 제기한 손해배상 소송에서 또다시 패소했다는 기사가 2020년 2월 6일자 한국 신문을 뒤덮었다.

도쿄고등재판소(한국의 고등법원)는 우에무라가 자신의 기사를 허위라고 비방한 논문을 웹사이트에 올린 니시오카와 그의 글을 실은 잡지사 『슈칸분슌』을 상대로 손해배상금 2,750만 엔과 사죄 광고 게재를 요구하며 낸 소송에서 기각 판결을 내려 원심 판결을 유지했다.

니시오카를 비롯한 일본 우익계 인사들은 특히 우에무라의 기사에 "여자 정신대라는 이름으로 전장에 연행되어"라는 부분을 문제 삼았다. 원래 정신대는 군수공장 근로 동원으로 일본군 위안부와 다른데 정신대라는 용어를 썼다고 공격했다. 그러나 일본군 위안부 피해가 널리 알려지기 이전인 1990년대 초반 일본 언론 대부분도 정치적 성향과 상관없이 정신대라는 단어를 일본군 위안부 피해에도 사용한 바 있었다.

1심 재판부인 도쿄지방재판소(지방법원)는 2019년 6월 26일 판결에서 "우에무라 씨가 의도적으로 사실과 다른 기사를 썼다고 비판한 점에선 명예훼손에 해당한다"면서도 "공익을 꾀할 목적이 있는 만큼 논평의 범위를 이탈하는 것은 아니다"라며 배상 책임을 인정하지 않았고, 2020년 2월 6일 삿포로고등재판소는 우에무라가 또 다른 우익 인사 사쿠라이 요시코 등을 상대로 낸 손해배상 소송에서도 도쿄고등재판소와 비슷한 취지로 원고 패소 판결을 내렸다.

이날 재판소 밖에서는 "부당 판결을 철회하라! 철회하라!"는 데모대의 함성이 요란하게 울려 퍼졌다. 항소심 재판에는 한국인 원로 언론인들이 찾아와 우에무라 기자에게 힘을 실어 주었다. 자유언론실천재단 이사장은 "우리 문제를 가지고 일본 안에서 차별당하고 소외당하는 일본인들이 참 많다, 부채를 지고 있다는 생각을 하게 됐다"고 말했다.

우에무라는 즉시 대법원 상고와 함께 반박 글을 통해 양심과 진실의 여정을 계속 가겠다는 발언을 했다. 그는 "한 번도 날조한 적이 없기 때문에 싸울 수밖에 없습니다. 날조기자가 아니라는 것을 증명하는 수밖에 없습니다"라고 강조했다. 그러나 고등재판소는 새로운 증거를 정당하게 평가하지 않았고, 니시오카의 결정적 오류는 간과해 버렸다. 결론이 정해진 판결이었던 것이다.

우에무라 변호인들은 "최고재판소도 명예훼손 재판은 진실의 상당성을 엄격하게 해석하고 있다. 고등재판소는 추론으로 상당한 합리성이 있다고 판결했는데, 날조 부분에 대한 무죄판결은 기존 판례와도 어긋나는 중대한 문제다. 일본은 역사에서 직시해야 할 사실이 있음에도 이를 지우려는 세력이 있다.

이번 부당 판결은 도저히 방치할 수 없다. 이대로라면 여러분도 기자회견 단상에 오를 수 있다. 이번 심리 과정에서 기사가 날조가 아니라는 것을 완전히 입증했고, 우에무라의 명예를 회복하는 동시에 위안부 존엄 회복 운동을 강력히 지지하며 1,2심의 성과를 바탕으로 최고재판소에서 싸울 생각이다"라고 밝혔다.

'2015년 12월 28일 일본군 위안부 문제에 대한 한일 정부 간 합의'에 따라 한국에서는 2015년 7월 28일 일본군 '위안부'의 치유를 위해 여성가족부 소관 '화해·치유재단'을 설립했다. 일본은 8월 31일 이 재단에 10억 엔(약 108억 원)을 송금했다. 그러나 한일 합의가 위안부 할머니들의 의견도 듣지 않고 일방적으로 결정된 점, 위안부 할머니들에 대한 일본 정부의 직접적인 사죄가 없다는 점에 대한 반발은 여전히 남아 있다. 10억 엔을 지급했으므로 '책임은 끝'이라는 일본 측의 분위기도 그렇고….

일본 불교학자 스즈키 다이세츠

불교의 선(禪)을 세계 공용어로 젠(zen)이라 한다. 선의 일본어 발음인 '젠(Zen)'이 세계 공용어가 된 까닭이 무엇일까?

"서양 사람들을 두 부류로 나누는데, 한 부류는 선불교를 서양에 소개한 스즈키 다이세츠(鈴木大拙)를 읽은 사람, 다른 한 부류는 읽지 않은 사람이다. 선불교가 서양에 알려진 것은 서양 정신사에 하나의 중요한 사건이었다."

이 말을 한 사람은 70년대를 풍미한 사회심리학자 에릭 프롬(Erich Fromm)이다. 그의 『자유로부터의 도피』나 『아트 오브 러브』 같은 책은 정말 우리를 매료시켰다. 그는 스즈키의 젠 철학 관련 책에서 영감을 받았다고 여러 군데서 밝혔다. 그뿐 아니다. 독일 철학의 거장 하이데거(Martin Heidegger)는 스즈키의 책을 보고 "그는 내가 지금까지 하려 했던 말을 그대로 하고 있다"는 말까지 했다. 어느 역사가는 스즈키가 쓴 선에 관한 책은 서양 정신사에서 플라톤이나 아리스토텔레스의 저작이 라틴말로 번역되어 나온 것에 버금갈 만큼 중요한 의미를 지닌 사건이라고까지 했다. 과하다고 느끼겠지만 사실이다.

동양 선불교가 서양에 알려지기 시작한 것은 20세기에 이르러 주로 스즈키 다이세츠를 통해서였다. 그는 일본 불교학자로 수많은 선불교 관련 서적을 저술했다. 그리고 산스크리트어, 중국어, 일본어로 된 불교 서적을 연구하여 독일어, 프랑스어, 영어로 펴냈다. 『미국불교사(How the Swans Came to the Lake』(1981)에서 릭 필즈는 스즈키를 보리 달마와 비교하여 미국 선의 초조(初祖)라고 평가하였으며, 종교학자 로버트 샤프(Robert Sharf)는 그를 서양에 선을 전파한 가장 중요한 인물로 지칭하였다.

스즈키는 일생 동안 동양 사상의 직관성과 서양 사상의 합리성을 비교하며 선(禪) 세계를 통찰하였다. 동양인의 신비적이고 직관적인 침묵을 서양인의 지성적이고 합리적인 능변과 비교하고, 동양인의 지혜가 얼마나 전우주적이며 삶 그 자체를 관통하는 관조의 세계를 실현하고 있는가를 말하였다. 또한 선의 무의식을 우주적 무의식이라 불렀으며, 그 무의식은 서양적 과학적 연구 영역 위에 존재한다고 하였다.

그는 서양과 동양의 인식 방법의 차이를 이렇게 말했다.

"서양의 인식의 특징은 주체와 객체를 나누어서 파악하는 것이다. 이 이원성(eternal duality)으로부터 지식이 나오고 그것이 발전하여 철학이나 과학이 된다. 동시에 그것은 나와 타자의 관계를 설정하고 타자에 대한 영향력, 즉 힘의 세계, 정복의 생각으로 연결된다. 또한 이것은 공존과 평화의 세계보다는 타자에 대한 지배와 침략으로까지 연결될 수 있다. 이에 대해 동양에서는 타자에 대한 관계로서의 지식과 지성이 나오기 이전에, 즉 주체와 객체가 분화하기 이전에 역점을 두어 거기서 '즉비(即非)의 논리'가 나온다. 이것이 대승불교 화엄 사상의 논리다."

예를 들어 『금강반야경(金剛般若經)』에는 "부처님이 설하신 반야바라밀(般若波羅蜜)이란, 즉 반야바라밀이 아니다. 그 때문에 반야바라밀로 이름한다"라는 표현이 있다. 이것을 간단히 표현하면 "A가 A임은 A는 A가 아니다. 고로 A는 A다"가 된다. 이것은 긍정이 부정이고 부정이 긍정인 것으로 상식적인 논리가 아니다. 상식으로는 "산을 보면 산이고 강으로 향하면 강이다" 한다. 그러나 화엄 사상에서는 "산은 산이 아니고 강은 강이 아니다. 그래서 산은 산이고 강은 강이다"가 된다. 이런 식으로 우리의 말, 관념 혹은 개념이라는 것은 부정을 매개로 처음으로 긍정에 들어가는 것이 동양의 인식이고 그야말로 참된 인식이라고 했다.

또 그는 이 '즉비의 논리'가 작용하는 장소, 혹은 그것을 감수하는 능력을 '영성'이라 불렀다. 그에 의하면 영성이란 정신과 물질이 대립하는 세계 속에 "무언가 둘을 싸고, 둘이 둘이 아니라 하나이고, 또 하나이면서도 그대로 둘임을 보는 것"이라고 한다. 예를 들면 "내가 아미타(阿彌陀)가 되는 게 아니라, 아미타 쪽이 내가 된다. 나무아미타불." 이와 같이 부처님과 범부가 일여(一如)가 된 곳에 영성이 있다 하였다. 그의 책 『선이란 무엇인가?』에 나오는 내용이다. 어렵다.

스즈키 다이세츠는 그리스도교와 불교의 관계를 마주 보는 두 거울이라고 했다. 그 사이에 사물을 놓았을 때, 그 두 거울이 무한히 서로를 반사하면서 그 사물의 상이 무한히 전개되듯, 두 종교의 대화와 상호 이해는 우리가 우리의 세계를 무한히 풍요롭게 바라볼 수 있게 해 줄 수 있는 것이다. 가장 중요한 화엄 사상과 그리스도의 부활에 대해서도 말했다. 이렇게 무한하게 서로를 풍요롭게 해 준다는 모티프는 불교에서는 특히 화엄 사상에서 인드라망의 비유와 맞닿는 것이기도 하다.

하늘에 있는 인드라 신의 그물망에 달린 보석들이 일면으로는 각각 자기의 정체성을 잃지 않으면서도 또 한면으로는 서로를 무한히 반사하면서 그 정체성이 중첩되고 있다는 것이다. 이는 윌리엄 블레이크(William Blake)나 존 던(John Dunne)의 시구에도 나타난다. "모래 한 알에서 세계를 보고, 들꽃 한 송이에서 하늘을 보기"나 "누구도 외딴 섬일 수 없는 것. 모두 대륙의 한 조각, 본토의 일부일 뿐"이라는 시구는 화엄 사상과 유사한 느낌을 준다고 어느 학자는 말했다.

성서 구절과 화엄 사상이 서로 연관되어 있는데, 신약성경 마태복음에 "너희가 여기 내 형제자매 가운데 지극히 보잘것없는 사람 하나에게 한 것이 곧 내게 한 것이다"라는 말씀처럼, 이를 화엄의 원리에 비춰 보면 우리 중 지극히 작은 자에게 하는 것이 곧 하느님에게 하는 일과 같다는 것이다. 다시 말해서 마태복음은 화엄적 이해를 통해 더욱 절실하게 우리에게 환기될 수 있는 것이다. 최후의 만찬에서 예수님이 "이것은 나의 몸"이라고 하면서 떡을 떼어 주거나 "이것은 나의 피"라고 하면서 포도주를 나누어 주는 것도 같은 맥락에서 이해될 수 있다.

다음에 소개하는 스즈키 선사의 시에도 그러한 의미가 담겨 있다.

활동 속에 고요가 있어야 하고 고요 속에 활동이 있어야 합니다.

고요와 활동은 분리된 다른 것이 아닙니다.

모든 존재는 다른 존재들과 연결되어 있습니다.

분리된 개별적인 존재는 없습니다.

하나의 존재에 대한 많은 이름이 있을 뿐입니다.

일체와 다양성은 같은 것이기에

다양한 존재 속에 있는 '일체'를 음미해야 합니다.

우리는 매 순간 각각의 현상 속에서 실재를 볼 수 있어야 합니다.

우리는 저마다 자기 이름을 갖고 있지만

실제로는 한 부처님의 다른 모습입니다.

결국 스즈키의 선사상은 우리가 분리되고 고립된 정체성을 갖고 있지 않다는 화엄 사상에 근거한다. 궁극적으로 그리스도의 죽음과 부활이 상징적만이 아니라 실질적으로도 나 자신의 죽음과 부활과 같은 것으로 이해될 수 있듯이, 원수를 사랑하라는 말씀 또한 화엄이 가르치는 불이(不二)의 입장에서 볼 때 원수는 더 이상 남으로서이 원수가 아니게 된다. 오늘날의 생태 문제나 환경 문제에 잘 적용될 수밖에 없는 것이 기독 사상이며 화엄 사상이다.

개신교에서는 지금 이 말이 불편할 수 있겠지만 그럴 필요는 없다. 히틀러의 폭정 하에서 대부분의 독일 교회가 굴복했지만 끝까지 저항하다가 처형당한 본회퍼(Bonheoffer)는 체포되기 전 지하 신학교에서 제자들을 훈련시킬 때, 성경 구절을 이성적으로 분석하거나 주석하지 말고 그냥 일정 기간 차분히 관찰하도록 했다는 이야기, 슈바이처 박사가 자신의 윤리 사상을 대표할 만한 한마디를 찾으려고 고심하다가 어느 한순간 강 옆에 빽빽이 서 있는 밀림에 훤히 길이

트이는 것 같은 느낌을 가지면서 마치 무거운 철문이 열리는 듯했다는 이야기
도 같은 맥락이라 본다.

하버드대에서 수십 년간 가르쳐 온 신학자 하비 콕스도 예수의 훈육 방법이
듣는 이들의 고정관념이나 인습적 관행을 뒤흔들어 줌으로써 스스로 문제의
실마리를 찾도록 하는 방식이어서 선승들의 참선 방식과 흡사하다고 했다.

스즈키 선사는 말한다. 우리의 진정한 본성은 의식적인 경험 너머에 있다고.
수행이나 깨달음 또는 좋고 나쁨은 모두 의식 영역의 경험이다. 어떤 것에 대
한 생각을 간직하지 않는 것, 모든 것을 잊고 생각의 흔적이나 그림자를 남기
지 않는 것이다. 왜냐하면 일체 중생이 모두 영성을 가진 부처이기 때문이다.

오늘날 에리히 프롬이나 하이데거, 칼 구스타프 융 등 서구 대표적 지성들이
불교를 운위하는 바탕에 스즈키 다이세쓰가 있다. 그의 사상, 즉 화엄의 세계
를 우리는 지금 어떻게 이해할까?

그의 생은 일본과 해외, 주로 미국 등지에서 강연과 저술 활동을 하며 선불
교 전파에 크게 기여했다. 그에 따르면 서양 세계에서 가장 주안점은 동양 정
신 세계의 근본적인 특징인 일원론, 즉 나와 대상이 둘이 아니라 하나임을 깨
닫는 것이다. 근대 과학으로 무장한 서양의 정신은 이원론적 특징에 바탕을 두
고 있어 인생의 궁극적 실체를 파악할 수 없으며, 삶의 진정한 의미는 논리적
탐구보다는 동양적 체험과 직관으로 깨달을 수 있다. 결국 본원적 깨달음은 선
불교적 명상과 참선을 통해야만 달성할 수 있다는 것이다.

스즈키에 대한 평가는 당시에도 치열했는데, 이는 어쩔 수 없이 시대적 상황
에 따른 정치와의 연관성에서 비롯된 것이다. 일본 불교가 2차 세계대전 중인
군국주의 기간 동안 어떻게 왜곡되고 어떻게 세력을 확장했는가? 일본에서

어떻게 불교가 전쟁 이데올로기로 기여해 왔는가 하는 점이다. 사실 일본은 제정일치의 신도가 훨씬 더 많이 퍼져 있다. 불교는 그 옆에서 보조적 기능만 수행해 왔다.

일본 근대화의 상징인 메이지 유신 당시 일본은 국제사회로 진출하는 과정에서, 불교에 대한 일방적인 적폐 청산 운동이 전개되고 있었다. 과거 일부 세력에 의해 비판되어 오던 불교의 타락상과 반사회성이 마치 일반 현상인 것처럼 공격받았다. 더 나아가 일본이 절실하게 요구하는 과학 기술 발전에 불교 교리가 걸림돌이 되고 있다는 공격도 받게 되었다.

이러한 움직임에 편승하여 일본 정부는 국가 단일 종교인 신토와 부합하지도 않고 국민 단결에 저해된다고 판단하여 불교를 박해하였다. 일본 불교계는 이참에 불교 정화 운동을 펴나가자고 오히려 더 적극적으로 대처해 나갔다. 이처럼 불교에 대한 논란이 심각한 상태에서 스즈키는 가마쿠라 임제종 계열의 엔가쿠지(円覚寺)에서 수행했다. 그곳에서 그는 평생의 스승 샤쿠 소엔을 만났다. 그리고 1897년 미국으로 떠나기 직전 스승 소엔에게 '다이세츠(大拙)'라는 법명을 받았다. 소엔은 당시 신불교운동의 선구자로 일본 불교 개혁에 앞장선 인물이었다.

신불교운동의 중점은 불교 문호 개방과 보편적인 교리 확장 그리고 다른 종교와의 상생이었다. 스즈키는 이러한 스승의 철학에 따라 보편적인 교리를 체득하고 열린 마음으로 자신의 종교 방식을 세계화했다.

서구 불교학자들은 일본이 내세우는 새로운 선불교에 대해 그리 우호적이지 않았다. 그들은 소엔 같은 신불교 이론가들에 의해 주창된 일본의 선은 본래적 의미의 선이 아니라고 비판하였다. 특히 스즈키의 저서에서 주장하는 서양인에게 소개된 선 수행 방식은 정통성이 의심된다는 입장이었다.

불교를 과학적이고 합리적으로 생각한 철학자이자 저술가인 폴 캐러스는 당시 미국에 불교를 전파하기 위해 노력한 인물이다. 그는 찬불가를 작곡하면서 불교 확산에 노력했다. 1897년 미국으로 건너간 스즈키는 캐러스를 만나 11년 동안 불교 자료를 번역했다. 캐러스는 서양 문화에 대한 스즈키의 지적인 멘토가 되어 그의 삶과 저작에 지대한 영향을 미쳤다.

스즈키는 캐러스의 지도로 불교에 대한 영문 저작을 시도하였고, 불교철학에 있어서도 일원론적 접근과 진화론적 접근, 그리고 서구 종교철학의 근본 문제인 종교와 과학의 접목를 시도하는 등 많은 서구 종교철학자들과 교류하게 되었다. 특히 종교학자 윌리엄 제임스가 주장하는 학설에 많은 영향을 받아 그의 『종교 체험의 다양성(The Varieties of Religious Experience)』(1902)은 스즈키가 정립한 선이론, "선은 순수 체험에 입각한 종교적 신비주의의 한 형태"라는 학설에 영향을 주었다.

스즈키는 1951년 컬럼비아대에 불교철학 강의를 개설했다. 이는 1950년대 이후 미국 사회에서의 선붐(Zen boom)을 일으키는 계기가 되었다. 뉴욕에서 스즈키의 선불교 강의는 당시 미국 사회의 주류 인텔리겐치아들인 문인, 학자 그리고 뉴욕의 젊은 시인들에게 깊은 영감을 주었다. 음악가 존 케이지와 소설가 잭 케루악, 시인 앨런 긴스버그, 사회심리학자 에릭 프롬 등이 그를 사숙했다. 그는 이미 서양 사회에서 선불교의 대가가 되어 있었다.

스즈키가 추구하는 본원적 의미에서의 선불교는 교학 불교와 달리 천의무봉, 유연하고 막힌 데 없는 것으로서 선불교가 현대 미국의 종교적 다원주의뿐만 아니라 여러 불교 전통 간의 통합을 추구하는 불교 통합 운동으로 맥이 이어지고 있었다. 그의 선불교는 보통 미국인이 가지는 개인주의적 자유민주주의 성향과 잘 부합되기 때문에 미국 사회에 자연스럽게 정착되었다. 또한 서구 전통적인 기독교와 그리스 로마 정신의 사유체계가 2차 세계대전 중 점차 대중과 멀어져 가고 가치관이 붕괴되어 가던 때, 선불교는 새로운 가치와 사유체계로 일반에 어필하게 되었다. 선이 가지는 독특한 진리 탐구 방식과 사유 형식은 서구인들에게 전혀 새로운 것이었다.

이 스즈키의 미국 선불교운동에 대해 많은 평가가 있지만, 동양적 선불교를 동과 서의 종교 간 연결점으로 만들어 20세기 서구인들에게 하나의 대안으로 제시할 수 있었던 점은 큰 성과라 할 수 있다. 특히 당대 최고 수준의 서양 철학자들에게까지 어필하여 그들이 동양의 선불교를 이해하고 학설로 인정한 점은 큰 의미가 있다. 또한 서양 대중들에게 선불교를 기독교와 같이 일상 친화적으로 만든 것은 획기적인 사건으로 평가해야 할 것이다.

카운터스와 오토코구미

오토코구미(男組)는 진짜 사나이들의 모임이다. 수년 동안 계속되어 온 일본 빈한 시위 난체 '재특회'가 못마땅하고 창피해서 모인 결사체가 '카운터스(counters)'다. 이 카운터스 안에는 오토코구미, 크락(C.R.A.C. 반민족주의행동집단), 타격 부대, 알려주기 부대, 낙서 지우기 부대 등 각자 방식으로 재특회의 행동에 대항하는 단체가 있다. 그중 카운터스의 정예부대는 오토코구미다. 2013년에 결성된 오토코구미는 2015년 3월 해산을 선언한 후 2016년 4월 재결성했지만 2017년 5월 다시 해산 선언을 했다. 그러나 활동은 계속하고 있다.

오토코구미 회장 다카하시 나오키는 전직 야쿠자 이력을 활용하여 반한 혐오 시위대에 참가하는 넷우익들에게 용 문신을 보여 주거나 험악한 얼굴로 째려

보는 등 다양한 방법으로 겁을 줘서 해산시킨다. 그들은 육탄 공격도 불사하는데, 여기엔 찬반 의견이 분분하다. 다만 오랫동안 오토코구미를 지켜보면서 다큐 영화 '카운터스'를 제작한 재일 이일하 감독은 "오히려 오토코구미 단원들은 폭력을 잘 이해하기 때문에 폭력을 철저히 계산적으로 이용하거나 배제하고 있다는 생각이 들었다"며 "그들은 결코 통제를 벗어난 힘은 사용하지 않았다"고 말했다.

재특회와 카운터스는 대체 무슨 이유로 그토록 격렬하게 충돌하는 걸까? 재특회는 '재일 한국인들의 특권을 용납하지 않는 시민 모임'의 줄임말이다. 이는 2007년 극우주의자 사쿠라이 마코토가 설립한 극우 민족주의 시민 단체다. 이들의 설립 목적은 '재일 한국·조선인 문제 제기 및 재일 특권 철폐'다. 재특회가 재일 한국인들의 특권을 용납하지 않는 시민 모임의 줄임말이라면, 대체 재일교포들이 일본에서 무슨 특권을 누렸기에 반대하는 모임까지 생겼단 말인가?

그들은 우선 재일교포들이 가지는 특별 영주 자격을 철폐하라고 요구한다. 특별 영주 자격을 갖고 있는 재일 한국인은 일본에서 중범죄를 저질러도 본국으로 추방되지 않으며, 이는 다른 불법 체류 외국인과의 형평성에 어긋난다는 것이다. 또한 재일 한국인의 통명(通名, 한국 이름과 일본 이름 모두) 사용을 철폐하라고 요구한다. 이들은 재일교포들이 통명을 사용함으로써 일본에 은행 계좌를 개설하여 탈세, 돈세탁 등의 범죄에 악용하거나 그럴 소지가 있다고 주장한다. 또 이름을 개명하려면 가정재판소 판결을 받아야 하는 일본인과 달리 재일 한국인의 통명은 관청에 신고하는 것으로 등록, 변경이 가능하다는 점을 이유로 들었다.

더 나아가 재특회 회원들은 한국에 대해 노골적인 혐오감을 드러내고 있다.

현대 일본의 존립 근거라 할 수 있는 평화헌법 제9조 전쟁 포기와 교전권 불인정 등에 대한 헌법 개정과 야스쿠니 신사 참배 문제에 찬성하는 등의 극우적 성향을 보이고 있다. 재특회가 표방하는 정치노선은 애국주의, 안티 한국과 중국, 안티 좌익이다. 사안에 따라서는 반미 성향도 보이고 있다. 이들은 극우 인터넷 게시판에서 주로 학습하며, 넷우익 세력에서 파생된 단체라고도 할 수 있다.

일본의 우익 성향을 가진 사람들이 주로 방문하는 인터넷은 혐한 커뮤니티인 '2채널(2ch)'이다. 이 채널에서 활동하는 사람들을 넷우익이라 부른다. 이들은 인터넷 게시판에 "재일 한국인을 비롯한 외국인들이 일본에서 부당한 권리와 혜택을 누리고 있기 때문에 일본인이 피해를 보고 있다"고 주장한다. 재특회는 특히 조선학교 수업료 무상화와 외국 국적 주민에 대한 생활 보호 지원에 반대하는 시위를 지휘하며 과격 행동을 일삼는다. 이들은 정치적 시위를 주로 하지만, 한국인 관광객이나 재일교포를 상대로 폭언을 퍼붓거나 공공장소에서 인종 차별 행위를 하기도 한다.

2009년과 2010년 재특회는 교토 조선제1초급학교 앞에서 혐오 발언을 쏟아내며 시위하고, 이 학교가 공공 공원을 부당하게 사용하고 있다며 집단으로 몰려가 욕실을 퍼붓고 기물을 파손한 사건을 일으켰다. 심지어 2011년 후지TV 드라마 주인공으로 캐스팅된 배우 김태희를 퇴출시키라고 시위를 벌였다. 김태희가 독도는 한국 땅이라고 발언한 '반일 배우'라는 것이 이유였다. 김태희가 광고 모델로 나온 로토제약에 대한 불매운동도 이어졌다.

일본 내에서 일어난 혐한 시위는 2010년 20여 건에서 2013년 320여 건으로 크게 늘어났다. 이러한 넷우익의 행동 방식을 '미디어 내셔널리즘'이나 '불안형 내셔널리즘'이라 하는데, 결국 그들은 일제 식민통치를 정당화하고 위안부 문제나 전후 배상 거부를 주장하는 세력이다.

2013년은 이들 양 진영에게 의미 있는 한 해였다. 재특회를 중심으로 한 넷우익 활동이 더 심해져 주말마다 도쿄 우에노 옆 한인촌 신오쿠보 거리로 몰려나와 반한 혐오 시위를 계속했다. 이들의 끊임없는 헤이트 스피치(국적, 인종, 성, 종교 등을 이유로 다른 사람에게 증오를 선동하는 혐오 발언)를 더이상 참고 들을 수만은 없다고 생각한 사람들이 몇 명씩 거리로 나왔다. 이들이 바로 카운터스다. 카운터스의 수가 점차 재특회 시위대를 압도하면서 일본 사회에 이들의 존재가 알려지기 시작했다. 그리고 재특회 전매특허인 헤이트 스피치라는 용어는 2013년 일본에서 '올해의 키워드'로 선정되면서 사회적 이슈로 떠올랐다.

이에 대한 카운터스의 행동은 음악잡지 편집장이자 사회운동가인 노마 야스미치가 트위터에 올린 글에서 시작됐다. 노마는 2013년 1월 재특회를 혼내주고 싶다면서 '시바키 부대(혼내는 부대)'라는 이름으로 모이자는 글을 트위터에 올렸다. 노마의 트윗은 순식간에 퍼졌다. 그에 동참하는 사람도 기하급수적으로 불어났다. 그들은 무엇보다 재특회 하는 짓이 쪽팔리고 창피해서 못살겠다고 했다.

재특회의 헤이트 스피치에 대항해 온 카운터스는 드디어 '혐오표현금지법' 제정을 이끌어 냈다. 민주당의 아리타 요시후 참의원이 발의한 이 법안은 '일본 외 출신자에 대한 부당한 차별적 언동 해소를 위한 대처법'으로, 2016년 6월 3일 제정 시행됐다. 재미있는 것은, 일본에서 가장 우익적인 지자체장 오사카시 하시모토 시장이 2016년 1월 전국 최초로 헤이트 스피치를 억제하기 위한 조례를 제정했다. 이 조례는 일본 사회에 많은 논란을 불러일으켰다.

'혐오표현금지법'은 발의부터 시행까지 2년 넘게 걸렸는데, 이유는 이 법이 표현의 자유를 침해할 수 있다는 지적 때문이었다. 그것은 곧 헤이트 스피치 역시 표현의 자유라는 것이다. 아리타 의원은 혐오표현금지법은 인종차별금지

조약의 이념을 반영하는 것이며 결코 표현의 자유를 침해하는 것은 아니라고 주장했다. 결국 이 법은 위반 시에도 처벌 조항이 없는 선언적 규정으로 남아 있게 되었다.

그러나 이 법에는 커다란 의미가 내재되어 있다. 특정한 국가, 인종, 성별 등을 이유로 차별하는 것은 잘못이라는 국가적 해석이 내려졌으며, 또한 혐오표현금지법이 제정됨에 따라 국가기관이 헤이트 스피치 시위대에 도로 및 건물 사용 허가를 내주지 않을 수 있는 근거가 생겼다는 점이다.

시위 현장에서의 변화도 생겼다. 법 제정 이전에는 재특회가 시위하고 카운터스가 항의하는 과정에서 경찰이 일방적으로 재특회를 보호하는 데 급급했으나, 이제는 경찰이 재특회의 혐오 발언을 체크하면서 시위대의 행동에 엄격한 태도를 보이고 있다.

그럼 여기서 이일하 다큐멘터리 영화감독이 만든 다큐 영화 '카운터스' 내용을 소개하겠다.

우리는 오토코구미다! 거리에서 그들이 한목소리로 외쳐댄다. 한편 오토코구미는 재특회의 헤이트 스피치를 저지하기 위해 함께 모여 욕설을 연습하고, 재특회 시위대 앞에 무작정 드러누워 도로를 점거한다. 시위 허가증을 가지고 있는 재특회 회원을 경찰서로 끌고 가거나 혐한 시위가 예정된 장소에 잠복했다가 시위 참가자를 발견하면 용 문신을 보여 주며 은근히 겁을 주기도 한다. 지금까지의 시위 행동에서 볼 수 없었던 저돌적인 저항 방식과 모히칸 헤어 스타일부터 용 문신까지 눈에 띄는 외모 때문에 오토코구미는 전담 경찰이 붙을 정도로 요주의 단체로 찍힌다.

그들은 목적을 위해 자신들의 일상을 포기하기도 한다. 전국 각지에서 일어

나는 혐한 시위를 막기 위해 원정을 다니느라 생계가 어려워지고, 재특회 회원
들의 비방 때문에 회사에서 해고당하기도 한다. 심지어 카운터스 안에서도 과
격한 폭력 단체라는 비난을 듣기도 하고, 재특회 회원과의 몸싸움으로 경찰에
연행까지 된다.

오토코구미에게 정치적 사상이나 철학은 문제되지 않는다. 그들은 사회적
차별에 관심을 둔다. 특히 사회적 약자에 대한 차별을 가장 혐오한다. 그렇기
때문에 그들은 젊은 대학생 단체의 민주주의 수호 문제, 동성애 차별 등의 문
제에도 귀를 기울인다.

이일하 감독은 한국에서 태어나 2000년 일본으로 건너갔다. 그는 한국인 불
법 체류 노동자 인권 문제와 노동 문제를 다룬 '당신을 위한 행진곡'(2003), 다
국적 기업이 일으키는 문제를 고발한 '라테지수'(2006), 오토바이를 타고 2만 킬
로미터에 달하는 일본 해안가를 무전 여행한 과정을 담은 '로드멘터리'(2008)
등 여러 다큐멘터리를 만들었다. 도쿄조선중고급학교 권투부 학생들을 취재
해 만든 다큐멘터리 '울보 권투부'는 2014년 제6회 DMZ국제다큐영화제 개막
작으로 선정됐다. 최근에는 헤이트 스피치에 맞서는 '카운터스'의 활동을 다룬
다큐멘터리 '카운터스'를 만들었다.

세계적 영화감독 구로자와 아키라

구로자와 아키라(黑澤明, 1910~1998)는 20세기 뛰어난 영화인 100인 중 선두에 꼽히는 영화감독이다. 그는 세계적으로 널리 알려진 일본 영화의 거장이며, 미국 최고의 영화감독 스티븐 스필버그가 사숙하였고 가장 존경하는 인물이다. 스필버그는 구로자와의 영화 '7인의 사무라이'를 보고 영화감독이 되기로 결심했다고 한다.

구로자와는 미국 아카데미상을 비롯해 전 세계 거의 모든 영화상을 수상했다. 그는 '라쇼몽(羅生門)'(1950), '이키루(生きる)'(1952), '7인의 사무라이(七人の侍)'(1954), '피의 옥좌(蜘蛛巣城)'(1957), '도데스 가덴'(1970), '가게무샤(影武者)'(1980) 등 100편 이상의 영화를 만들었다.

영화 '라쇼몽'은 1951년 베니스영화제 대상과 각종 국제 영화제 상을 휩쓸어 일본 영화의 위상을 높이는 계기가 되었다. 이 영화는 아쿠타가와 류노스케(芥川龍之介)가 1915년에 발표한 단편소설 「라쇼몽(羅生門)」을 영화화한 것으로, 10세기 헤이안 시대를 배경으로 펼쳐진 이야기다. 숲속에서 벌어진 강간사건과 살인사건을 사무라이와 그의 아내, 산적 그리고 나무꾼이 각기 다른 입장에서 이야기한다. 어느 한 사건을 서로 다른 사람의 관점에서 전달하는 이런 기법은 관객의 상상력을 자극했고, 영화를 철학의 경지로 이끌어 올린 작품으로 평가받았다.

비평가들로부터 일본 영화사상 최대 걸작 중 하나로 평가받은 '이키루'는 암에 걸려 반 년밖에 살지 못한다는 것을 알게 된 하급 공무원의 이야기다. 그는 가족한테서 위안을 찾지만 결국 배신당하고, 좌절 속에서 쾌락을 추구하지만 곧 환멸을 느끼게 된다. 마지막에는 공무원으로서 할 수 있는 권한을 이용해 가난한 사람들을 도와줌으로써 구원을 얻는다. 도덕적 교훈을 전달하는 이 영화에서 구로자와는 전후의 일본 사회, 특히 공무원의 위선적 측면과 가족제도의 붕괴를 사실주의적 방식으로 묘사했다. 이 영화는 패전의 절망에서 벗어나기 시작하던 일본인들의 정신적 상황과 삶을 뛰어나게 묘사했다는 평가를 받았다.

'7인의 사무라이'는 서구 사회에 가장 많이 소개된 작품으로 흥행에 크게 성공했으며, 국제 영화계에 가장 많은 영향을 준 작품이다. 일단의 낭인 사무라이들이 시골 마을을 약탈하는 악당들과 맞서 싸우는 이야기다. 이 영화는 할리우드식 서부극 스타일을 일본식으로 번안되어 새롭게 만든 것이다.

구로자와는 서구 고전문학을 일본풍으로 번안한 영화를 만드는 것으로도 유명하다. '백치(白痴)'(1951)는 도스토옙스키의 동명 소설에 바탕을 두었으며, '피의 옥좌'는 셰익스피어의 『맥베스』를, '밑바닥(どん底)'(1957)은 고리키의 희곡을 각색한 것이다. 특히 일본 전통 가면극인 노(能)의 무대장치와 연기 방식을 도입한 '피의 옥좌'는 셰익스피어 희곡을 각색한 수많은 영화 중 최고의 걸작이라는 찬사를 받았다.

그의 영화는 전통적으로 일본 예술의 주요소인 섬세한 감각과 철학, 화려한 시각적 구성, 특히 사무라이 같은 일본의 본질적인 소재 선택과 서구적 감각, 극적 효과를 독특하게 결합하였다. 더 나아가 서양의 고전문학과 통속적인 추리소설에 나오는 스토리텔링을 주제로 삼았다. 그는 영국과 러시아 문학과 존 포드 같은 감독의 서구 영화에 영향을 받아 셰익스피어의 『리어왕』, 『맥베스』, 도스토옙스키의 『백치』, 막심 고리키의 『밑바닥』, 일본의 문호 아쿠타가와 류노스케의 『나쇼몽』 등을 개작하여 다양한 문예영화를 만들었다.

몇 년 전 BBC가 선정한 역사상 최고 외국어 영화에 구로자와 아키라의 '7인의 사무라이'가 1위로 뽑혔다. '라쇼몽'은 4위에 올랐다. 세계 외국어 영화 톱 100에 선정된 24개국 19개 언어 작품 중 프랑스어 27개, 중국어 12개, 일본어와 이탈리아어가 11개였다.

구로자와 작품의 근원은 서부극이나 셰익스피어의 비극, 러시아 문학으로부터 스토리텔링의 영감을 받았고, 거기서 나오는 영상미나 영화예술의 보편적 가치나 윤리관은 국제 영화계의 거장인 조지 루커스, 스필버그 등에게 커다란 영향을 주었다.

그는 1960년 프로덕션을 차려 독립했으나 자금난에 빠지고 말았다. 일본 영화 침체기인 60년대에 비용이 많이 드는 기획들을 내놓았고 이 때문에 영화사들에게 외면당했다. 게다가 타협을 모르는 엄격한 제작 태도로 영화 제작이 정체될 수밖에 없었다. 그 후 소련 영화계의 지원으로 '데루스 우잘라'를 만들고, 조지 루커스와 프란시스 코폴라를 프로듀서로 '가게무샤'를, 프랑스와 합작으로 '란'을, 워너브라더스 제작으로 '꿈'을 만들어 세계 영화제에서 각종 상을 휩쓸었다. 그 뒤 구로자와는 해외 자본으로 영화를 계속 만들게 되었다.

휴머니즘과 유머는 구로자와 영화의 전매특허다. 시대극을 제외한 대부분의 작품에서 관객들에게 '우리는 어떻게 살 것인가'라는 무거운 질문을 던졌다. 그리고 그 답을 찾는 과정에서 만나는 것이 바로 휴머니즘과 유머다. 그의 작품에서 간과할 수 없는 인간에 대한 예의가 그것이다. 최하층민들의 삶도 갈 곳 없는 몰락한 낭인 무사들도 인간으로서 기본적인 존중과 배려를 받아야 하고, 그들 또한 유머를 안다. 그래서 우리는 살아갈 수 있는 이유를 찾게 되는 것이다. 영화가 우리에게 줄 수 있는 위안과 즐거움이 그런 것이다. 구로자와는 이를 알고 있는 감독이었다.

애니메이션의 대부 미야자키 하야오

수년 전 일본 도쿄 부도칸(무도관)에서 2천여 명의 관중이 유명 가수가 부르는 애니메이션 '센과 치히로의 행방불명' OST를 듣고 있었다. 애니메이션 영화감독 미야자키 하야오(宮崎駿)의 작품에 히사이시 조가 작곡한 음악을 풀 오케스트라와 100여 명의 어린이 합창단이 함께한, 장엄한 베토벤 교향곡과 다름 없는 연주였다.

나는 이런 분위기가 조금 낯설었다. 처음 초대받았을 때는 그냥 가볍고 떠들썩한 분위기일 거라고 생각했다. 그런데 아니었다. 미야자키 하야오에 대한 오마주(hommage, 존경) 분위기에 압도되고 말았다. 그날 연주곡은 11개 곡에 한 곡당 10분 정도 다소 지루했지만 즐거움은 충만했다. 과연 애니메이션의 나라였다. 그들은 만화와 애니메이션에 경의를 표하고 있었다. 그보다 더 미야자키에 대한 존경심이 그러했다. 일본에서 미야자키 하야오에 대한 멘트는 우선 '위대한'으로 시작된다.

그에 대한 일본과 국제사회의 헌사는 너무 많다. 우선 '디즈니와 전혀 다른 작품세계로 세계인을 사로잡은 애니메이션 감독' 그리고 '일본 문화를 바탕으로 글로벌하게 환상적인 세계를 창조한 감독'이다. 이 외에도 감독 이름이 곧 브랜드가 되는 시대를 연 사람, 일본 영화사상 최고의 흥행 기록을 세운 사람, 만화영화를 하나의 예술 장르로 승화시킨 사람, 자신의 이름이 곧 재패니메이션으로 통용되는 사람이다. 그는 이미 애니메이션의 대명사였다.

미야자키 하야오는 유복한 집안에서 태어나 당시 일본 어린이 대부분이 그러하듯 일본 만화의 아버지로 불리며 '철인 아톰'으로 유명한 데즈카 오사무의

만화에 푹 빠져 어린 시절을 보냈다. 그 뒤 TV 애니메이션 일을 시작해 1970년대 말 '미래소년 코난(未来少年コナン)'으로 데뷔하면서 유명해졌다. 그리고 1984년 '스튜디오 지브리'를 설립, 제작자이자 감독으로 숱한 걸작들을 내놓으며 애니메이션계의 신화적인 기록을 세웠다.

그의 작품은 생태주의에 기반한 인간과 자연의 공존이라는 메시지를 전한다. 대표 작품인 '이웃집 토토로(となりのトトロ)'(1988), '모노노케 히메(もののけ姫)'(1997), '센과 치히로의 행방불명(千と千尋の神隱し)'(2001) 등은 '위대한' 밀리언셀러다.

그는 가쿠슈인대학 정치경제학과를 다니며 아동문학연구회에서 생 텍쥐페리 동화책과 각종 만화책을 섭렵하며 창작 기본을 익혔다. 1963년 대학 졸업과 함께 도에이동화(東映動画)에 입사해 애니메이터로 경력을 쌓았는데, 이때 만난 다카하타 이사오(高畑勳)는 그의 삶과 작품 활동에 결정적인 영향을 주었다. 그들의 관계는 이후 '스튜디오 지브리'까지 이어진다.

미야자키 작품에 나타나는 사회주의적 경향은 다카하타 이사오의 영향이 크다. 작품 속 이상적인 공동체 모습이 그 예다. 그의 수많은 작품 중 1989년에 제작한 '미녀 배달부 키키'가 자국 영화 흥행 1위를 기록했으며, '모노노케 히메'가 그 흥행 기록을 15년 만에 깼다. 2001년 '센과 치히로의 행방불명'은 관객수 2,350만 명으로 일본의 모든 영화를 통틀어 역대 1위를 기록했고, 베를린영화제 황금곰상을 받았다. 그리고 2013년 9월 '바람이 분다' 제작을 끝으로 은퇴했다. 2014년 미국 영화예술과학아카데미는 미야자키 감독을 명예상 수상자로 선정했다.

1970년대 미야자키는 다카하타와 공동으로 TV 애니메이션 시리즈 '루팡 3세(ルパン三世)'(1971), '알프스 소녀 하이디(アルプスの少女ハイジ)'(1974), '플란다스의 개(フランダースの犬)'(1975), '엄마 찾아 삼만리(母をたずねて三千里)'(1976) 등 서구 명작을 애니메이션으로 옮기는 작업에 몰두하였다. 미야자키가 제작한 '미래소년 코난'도 크게 히트해, 일본 공영방송 NHK에서 최초로 방영된 기념비적인 TV 시리즈가 되었다.

'미래소년 코난'은 미래사회에 자연공동체를 만들기 위해 노력하는 청소년들의 모험을 그린 작품이다. 유토피아의 반대 개념으로 설정한 디스토피아라는 희망 없는 세상에 밝고 명랑한 캐릭터를 결합하여 자연과 생명의 존엄과 가치를 담아냈다. 특히 매주 방송되는 빡빡한 일정에도 기획에서 캐릭터, 디자인, 콘티, 레이아웃까지 모든 영역을 직접 확인하고 마무리하여 또 다른 평판을 얻었다. 이러한 1인 감독 시스템이 그의 모든 작업에서 이루어졌다.

'루팡 3세'는 미야자키 하야오의 극장용 장편 애니메이션 데뷔작으로, 빠른 속도와 과감한 앵글로 다시 한번 유명해졌다. 1982년부터 연재하던 만화를 영화화한 '바람 계곡의 나우시카(風の谷のナウシカ)'(1984)는 바람 계곡의 공주 나우시카가 지구를 살려내는 과정을 그린 작품으로, 미야자키의 작품 철학이 모두 표현된 것이다. 지구 종말 이후의 세계, 여성의 적극적이고 영웅적인 사회 참여, 생태주의 세계관 등 그가 추구하는 주제가 모두 들어 있으며, 그 작품 이후 일본에서 생태학에 관한 사회적 붐을 이끌어 냈다.

미야자키는 스튜디오 지브리를 기반으로 작가로서 전권을 가진 애니메이션 제작 시스템을 구현해 냈다. 지브리에서 만든 첫 작품 '천공의 성 라퓨타(天空の城ラピュタ)'(1986)도 대성공을 거두었다. 2년 뒤 발표한 '이웃집 토토로'(1988)는 시골로 이사 온 어린 자매가 숲속에서 신비로운 존재들과 조우하는 이야기로 그가 오랫동안 꿈꾸어 온 프로젝트였다. 흥행 성적은 기대에 못 미쳤지만 일본인이 가장 사랑하는 애니메이션 1위로 뽑히기도 했다.

아직 미야자키 하야오에 대한 본격적인 이야기는 시작하지도 않았다. '모노노케 히메'(1997)와 '센과 치히로의 행방불명'(2001) 그리고 '하울의 움직이는 성'(2004)이 남아 있기 때문이다. 1990년대 들어 일본 만화와 애니메이션은 국제적인 팬덤이 형성되어 당시 한국 어린이 프로그램 시청자들은 일본 애니메이션이 우리 것인 줄 알고 마냥 즐거워했다.

역량을 차곡차곡 쌓아가던 미야자키는 10여 년 만인 1997년 자신이 쓴 동화책을 원본으로 지브리 사상 최대 제작비를 투입한 애니메이션 '모노노케 히메' 제작 발표를 했다. 이 작품은 고대 일본을 배경으로 인간의 원초적인 파괴 본능을 고발하고 거대한 자연의 복원력에서 희망과 구원을 발견한다는 이야기로, 일본에서만 1,300만여 명의 관객을 동원한 역대급 흥행 기록을 갱신했다.

그러나 이 관객 동원 신기록을 다시 깬 것은 '센과 치히로의 행방불명'이다. 이 영화 관객은 2,300만 이상이었다. 우리나라에서도 크게 히트하여 몇 번이고 재상영된 적이 있으며, 국제적으로 엄청난 판매량을 기록하였다. 그리고 '센과 치히로의 행방불명'으로 베를린영화제 금곰상과 미국 아카데미 장편 애니메이션 부문 작품상, '하울의 움직이는 성'으로 베니스영화제 기술공헌상(Golden Osella award), 뉴욕영화비평가협회 최우수 애니메이션상을 수상하는 등 기염을 토했다.

그 뒤 미야자키 하야오는 다른 감독의 연출작을 지원하다가 2008년 인간이 되고 싶은 아기 물고기 포뇨와 다섯 살 소년의 교감을 그린 '벼랑 위의 포뇨'를 발표했다. 그리고 2013년 '바람이 분다'를 내놓은 직후 공식 은퇴를 선언했다. 이 작품은 2차 세계대전을 배경으로 전투기 개발자의 이야기에 미야자키의 자전적 스토리를 더한 작품이다. 한국에서는 부정적 평가에 이어 전범을 미화한 군국주의 영화라는 비판도 제기되었다.

미야자키 하야오는 그림을 하나하나 세밀하게 확인하는 완벽주의자이며, 작품들은 사회주의 사상을 토대로 한 이상적 공동체를 지향하고, 반전과 비폭력을 주제로 하고 있다. 그는 생태론자이며 항상 인간에 대한 희망을 버리지 않아 선과 악의 경계가 모호했다. 그리고 사회 문제에 대한 근원적인 접근을 판타지로 표현하여 끝까지 화해와 구원에 이르는 낙관론을 가지고 있다. 미야자키는 은퇴한 후에도 지브리 스튜디오 수장으로서, 그리고 일본 영화계의 살아 있는 전설로 사회 문제에 대한 일가견을 밝히곤 했다.

일본을 비판한 전략적 경제학자 오마에 겐이치

일본 유학 시절에 가장 인상 깊었던 인물 중 한 사람은 경제학자 오마에 겐이치(大前研一)였다. 그의 저서 『신국부론』은 나에게 경제와 사회를 바라보는 시야를 넓혀 주었고, 다양한 문제의식을 일깨워 주었다. 그 책을 세 번 연속해서 읽었다. 그만큼 흥미롭고 많은 시사점을 던져 주었다. 그는 여느 일본인들과 달랐다. 글로벌하며 다양한 각도로 일본을 객관적으로 바라보고 일본 사회를 신랄하게 비판했다. 경제학 서적이 이렇게 흥미진진하다니! 그는 모든 문제를 전략적 사고를 가지고 대하라고 당부했다.

오마에 겐이치는 세계적인 경영컨설팅업체 맥킨지 일본 지사장과 아시아·태평양 지역 회장을 역임한 이코노미스트이며 경영 컨설턴트로 『신국부론』, 『국가의 종말』, 『지식의 쇠퇴』, 『더 넥스트 글로벌 스테이지』 등 100여 권을 집필했다. 그의 책은 나오는 즉시 베스트셀러가 되었다. 영국 이코노미스트 선정 세계 5대 경영 마스터에 피터 드러커, 톰 피터스와 함께 선정되었다.

그는 와세다대 이공학부를 졸업하고 미국 매사추세츠공대(MIT)에서 원자력공학 박사학위를 받았으며, 현재 일본 비즈니스브레이크스루대(Business Breakthrough University) 학장이다.

그는 예나 지금이나 가장 혹독한 비판자로 일본을 바라본다. 일본은 1970년대 세계 2위 경제대국으로 많은 사람들이 행복해했지만 지금은 향수만 남아 있고, 어떤 통계를 봐도 일본의 경제지표는 95년 수준으로 돌아갔으며, 이는 아주 당연한 결과라고 했다. 이유는 허접한 정부와 관료 체제 때문이라고 비판했다.

일본 경제의 쇠락에는 분명한 이유가 있다. 대중영합주의와 도전의식의 결여다. 여러 분야에서 그 현상들이 보인다. 해외에서 공부하려는 학생들이 줄었다. 그래서 국제 경쟁력이 크게 떨어졌다. 누구도 도전하려고 하지 않는다. 도전의식도 없고 활력도 없는 초식계 남자 신드롬이 일본의 오늘을 말해 준다.

오마에 겐이치는 일본의 불황을 구조적 문제로 접근하면서 저출산 문제의 심각성을 지적했다. 현재 일본에서 가장 문제가 되는 것은 현실에 안주하는 사회적 분위기 때문에 직업을 선택할 때도 안정성을 중시한다는 것이다. 이것은 아직도 관료 사회로 사람이 몰린다는 의미다. 아이들은 더이상 욕심이 없다. 실제 자녀 1명의 시대가 됐다. 독신자 가구 수는 33%에 이른다. 그래서 슈퍼마켓, 백화점, 패밀리 레스토랑이 안 되는 이유다.

일본 젊은이들에게 외국에서 근무하겠느냐고 물으면 90%는 가지 않겠다고 한다. 내가 가면 아내가 일자리를 잃기 때문에 갈 수 없다고 한다. 소득이 반으로 줄어든다는 현실적 문제가 있다는 것이다. 30년 전에는 이런 일이 없었다. 발령이 나면 지구 어느 곳이든 즉각 받아들였다. 한마디로 도전의식이 영영 사라져 버렸다. 그는 요즘 일본 젊은이들은 메이지 유신 이후 일본 역사상 보지 못한 새로운 세대들이라고 지적하면서, 이들은 우물 안에만 있기를 원하고,

옛날 생각만 하고 하향 평준화만 지향하는 사람들이라고 비판한다.

일본 어머니들은 자식 한 명만 키우고 자식이 부모 곁을 떠나는 것을 싫어한다. 결혼 적령기 34%가 아직 결혼하지 않고 부모와 살고 있다. 이것이 캥거루 가족이다. 일본 정치인은 세습이어서 한 번도 헝그리 정신을 가진 적이 없다. 뛰어난 지도자 한 명만 있으면 그 국가는 반드시 성장 커브를 그린다. 그러나 일본에는 현재 그런 리더십을 가진 정치인이 없다.

오마에 겐이치는 "한 명의 지도자가 세상을 바꾼다"며 "기업이나 국가나 탁월한 지도자가 필요한 시대"라고 강조했다. 그럼에도 한 사회나 조직을 성공으로 이끌려면 전체가 지혜를 모으는 '집단 IQ'가 중요한데 일본인은 개별적으로는 지식을 많이 갖고 있지만, 일단 대중영합주의에 휩쓸리면 사회가 불합리한 방향으로 끌려가는 경우가 많다. 대표적인 사례가 거시경제 정책이다. 제일 똑똑한 사람들이라고 불리는 대장성 관료들은 불황 때 제로금리를 만들고 유동성을 늘렸다. 그러나 아무 효과도 거두지 못했다. 금리가 제로지만 아무도 돈을 빌리지 않았다.

일본은 1,400조 엔의 개인 금융자산을 가지고 있다. 금리가 5%라면 엄청난 돈이다. 그러나 똑똑한 언론인들이 만들고 있는 매스미디어를 보면 사람들이 돈을 쓸 수가 없다. 모두 경제가 나쁘다고 말하고 있기 때문이다. 일본 사람은 은퇴할 때 평균 재산이 25만 달러인데 사망 시 평균 재산은 35만 달러다. 은퇴 후에도 재산이 늘어나는 게 말이 되는가. 그 이유는 연금도 저축으로 돌리기 때문이다. 일부는 죽을 때 재산을 간호사에게 주기도 한다. 이것이 결국 내수 부진과 저성장의 근본 원인이다. 장례식은 아무리 잘 치러도 400만 엔이면 충분하다. 결국은 죽을 때까지 궁핍하게 살다 가는 것이다.

오마에 겐이치는 세계 경제에 대해서도 "미국 금융기관에 대한 치료약은 없다.

미국의 상업은행들은 앞으로도 한참 부실 채권으로 시달릴 것이다. 일본은 이렇게 쪼그라들면 2020년에는 세계 7위의 G7 국가가 된다. 결국 국가 부채를 해소해야 하는데 일본항공(JAL)처럼 국민연금을 30%쯤 삭감해야 해결할 수 있다. 중국의 과열은 경계해야 한다. 베이징과 상하이의 부동산은 더 지속될 수 없다"며 비관론을 제시했다.

그가 한국에서 한 강연을 들었다. 한국이 일본에서 배울 점은 무엇보다 가파른 환율 하락을 다루는 법이다. 일본은 달러 당 360엔에서 80엔까지 하락해도 여전히 경쟁력이 있다. 한국이 달러당 1,000원에서 250원까지 떨어져도 견딜 수 있는가?

중국에서는 외국인 집중 투자를 통해 도시를 키우는 법을 배우라고 했다. 중국은 정치는 집중되어 있지만 경제는 분산되어 있다. 1970년대 말부터 센젠(深圳), 주하이(珠海) 등 5개 경제특구를, 1984년부터는 다롄(大連), 칭따오(青島), 상하이(上海) 등 14개 개방도시를 만들어 대대적으로 외국 자본을 끌어들였다. 센젠의 경우 경제특구 이전에는 인구 2만5,000명의 어촌에 불과했으나 지금은 400만 명에 1천여 개의 금융기관, 1만6,000개의 세계적 기업들이 여기서 움직이고 있다.

북유럽 노르딕 4개국에서는 교육 개혁을 배우라고 했다. 암기시키지 말고 해결책을 찾도록 교육 시스템을 확 바꾼 나라들을 본받아야 한다. 덴마크에서는 '선생님(teacher)'이라는 말을 학교에서 쓰지 않도록 했고, 이른바 '커닝(cheating)'도 허용한다는 것이다. 21세기 교육은 '정답이 없고(No answer)', '선생님이 없고(No teacher)', '답은 계속 바뀌게 되어(Constantly changing answers)' 있기 때문에 선생님은 물론 일상에서 배우고 친구에게서 배우고 행동하고 성취하는 용기가 중요하므로 이러한 개혁을 했다는 점이다.

미국에서는 인재를 전 세계에서 수입하는 것을 배우라고 했다. 그렇게 들어온 이민자들은 헝그리 정신으로 일하기 때문에 엄청난 경쟁력을 갖게 된다는 것이다.

중국의 IT기업이 강한 건 대만 덕분이다. 엔지니어링은 대만에서 하는 기업이 많다. 애플 제품도 대부분 대만 기업이 하고 있다. '차이완'이라고 부를 수 있겠다. 대만과 중국의 조합은 일본도 상대가 안 될 만큼 강하다. 대만과 중국의 조합은 일본과 한국 입장에서는 굉장히 껄끄럽다. 대만은 엔지니어링이 강하다. 분야에 따라서는 일본보다 엄청나게 발전돼 있다. 스마트폰 설계와 칩을 생산하는 미디어텍 등의 회사는 일본에도 유례가 없다.

일본은 좋은 학교 나와 좋은 회사에 취직해서 편안하게 산다는 40년 전 생각을 아직도 갖고 있는 것이 문제다. 한국의 잘못된 점은 과거 일본의 가혹한 시험 등 나쁜 문화를 아직까지 답습하고 있다는 것이다.

덴마크는 초등학교 때부터 '가르치다(teach)'라는 단어를 사용하지 않는다. 정답이 없는 시대에 '선생(먼저 태어난 사람)'이라는 사람이 가르치는 건 넌센스다. 덴마크 등 북유럽 국가는 선생이 아니라 코디네이터 등으로 호칭을 바꿔 모두 정답을 찾는 시스템으로 바뀌었다. 한국은 미국, 유럽, 일본을 따라잡고 싶어 이런 시스템을 유지해 왔다. 하지만 이젠 그런 시스템으로는 첨단 연구도 가능하지 않고, 세계적 인재도 기를 수 없다.

현재 일본은 엔고든 엔저든 상관이 없다. 지금 엔저는 마이너스 측면의 방향이 강하다. 엔저라든가 원저라고 하며 기뻐하는 것은 일본과 한국밖에 없다. 둘 다 수출 기업이 강하기 때문이다. 하지만 일본은 달라졌다. 엔저로 나빠지는 게 더 많다. 엔저는 한국을 괴롭히고 있지만 일본 경제에 메리트는 거의 없다. 이유는 간단하다. 일본은 공장을 세계에 분산시켰다. 엔저가 돼도 되돌아오지 않는다. 일할 사람이 없기 때문이다. 캐논은 대만, 중국, 베트남에서 10만 명이 일하는데, 일본에서는 1천 명도 채용하지 못할 것이다.

아베의 성장 전략은 '조크'다. 그런 걸로 일본이 성장할 리 없다. 일본은 지금 저욕망 사회다. 욕망 없는 국민이 대부분이다. 개인 금융자산이 1,400조 엔이지만 쓰지 않는다. 일본인은 죽을 때가 가장 부자다. 보험연금이 나오지만 쓰지 않는다. GDP 3배의 돈을 저금해 놓고 사용하지 않는다. 아베노믹스로 경제가 좋아진 게 아니라 국민이 "장래에 좋아지는 것 아닐까"라는 기대감에 2년 전에 1,400조 엔의 아주 일부가 밖으로 나온 것이다.

기업도 GDP의 60%에 달하는 300조 엔이나 되는 유보금을 전혀 사용하지 않는다. 모두 저욕망이라 월급이 올라도 편의점 도시락 먹는 걸로 만족하는 굉장히 신기한 저성장이 진행되고 있다. 플랫35라는 주택론이 있는데 35년 간 1.56%의 고정금리에도 주택을 지으려고 하는 사람이 거의 없다. 차입도, 결혼도, 출세도, 책임이 무거워지는 것을 싫어하는 젊은이들이 급증하고 있는 것이다.

나는 오마에 겐이치 제안 중에서 가장 중요한 부분이 이것이라 본다. 그것은 일본 경제가 디플레이션에서 빠져나올 가능성은 거의 없다. 먼저 해결해야 할 사회 문제, 즉 저출산과 이민, 호적 문제 등을 해결하지 않는다면 일본 경제는 계속 침체될 것이다. 아베노믹스는 단지 브랜드일 뿐이며 알맹이가 없다.

사람들이 별로 관심을 기울이지 않는데, 정말 중요한 문제는 이민과 호적 문제다. 일본은 아이를 낳고 호적에 올리지 않으면 사회적으로 차별을 당한다. 프랑스는 사실혼이다. 3년 이상 동거하면 결혼으로 보고, 호적도 없다. 결혼하지 않고 태어나는 아이가 56%다. 이러면 소득세가 줄고 정부 보조금은 늘어난다.

일본 우익은 호적 철폐를 반대한다. 또한 이민도 반대하고 있다. 이러면 인구는 지속적으로 줄고 경제도 침체된다. 사실 뛰어난 일본 기업은 글로벌화가 잘 돼 있어 여차하면 일본을 버려도 된다고 생각하고 있다.

오마에 겐이치는 『난문쾌답』에서 인간을 바꾸는 세 가지 방법을 제시했다. 시간을 달리 쓰는 것, 사는 곳을 바꾸는 것, 새로운 사람을 사귀는 것이다. 시간을 달리 쓰라는 말은 변화를 의미하는데, 어제와 같은 오늘을 반복하는 것으론 어떤 변화도 있을 수 없다. 또 사는 곳을 바꾸라는 건 삶의 환경을 바꾸는 것을 의미한다. 새로운 사람을 사귀라는 건 기회를 찾으라는 것이다. 만나는 사람이 달라지면 하는 일과 방식도 달라질 수밖에 없다. 지금과 같이 미래가 불투명하고 혼탁한 세상에서 오마에 겐이치 같은 경제적 전략적 마인드가 절실한 것이다.

건축의 철학자 안도 타다오

건축의 철학자, 닌자 건축가 안도 타다오(安藤忠雄)를 어디서부터 말해야 할지 모르겠다. 닌자란 은둔의 무사로, 조용히 적의 목을 따고 사라지는 자다.

안도 타다오는 멋쟁이다. 일본에 이런 괴물이 살아 있다는 사실이 경이롭다. 일본 전역에 정치인들은 물론 수억의 복제판 인물들 속에서, 무라카미 하루키나 미야자키 하야오와 함께 이런 인물이 나왔다는 것이 놀랍기만 하다.

그는 트럭운전사, 프로 권투선수, 목수 등 가난한 젊은이가 할 수 있는 일을 다 하고 다녔다. 건축과 관련한 전문 교육을 받은 적은 단 한 번도 없는데, 오늘날 세계적인 건축가가 된 그의 인생 역정은 한 편의 드라마 같다. 그래서 나는 그를 아무 곳에도 속하지 않고 일가를 이룬 닌자 건축가로 부르기로 한다.

그는 젊은 시절 한국의 김중업처럼 르 코르뷔지에(Le Corbusier)라는 위대한 건축가를 짝사랑하여 무작정 파리로 갔다. 김중업은 천신만고 끝에 그의 제자가 되는 데 성공했지만, 안도는 1965년 파리에 도착하기 직전 코르뷔지에가 세상을 떠났기 때문에 실패했다. 하지만 그는 포기하지 않고 유럽 각지를 여행하며 미켈란젤로, 르 코르뷔지에, 루이스 칸에 이르기까지 고전 건축부터 근대 건축까지 많은 것을 보고 스케치하며 공부했다. 훗날 동료 건축가들이 대학에서 건축을 공부하고 있을 때, 그는 수많은 건축물을 직접 눈으로 보고 확인하며 설계부터 공간 구현, 빛의 활용까지 건축의 전 과정을 독학했다. 이때 여행이 건축가로서의 삶에 큰 자양분이 된 것은 물론이다.

안도 타다오에게 늘 따라붙는 수식어는 '동양의 자연 관조 사상을 현대적으로 추상화시키는 건축가'다. 근대 이후 동양은 서양식 건축 기법을 그대로 받아들였는데, 그 과정에서 동양 사상을 바탕으로 서양의 건축 기법을 빌려 독자적인 건축 세계를 구축한 아시아권 건축가들이 많이 등장했다. 안도 타다오는 이런 관점에서 가장 독특한 동양의 건축가다.

얼마 전 일본 규슈 나오시마에서 만난 안도는 미술관 관리자들의 일 방식 때문에 잠시도 머무르고 싶지 않았지만 억지로 참고 관람했다. 너무도 안도스럽지 않게 줄을 세우고 억지로 조심성과 경건함을 강요하는 미술관 관리자들의 태도를 보며 '도대체 안도 타다오는 이런 일들을 알고나 있을까?' 하고 생각했다.

기독교인이 아니면서도 교회 설계를 많이 한 안도는 서양의 근대 건축과 동양의 세계관을 결합한 건축물을 만들었다. 그는 과거 동양의 건축이 모두 자연과 공존 공생하는 점에 주목하였고, 콘크리트 벽을 그대로 투박하게 노출시켜 빛과 바람, 물 등 주변 자연을 건축에 끌어들였다. 그래서 그의 작품은 대단히 둔탁해 보인다. 처음에는 "아니, 대체 이게 뭐야?" 하는 말이 절로 나온다. 마치

화가 이우환의 '바위' 연작을 보는 듯하다.

오사카 교외 한적한 주택가에 있는 '빛의 교회'는 바닥, 벽 그리고 천장이라는 최소한의 요소만으로 구성된 단순한 박스형 건물이다. 건물 내부 정면에는 벽을 십자형으로 뚫고, 이 틈으로 들어오는 빛은 성스럽고도 장엄한 십자가를 연출한다. 성단이 성도석보다 낮은 데 있고, 가장 낮은 곳에 십자가가 서 있다. 이야말로 사람의 아들로 자신을 낮추신 예수의 모습을 느끼게 한다.

홋카이도에 있는 '물의 교회'는 커다란 유리창과 십자가 모양의 창틀, 창 너머 보이는 잔잔한 연못의 물, 그리고 물 한가운데 떠 있는 하얀 십자가와 멀리 보이는 숲은 수채화를 보는 듯한 감상에 빠져들게 한다. 교회 밖 풍경은 자연 그대로이고, 예배당 바닥은 연못의 물과 거의 같은 높이에 있어 마치 물 위에 떠 있는 착각을 하게 만든다. 우리는 그분을 물 위에서 만나게 된다.

'바람의 교회'는 고베 로코산 해발 932m에 위치해 있는데, 유리 지붕이 있는 긴 복도를 지나 예배당으로 들어가게 된다. 그곳에 들어서면 좌측에 넓은 창이 있고 성단이 있는 전면에는 위에서 벽을 타고 내려오는 은은한 빛을 접하게 된다.

이렇게 빛과 물과 바람이라는 자연적 요소를 교회 내부로 끌어들인 교회들. 결혼식장으로 쓰이기도 하는 이 교회들에서 일본의 세속적인 모습을 본다. 그들은 그냥 교회가 멋있으니까 거기서 결혼식을 올리는 것 같다.

이 교회 건축 양식들은 안도 자신이 르 코르뷔지에의 영향을 받았기 때문에 그의 작품과 유사한 면을 보이고 있다. 물론 그에 더해 절제미와 여백 활용, 간결함, 자연과의 융화라는 일본의 전통적 정서도 다분히 가미되어 있고, 현대적인 소재와 서양 근대 건축 기법을 잘 활용하는 안도 자신의 것도 충분히 있다.

고등학교도 제대로 나오지 못한 그는 1997년 도쿄대 건축과 교수로 임용

되고 예일대, 컬럼비아대, 하버드대 객원교수를 역임하며 왕성하게 작품 활동을 이어가고 있다.

또한, 그는 제주에도 세 작품을 남겼다. 섭지코지 안 글래스하우스(2008)와 지니어스 로사이(Genius Loci, 2008, 현재 유민미술관)과 안덕면 본태박물관(2012)이 그것이다. 세 건축물 모두 안도의 특성이 잘 살아 있는 환상적인 건축물이다. 안도가 일본에서보다 제주에 더 많은 공력을 기울인 듯하다. 그곳에 가 보면 우리 삶이 풍요로워지는 것 같은 기분이 든다.

제 5 장

일본적인 너무도 일본적인 오타쿠와 히키코모리

오타쿠는 무엇일까?

일본 사회와 문화를 말하면서 오타쿠(オタク)를 빼놓을 수 없다. 너무도 일본적인 문화, 일본 이외에선 생각할 수 없는 문화, 일본인만이 가질 수 있는 특유의 문화가 오타쿠다. 그런데 정작 일본 사회에선 일본인과 전혀 관계 없는 듯 시치미를 떼고 있다. 물론 그런 역사적이고 사회적 배경이 있긴 하다. 대체 오타쿠가 뭔가? 오타쿠는 우리말 '집'을 뜻하는 '택(宅)'자가 그것이다. '댁의 사정은 어떠신가요?' 할 때의 댁이다.

어떤 말이 사회화되는 과정에서 흔히 나타나듯 당초에 쓰인 말뜻과는 다르게 변질되어 나중에는 전혀 다른 말로 되어 가듯, 오타쿠도 그렇게 변질되었다. 처음에 지인들끼리 "오타쿠(댁)의 생각은 어떠세요?" 하다가 친한 사람끼리 자기들만의 배타적인 호칭으로 사용하였다. 70년대 들어서는 애니메이션, SF 영화, 컴퓨터 등 특정한 취미에 빠진 젊은 친구들끼리 서로를 부르기 시작하다가, 주변의 제삼자들이 그들을 말할 때 오타쿠라고 지칭하게 되었다.

오타쿠란 어떤 특정한 취미에 몰입하는 마니아라는 개념에서 출발하여 그들만의 리그를 형성할 정도로 마니아층이 늘어나 하나의 집단화를 이루면서 형성되었다. 이들에게 중요한 것은 공감과 공유다. 사회의 다른 집단과 분리되고 차별화된 집단이 특유의 문화를 형성한다.

게임 오타쿠는 마니아 차원을 넘어 게임의 모든 것에 대해 철저하게 뒤지고 터득한다. 그 게임의 문제가 무엇인지, 만든 사람이 생각하지 못했던 점까지 꿰뚫는다. 그리고 그들 집단이 만든 전문 잡지에 의견을 개진하고 토론한다.

이렇게 오타쿠들은 그 분야 전문가 중에서도 최고 전문가들이지만, 집 안에 틀어박혀 밖으로 나오지 않는다.

한국에서는 이 단어를 '오덕후'라 하며, 특히 일본 애니메이션이나 게임 오타쿠를 가리킨다. 이 말이 어떤 분야나 특정한 일에 대해 병적으로 집착하는 사람을 가리키는 말로 진화되고 있으나, 자세히 들여다보면 일본 애니메이션이나 게임 오타쿠만을 가리킨다.

또한 오타쿠라는 말의 이미지는 정상에서 살짝 벗어난 사람들이 모여 그들만의 세계를 구축하고, 동시에 또 다른 의미로 정상인에는 미칠 수 없는 수준 이하 사람들의 외모에 대한 비하 용어로도 쓰인다. 그래서 결국 오타쿠라는 단어 자체가 특정인들에 대한 비하 용어라고 착각하게끔 된 것이다.

그 배경에 일본 애니메이션과 게임을 좋아하는 사람들에 대한 부정적 인식이 있기에 그들을 가리키는 오타쿠라는 용어도 비하적 용어로 쓰이는 것이며, 한발 더 나아가 현실 세계에 잘 적응하지 못하거나 정신이 온전해 보이지 않는 경우에도 오타쿠라고 부르는 경우마저 있었다.

오타쿠 캐릭터는 한국에서 간혹 변태 정도의 부정적 의미를 가지고 있어 기피 대상으로 여겨지기도 한다. 그러나 일본 만화에서 오타쿠 캐릭터는 너무 뚱뚱하거나 너무 마른 체형, 도수 높은 안경, 땀이 많아서 자꾸 얼굴을 닦는 모습, 여드름, 무언가를 쫓는 표정 등이다.

유사한 개념으로 몇 가지 대표적인 부류가 있는데, 이들은 나름대로 한 시대를 표상해 왔다. 먼저 다소 철 지난 것이지만 '태양족'이 있다. 이들은 마치 영화 속 반항적인 젊은이들처럼 아무런 이유 없이 범죄를 저지르고 섹스에 탐닉하는 자유분방한 삶을 추구하는 반항적인 야쿠자 같은 젊은이들을 지칭한다. '야맘바족(やまんば族)'은 일본 전래동화에 나오는 '아줌마 귀신'을 뜻하는데,

그들은 검게 태닝을 하고 은색 머리 또는 심하게 탈색한 머리와 얼굴을 흰색으로 화장한다. 또한 특정 집단에 속하는 소녀들을 지칭하는 것으로, 소녀를 뜻하는 영어 '걸'을 일본어 갸루로 발음하는데, 이는 제멋대로 사는 소녀들을 뜻한다. 간혹 소년들 중에도 있다. '강구로족(顔ぐろ族)' 혹은 '오갸루족(小ギャル族)'은 검은 얼굴의 소녀들이란 뜻으로, 가출해서 하루종일 놀며 안 씻는 소녀들을 일컫는 말이다.

몇 년 전 일본의 한 신문에 한 해 결석 학생수가 전년도보다 무려 30% 이상 급증했다는 보도가 있었다.

당시 후지TV는 오갸루족의 실태를 특집 보도했는데, 내용이 가히 충격적이었다. 그들의 집합 장소는 도쿄 신주쿠역과 시부야역 부근으로 아침부터 역 주변에 앉아서 할 일 없이 잡담을 나누고 있는 10대 아이들은 한 달에 한 번 정도 목욕을 하고 이는 아예 안 닦는다. TV 진행자가 "남자 친구와 성관계를 맺을 때는 어떻게 하냐"고 물으니 "키스할 땐 이로만, 관계할 땐 중요 부위, 특정 부위만 씻는다"면서 냄새가 나니까 바람이 통하는 해변가나 공원에서 주로 관계를 갖는다고 덧붙였다.

왜 이런 일탈 행농을 하는 것일까? 전문가들 분석은 장황하지만 결국 한마디로 일본의 엘리트 위주 교육에 적응하지 못하는 소외 계층 아이들의 반항 때문이라는 것이다. 일본의 유명한 극우정치인이자 당시 도쿄도지사 이시하라 신타로는 일본 고교생들의 학력을 높이기 위해 고교 입시를 확대 시행하라고 주장했다. 그리고 후지TV 인터뷰에서 "모든 학생을 한 배에 태울 수는 없다. 일본은 10%의 엘리트들만 태우고 가면 된다"라고 당당하게 말했다. 한국 같으면 상상도 할 수 없는 정치인의 발언이었다. 이러니 엘리트 계층에서 도태되거나 소외된 젊은이들이 속출하는 것은 당연하다.

그들이 끼리끼리 몰려다니며 만들어가는 행태 또한 별스럽다. 그것은 차별
화된 그들만의 언어와 풍습과 외모를 가진 자들이 독특한 세계를 구축해 가는
것이라 할 수 있다.

오타쿠가 직면한 세상

오타쿠가 일본 사회에서 소외되고 격리되는 배경은 여러 가지가 있지만, 우
선 폐쇄성으로 인해 격리되는 상황이 자주 벌어지고 있다. 거기에 결정타를 날
린 것은 80년대 말 미야자키 츠토무의 유아납치 살해사건이다. 그는 그야말로
대표적인 오타쿠였다. 이 사건으로 오타쿠에 대한 좋지 않은 인식이 매스미디
어를 통해 퍼져 나갔다. 그들은 인형 같은 가상 캐릭터를 끼고 다니며 괴팍한
이상성애적 취향을 나타내는 등 사회부적응형 행위로 스스로 사회에서 격리되
곤 했다.

현재의 오타쿠는 조금 이미지가 변해 가고 있는데, '무언가에 미친 사람'이
나 '전문지식을 갖고 있는 아마추어'가 아닌 '무언가 공유하고 별난 주제로 모
여서 놀기를 좋아하는 집단'이라는 인식이 강하다. 개인이 아닌 집단 형태로,
지식 습득이 아닌 놀이 형태로 개념이 바뀐 것이다. 그 배경에는 오타쿠 시장
의 확대와 그로 인한 일부 작품들이 주류 문화 수준으로 진화하고, 인터넷의
발달로 비오타쿠들까지 그들의 문화를 접하기 쉬워졌기 때문으로 보인다.

한편, 독신주의의 급증으로 오타쿠의 존재는 더욱 내밀해지고 만연되고 있다
는 조사도 있다. 오타쿠 집단 규모가 커짐에 따라 이들의 경제적 소비 능력이 무
시할 수 없을 정도로 커지자 새로운 문화적 소비시장으로 주목받기 시작했다.

10여 년 전 일본 경제연구소에서 '오타쿠 시장 조사'를 할 때 조사 대상자 중 1/5이 오타쿠를 자처하고 기혼자도 38%였다. 오타쿠 시장 규모는 4,695억 엔(약 4조7,737억 원), 분야별로는 아이돌 관련(1,186억 엔), 동인지(757억 엔), 성인 비디오 및 용품(512억 엔), 코스프레(430억 엔), 피규어(316억 엔), 프라모델(261억 엔) 등에 지출하였다. 특히 한류 스타의 일본 진출 등으로 아이돌 관련 시장 규모가 제일 크고 성장률(37%)도 가장 높았다.

일본에서 '오타쿠'라는 단어는 40여 년의 역사를 가지고 있지만, 매번 새로운 의미로 등장해 여러 번 바뀌었다. 2010년대 이후 일본뿐만 아니라 한국 사회에서도 일상적으로 오타쿠 단어가 쓰이고 있다. 오타쿠라고 자칭하는 캐주얼 오타쿠, 패션 오타쿠라는 신조어가 생겼을 정도다. 그전까지 있었던 범죄자나 변태적 이미지가 희석되고 그냥 특이한 사람, 개개인이 가질 수 있는 개성 정도로 의미가 가벼워졌다.

일본 오타쿠들에게 마지막으로 대중적인 지지를 얻은 SF애니메이션 작품은 '신세기 에반게리온(新世紀エヴァンゲリオン, Neon Genesis EVANGELION)'과 '기동전함 나데시코(The Prince of Darkness)'다. 이 두 작품은 일반인이건 오타쿠건 작품 속에 빠져들 수밖에 없는 웅장한 서사구조와 현란한 캐릭터들을 가지고 있다. 그야말로 일본은 정통 영화나 드라마보다 애니메이션이 훨씬 우수하다는 사실을 보여 주었다. '신세기 에반게리온'과 '기동전함 나데시코'는 할리우드 영화 '스타워즈'에 버금가는 대서사시라 할 수 있다.

나도 두 작품을 보면서 점점 빠져들 수밖에 없었다. 특히 '신세기 에반게리온'은 창세기와 성서 외경 등 유대-기독교적 상징을 배경으로 펼쳐지며 인류의 삶의 본질을 찾는 서사구조다. 영화 '스타워즈'를 볼 때와 같은 스릴과 서스펜스를 느꼈다. 또 이 두 작품은 오타쿠에게 헌정하는 영화라는 평가가 있을 정도로 오타쿠적 요소로 가득 차 있다. 이를 보면 오타쿠가 그리 이상할 것도 없다는 생각이 들 정도였다.

SF애니메이션 '너의 이름은(君の名前は。)'

아주 최근에 오타쿠가 일반 문화로 편입될 수 있는 기회가 있었다. 2016년 SF애니메이션 '너의 이름은' 때문인데, 콘텐츠로 보나 작품 판매량으로 보나 가히 센세이셔널했다. 일본뿐만 아니라 한국, 동남아, 서구에서도 그랬다. SF 애니메이션이니까 공상과학 만화라고 생각하는 사람도 있을 텐데, 그렇지 않다. 로맨틱 미스테리! 신라 천년의 향가(鄕歌)나 일본 고대 시집 『만요슈』에 나오는 연인들의 애달픈 이야기처럼 서정적이었다. 잠깐, 이야기를 시작하기 전에 영화 제목 '너의 이름은(君の名前は。)' 바로 뒤에 방점이 찍혔는데, 감독의 말은 영화에서 말하지 않은 이야기가 숨겨져 있다는 뜻이라고 한다.

SF애니메이션 '너의 이름은'은 특별하다. 일본 국내 흥행 수익만 250억 3,000만 엔(2017년 7월 25일 기준), 한국 총 관객수 371만2,576명(2018년 10월 6일 기준), 월드 박스오피스 3억5,798만6,087달러로 전 세계를 통틀어 가장 많은 수입을 올린 일본 애니메이션이다. 영화 부제는 '아직 만난 적 없는 너를 찾고 있어'로 우리에게 던져 주는 메시지가 로맨틱하다. 영화 내용은 이렇다.

곧 천 년 만에 찾아온다는 엄청난 혜성 충돌을 두려움과 긴장 속에서 기다리고 있는 일본 사회. 깊은 산골 마을에 살고 있는 여고생 미츠하는 도쿄의 잘생긴 남학생으로 다시 태어나길 꿈꾸고 있다. 그러던 어느 날 그의 소원대로 자신이 도쿄의 남학생이 되는 꿈을 꾼다. 낯선 도쿄, 처음 보는 친구들, 모든 것이 새로운 도쿄. 꿈에 그리던 도시에서의 생활을 마음껏 즐기는 미츠하.

한편, 도쿄에 살고 있는 남학생 타키도 같은 꿈을 꾼다. 가 본 적 없는 깊은 산골 마을에서 여고생이 된 자신. 계속되는 꿈속에서 두 사람은 비로소 깨닫는다. 그것은 꿈이 아니라 현실이며, 서로 몸이 뒤바뀌어 간다는 사실. 뒤바뀐 몸과 생활에 적응해 가면서 타키와 미츠하는 그 기적을 어찌할 줄 몰라한다. 타키의 학교에서 의미심장한 수업이 진행되는데, 교실 칠판에 『만요슈』의 시가 쓰여 있고, 일본 전통 시 와카가 나온다.

"誰そ彼と われをな問ひそ 九月の 露に濡れつつ 君待つ我そ"

'거기 누구요?'라고 나에게 묻지 마오. 9월 이슬에 젖어가며 임을 기다

리는 나에게.

이 시는 『만요슈』 2240번이고, 제목은 '黃昏時(황혼시), 逢魔が時(땅거미 질 무렵)'으로 일본 전통 서정이 깊게 배어 있다. 선생님의 강의가 진행된다. 황혼은 이 세상이자 낮을 뜻하는 '황'과 저세상이자 밤을 뜻하는 '혼'이 만나는 시간으로, 이 세상과 저세상이 뒤섞여 있는 시간이라는 말이고, 땅거미 질 무렵은 마귀를 만나는 때라는 말이다. 당연히 이 시의 주체는 여성이며, 사랑하는 님을 기다리고 있다.

하지만 황혼 무렵이 되도록 나타나지 않은 님에게 서운한 마음을 내비치는 노래다. 지치도록 기다려도 님이 오지 않는 상황을 '9월 이슬에 젖어가며'라고 표현한다. 그 막막한 심정과 애달픈 마음을 차가운 안개에 비유했다. 황혼 속에서 분간할 수 없는 어둠에 서로 알아보지 못하여 "거기 누구요?"라고 묻는

말이 일본어로 황혼의 어원이 되었는데, 사랑하는 님이여, 부디 어서 오셔서 나를 보거든 그런 말로 묻지 말고, 이렇게 기다리고 있는 나를 곧 알아봐 달라는 애절한 마음을 노래한 시다. 영화는 이렇게 일본 천 년의 시를 모티브로 시작된다.

갑작스럽게 닥쳐온 어마어마한 혜성의 낙하, 그로 인한 수많은 인명 살상과 이를 되돌려보고자 하는 보통사람들의 작지만 피나는 노력들. 그들의 간절한 염원은 인류 보편의 이야기다. 이 영화에서 무서운 재난의 원인인 혜성이 그들의 사랑을 이루게 한다는 로맨틱 미스테리다. 이는 세계 모든 나라들이 겪은 바 있는 재난으로 모두의 가슴 아픈 기억으로 남아 있다. 그래서 이 영화는 한국에서도 중국에서도 서구권에서도 큰 사랑을 받고 있는 것이다.

그런데 영화 안팎에서 오타쿠 논란이 격렬했다. 우선 신카이 마코토 감독이 오타쿠 중에서도 정도가 가장 심하다는 철도 오타쿠라는 설이 있다. 특히 작품 속에서 JR 동일본 열차가 많이 등장하고, 지역신문 광고에서는 영업을 시작한 지 얼마 안 된 하이브리드 디젤차 키하 E200계가 등장하기도 하여, 그를 철덕(철도 오타쿠)으로 여기는 팬들이 많았다. 그러나 그는 아니라고 부인했다. 나가노에 살 때 열차를 많이 보았기 때문에 기차를 좋아하는 것뿐이지 마니아나 오타쿠 수준은 아니라고 했다.

그러나 오타쿠들은 물고 늘어졌다. 그의 이전 작품 ‘언어의 정원’에서는 철덕들이 보기에도 묘사가 아주 세밀했다. 그리고 ‘너의 이름은’에서는 아예 JR 동일본 자회사인 광고대행사가 제작에 참여해서인지 도쿄 장면의 1/3은 철도, 그것도 신주쿠역 남쪽 출구 요요기역 승강장, 센다가야역, 요츠야역이 압도적으로 등장했다.

놀라운 일은 여기서 그치지 않았다. 신카이 감독은 영감을 받은 일화에 대해 언급하며 "보통 초등학생 때 좋아하는 여자아이의 피리를 빼앗아 부는 남자아이들이 꽤 있었지 않나. 나는 그러지 않았지만 그 기분은 알 것 같다"고 덧붙였다. 또한 국내 개봉 이후 신카이 감독과 그 영화의 오타쿠가 되어 버린 일부 관객들이 영화를 보면서 혼잣말을 하거나 지나친 리액션, 스포일러, 주제가 큰 소리로 따라 부르기 같은 행동을 해 비판을 받은 바 있다.

다시 말하지만 이 영화는 오타쿠 문화가 일반 문화로 편입될 수 있는 절호의 기회를 주었다. 오타쿠 문화는 이 영화에 자연스럽게 스며들었다. 일반인이 의식하지 못하는 사이에 보통 문화와 결합하여 세련되게 등장했다. 아니 오히려 더욱 친숙하고 때론 고급스럽게 고전과 현대 과학과 융합하여 우리를 이끌었다.

나는 신카이 감독을 그런 점에서 평가하고 싶다. 이것은 오타쿠 문화를 우리에게 전파하려는 가장 강력한 첨병 아닌가. 이제 사람들은 오타쿠가 이런 세계적인 영화를 매개로 일반 문화로 편입될 수 있는지 시험하였고, 이 영화의 대성공은 일반 문화로의 편입 가능성을 입증했다고 할 수 있지 않을까? 지금 이 순간에도 일본과 한국의 '너의 이름은' 마니아들은 영화 주인공 타키와 미츠하를 따라 그들이 걷던 도쿄 뒷골목을 찾아다니면서 영화를 음미한다.

이 영화는 전 세계에서 흥행에 성공했으며, 일본 애니메이션계에 한 획을 그었다고 평가받고 있다. 그야말로 전 세계에서 가장 많은 수익을 올린 일본 영화이고, 대한민국에서 공식 상영된 일본 영화 중 역대 흥행 1위였다.

히키코모리, 방에 틀어박힌 채 늙은 그들

오타쿠와 비슷하지만 좀 다른 부류가 있다. 오타쿠는 그들 나름의 특징을 공유하면서 무언가에 빠져 있는데, 히키코모리는 사회에서의 실패를 견디지 못하고 집 안에 틀어박힌 채 그들이 무얼 하는지 다른 사람들은 물론 가족들조차 잘 모른다는 점이다. 오타쿠와 비슷한 점은 사회적으로 일반인들과는 크게 다른 자신만의 세계로 들어가 세상과 섞이지 못하는 거북한 점이 존재한다는 것이다.

특히 히키코모리는 일본 사회의 한 단면을 병적으로 나타내고 있다. 일본 사회의 커다란 부담이 되고 있는 그들은 90년대 극심한 취업난 때 나타나기 시작했고, 점차 일본 사회의 치부나 약점 같은 부류로 전락해 갔다. 고교나 대학 졸업 후인 20대에 시작해 이젠 40, 50대가 된 그들을 일본 사회는 희귀병자로 보고 있다.

일본 언론에 비친 그들 모습이 이를 반증하고 있다. 일본 인기 드라마 '집을 파는 여자(家売るオンナ)'(2016)에서의 한 장면은 가히 충격적이다. 평범한 60대 부부가 2층 단독 주택을 매물로 내놓아 중개인이 집을 보러 온다. 부부 외엔 아무도 살지 않는다는 2층에서 갑자기 화장실 물 내리는 소리가 들린다. 부부는 황급히 "자동 세정 기능이 있어서 그렇다"고 변명한다. 그러나 중개인은 이 집의 비밀을 바로 눈치챈다. 주인 부부는 비로소 비밀을 털어놓는다. 2층에 20대에 회사를 퇴사하고 지금까지 20년 넘게 방 안에 틀어박혀 있는 40대 아들이 있다는 것을.

그가 바로 '중년 히키코모리'였다. 부부는 자신들이 사망한 후 혼자 남겨질 아들의 장래를 걱정하여 집을 팔아 아들과 나눠 가질 생각이었다. 드라마 주인공인 여자 중개인은 그동안 한 번도 아들을 보지 못하고 있다는 부부를 위해

화재경보기를 울려 2층에 있는 아들을 1층으로 뛰어 내려오게 한다. 아들을 본 부모는 깜짝 놀라며 말한다.

"20년 만에 아들을 봤어요. 저렇게 늙었다니…."

히키코모리는 일본 후생노동성 발표대로 "직장에도 학교에도 가지 않고 가족 이외의 사람과는 거의 교류하지 않으며, 6개월 이상 계속해서 집 안에 갇혀 지내는 사람들"을 말한다. 어원에서도 나타나듯 히키코모리는 당연히 젊은 세대의 문제였으나 이제는 중장년의 문제로 옮겨간 것을 알 수 있다.

일본 정부가 이 문제를 얼마나 심각하게 보는지 짐작할 수 있는 지표가 있다. 그들은 히키코모리를 청년 문제가 아닌 사회 전체의 문제로 보고 5년마다 숫자를 조사 발표한다. 2010년 70만 명이던 히키코모리는 2015년 54만 명으로 대폭 줄었다. 그러나 일본 사회도 예외 없이 정부 통계를 믿지 못하고 즉각 사회단체들이 이의를 제기했다. 그 이유는 정부 통계가 조사 대상을 너무 한정적으로 잡았다는 것이다. 그들은 정부가 히키코모리를 여전히 청년 문제로 한정하여 '15~39세'로 제한했고, 실제로 40세 넘는 히키코모리가 상당수 존재하는데 왜 그들은 제외시켰냐는 것이다.

히키코모리 지원단체 'KHJ 전국히키코모리가족연합회'가 실시한 조사는 정부 발표와 전혀 다르다. 2016년 히키코모리 평균 연령은 34.4세로 계속 상승세이고, 이 중 30%가 40세 이상으로 일본 내 히키코모리 수는 100만 명을 넘어설 것으로 보았다. 이는 결국 히키코모리 연령이 높아져 감에 따라 그들을 돌보는 부모 연령도 함께 올라가 40~50대 자녀들을 돌보는 70~80대 부모가 된다는 뜻이다. 이것이 일본 사회가 고민하는 소위 '8050문제'다. 여기에 내포된 문제는 본인과 부모는 물론 일본 사회 전체의 문제로 번지고 있는 것이다.

제71회 칸국제영화제에서 '만비키 가족(Shoplifters)'으로 황금종려상을 받은 고레에다 히로카즈 감독은 인터뷰에서 "몇 년 전 일본에선 죽은 부모의 연금을 계속 타려고 사망신고를 안 한 아들의 사기사건이 큰 공분을 샀다. 훨씬 심각한 범죄도 많은데 사람들이 왜 이런 경범죄에 그토록 분노했는지 고민해 보게 됐다"고 밝혀 모두 충격을 받은 바 있었다.

일본 사회에서 벌어지는 이러한 현상은 사실 잘 믿기지 않는다. 우리가 알고 있는 상식과도 부합되지 않는다. 그런데 왜 일본 같은 초고도 발전 사회에서 이런 일이 벌어지는 걸까? 나는 일본인의 특성에서 찾고 싶다. 그들은 공유하지 못하면 공존하지 못한다. 그들은 한번 낙오되어 공유의 대열에 끼지 못하면 바로 탈락하여 숨어 버린다. 일본 사회는 패자부활전이란 것이 없다. 그들은 태생적으로 한국인처럼 개성이 강한 인종이 아니다. 일본인은 서로 비슷해야 집단에 낄 수 있다.

그래서 그들은 슬픈 민족이다. 집단에서 빠져나와 홀로 뒤돌아설 때 그들은 우울하고 슬프다. 한번 주저앉으면 다시 일어서기 힘들다. 설문 조사에서 그들은 말한다. 이들이 집 안에 영구히 틀어박히게 된 계기는 주로 '취업이 안 돼서' '직장 적응이 힘들어서'였다.

일본이 90년대 이후 소위 버블경제가 무너지고 '잃어버린 20년'이 시작되면서 평생 고용 신화를 만들어가던 일본 사회는 붕괴되고, 실업 사태와 취업 불능 사회가 되어 버렸다. 따라서 고용 형태는 어쩔 수 없이 비정규직화되어 일본 전통사회 체계가 흔들리게 되었다. 실업률은 10%를 넘어섰고, 비정규직은 40% 가까이 높아졌다. 이때 '프리터'(아르바이트로 먹고 사는 사람들), '니트(일하지 않고 일할 의지도 없는 청년 무직자)' 같은 말들이 생겨났다.

일본 언론은 연일 히키코모리의 문제점을 찾아내려 하고 있다. 나아가 그들만의 문제가 아니라 일본 사회 전체의 문제이며 함께 풀어 나가야 할 숙제로 인식하고 있으며, 히키코모리는 일본의 지난 20여 년 잃어버린 시간이 만들어 낸 부산물이라는 주장이 힘을 얻고 있다. 그렇게 해서 만들어진 말이 '로스트 제너레이션(잃어버린 세대)'이다. 누가 무엇을 잃어버렸다는 것인지 명확하게 알 수는 없지만, 일본 사회는 중년 히키코모리를 그렇게 부른다. 경제적 기반도 없고 수입도 일정하지 않아 스스로 독립하지 못하고 부모에게 얹혀사는 그들은 골방을 벗어날 수 없었다.

그래서 그들은 기회와 시간을 잃어버렸다는 것인가? 여하튼 일본의 통계는 부모와 동거하는 40~50대 미혼자 수가 1995년 113만 명이었다가 2015년에는 3배인 340만 명으로 늘어났다고 한다. 그럼 한국은 어떠할까?

제 6 장

망가(만화)로 말하는 일본 사회

영화 '러브레터'에서 '만비키 가족'까지

눈 덮인 설산을 향해 순정만화에 나올 법한 젊은 여주인공이 큰 소리로 "오겡키데스까!"를 외치는 장면은 우리 젊은 날의 초상 같은 로맨틱한 모습이었다. 그건 우리 영화 '건축학개론'에서 나오는 "우리는 누군가의 첫사랑이었다"라고 시작하는 가슴 치는 장면과 너무 흡사했다.

영화 '러브레터'는 이와이 슌지(岩井俊二) 감독의 첫 장편 영화다. 한 여성이 죽은 약혼자와 똑같은 이름을 가진 여성과 편지를 주고받으면서 죽은 약혼자의 어린 시절 첫사랑의 비밀을 알게 된다는 이야기다. 일본 여배우 나카야마 미호가 주인공 와타나베 히로코와 약혼자의 첫사랑 이츠키를 1인2역으로 열연했다.

이 영화는 일본만 제외하고 다른 아시아 국가에서 놀라운 흥행 성적을 올렸다. 특히 한국에서는 1998년 일본 대중문화 개방 이후 최초로 승인된 1번 타자 영화였으며, 일본 정부 역시 심사숙고해서 선정한 대표적인 일본산 대중문화로 정식 극장에서 개봉한 첫 일본 영화로 기록되었다(1999년 11월 수입).

영화는 우연히 주고받게 된 러브레터를 통해 두 여성이 얻게 되는 사랑에 관한 깨달음에 대한 이야기다. 히로코는 이츠키의 편지를 통해 자신이 알지 못했던 약혼자 이츠키의 여러 모습을 알게 되고, 자신이 그의 첫사랑과 닮았었다는 점도 알게 된다. 하지만 이 모든 과정은 히로코로 하여금 2년 전에 세상을 떠난 그를 보내 줄 수 있는 용기를 선물해 준다. 한편 이츠키는 히로코에게 편지 쓰는 과정을 통해 자신의 과거 기억들을 정리하고, 그 속에서 어린 시절 미처 깨달지 못했던 사랑의 기억들을 뒤늦게 만나게 된다.

일본 대중문화 개방 문제로 수십 년간 논란을 빚다가 첫 번째로 한국에 상륙한 이 영화는 그 미학과 서정성에도 불구하고 흥행에는 큰 성공은 거두지 못했다. 그것은 문화를 정치에 이용하는 일본 당국의 이중성이랄까, 대중문화 수출이라는 저의가 의심되는 정책 방향 때문이었다. 일본 대중문화의 침공은 확실히 우리나라뿐 아니라 아시아 여러 나라에서 많은 문제를 불러일으켰다. 그들은 철통같은 한국에서까지 일본 대중문화가 과연 성공할 수 있을지 주목하고 있었다.

그래서 영화 '러브레터'는 이래저래 화제를 불러일으켰다. 결론부터 말하면 이 영화는 딱 그만큼 성공했다. 크지도 작지도 않은 만큼 성공하여 서로 원원하였다. 관객수 115만 명. 거기에 영화가 수입되기 이전부터 불법으로 수입한 비디오가 30만 개 정도였다.

그러나 중요한 건 정작 일본에서의 영화 흥행은 실패였다. 이유는, 일본인은 자기네 '국산 영화'는 잘 보지 않는다는 점이다. 이것이 우리와 크게 다른데, 물론 우리도 젊은 친구들은 잘 모르지만 70년대까지는 '국산 영화'라면 질색하면서 절대로 보지 않던 시절이 있었다. 당시 설날이나 추석날 국산 영화 보러 가는 사람들은 우리 어머니나 할머니들이었다. 그들은 어떤 의미에서 한국 영화 발전의 숨은 공로자들이었다.

일본은 아직도 자기네 영화를 잘 보지 않는다. 대신 애니메이션이나 만화책을 본다. 그쪽이 질적으로 훨씬 앞서 있으며 볼 만하다. 영화 '러브레터'도 흥행 면에선 실패작이다, 공식 관객 추계가 30여 만 명이니. 몇몇 영화제에서 우수상을 수상하긴 했지만 하여간 그랬다. 그럼에도 이와이 슌지 감독은 탁월하다는 평가를 받았다. 그의 로맨틱한 감성은 단연 발군이다. 그래서 이 영화는 일본의 순수 로맨스 영화로 아시아에서 큰 성공을 거두었다. 한국과 대만에서의 성과가 그랬다. 한국에서는 세 번에 걸쳐 재상영되었고, 대만에서도 마찬가지였다. 이와이 슌지 감독의 후속작 '사월 이야기' 또한 감성과 미학으로 아시아에서 성과를 이어 갔다.

그리고 2018년 5월 제71회 칸국제영화제에서 고레에다 히로카즈 감독의 '만비키 가족'이 황금종려상을 차지했다. 칸영화제 최고 영예인 황금종려상을 수상한 '만비키 가족'은 좀도둑질로 살아가는 가족이 갈 곳 없는 다섯 살 소녀를 가족으로 받아들이면서 벌어지는 작은 사건들을 그린 작품이다. 제목의 '만비키'는 물건을 사는 척하면서 훔치는 '좀도둑'을 뜻한다.

'만비키 가족'은 칸영화제 기간 내내 주목받은 작품이다. 상영 후 8분여 간 기립박수를 받았고, 많은 관객들의 눈물샘을 자극했다. 평점도 좋았다. 고레에다 히로카즈 감독은 국내 이창동, 박찬욱, 홍상수 감독 못지않게 칸이 사랑하는 감독으로 유명하다. 일본의 '칸의 남자'라 불리는 그는 '디스턴스'(2001), '아무도 모른다'(2004), '그렇게 아버지가 된다'(2013), '바닷마을 다이어리'(2015), '만비키 가족'(2018)까지 경쟁부문에만 5번 입성했고, 그가 언젠가는 꼭 받을 것 같다고 많은 사람들이 생각한 대상 황금종려상을 기어이 품에 안았다.

일본 영화가 황금종려상을 받은 것은 1997년 이마무라 쇼헤이의 '우나기' 이후 21년 만이다. 고레에다 히로카즈 감독은 '아무도 모른다'를 통해 야기라 유야가 남우주연상을, '그렇게 아버지가 된다'로 심사위원상을 받은 데 이어 황금종려상까지 세계 무대의 가장 높은 위치에 당당히 올라섰다.

'만비키 가족'은 따뜻한 가족영화의 최전선에 있는 작품이다. 이 영화에서는 가족을 만드는 것이 핏줄인지, 함께 보낸 시간인지에 대한 질문을 던진다.

여기에 부모에게 버려진 여자아이, 남편의 폭력에 시달리는 아내, 성매매로 살아가는 젊은 여성까지 사회적 빈부 격차와 안전망 부재에 대한 메시지를 녹여냈다.

고레에다 히로카즈 감독은 몇 년 전 일본에서 큰 공분을 산 사기사건과 그에 대한 대중의 반응을 통해 '만비키 가족'의 기본 구조를 생각했다. 몇 년 전 죽은 부모의 연금을 계속 타기 위해 사망신고를 하지 않고 아들이 계속 연금을 가로챈 사건이 벌어졌는데, 일본 사회는 어쩌면 경범죄로 봐도 무방할 법한 이 사건에 분노하고 또 분노했다. 계속된 경제 불황으로 계층 간 양극화가 심화되고 사회는 불안정하게 굴러가고 있는 와중에, 아베노믹스에 매몰된 정부마저 빈곤층을 실패자로 낙인찍고 강자 위주의 경제정책을 밀어붙이는 초자본주의 사회의 진면목을 보여 주었다.

가난을 개인의 책임으로 돌리자 일본 공동체 사회 문화는 붕괴됐고, 가족 역시 붕괴되고 있다. 고레에다 히로카즈 감독은 가족이라는 가장 작은 사회의 울타리를 통해 가족을 이야기했고, 일본을 이야기했고, 더 나아가 전 세계가 고민해 봐야 할 문제를 제시했던 것이다. 영화의 존재 가치와 영향력, 감독의 색깔을 고루 갖춘 '만비키 가족'의 황금종려상 수상을 모두가 인정하는 이유다.

'그렇게 아버지가 된다', '바닷마을 다이어리', '태풍이 지나가고' 등 주로 따뜻한 가족영화를 만든 고레에다 감독은 작품을 통해 줄기차게 가족의 의미를 묻고 있다. 그 중에서 가장 인상적인 작품은 '그렇게 아버지가 된다'이다. 고레에다 감독은 칸영화제 심사위원상 수상작 '그렇게 아버지가 된다'에서 던진 질문을 통해 공동체가 붕괴되고 있는 일본 사회의 현실을 파고들었다.

Q : 주인공들은 사회 안전망에서 소외된 희생양이기도 하다.

A : 최근 5년간 일본은 경제 불황으로 계층 간 양극화가 심해졌다. 정부는 빈곤층을 돕는 대신 실패자로 낙인찍고 가난을 개인의 책임으로 돌리고 있다. 영화 속 가족이 그 대표적인 예다.

Q : 경제 불황이 일본 사회의 가치관을 어떻게 바꾸었나?

A : 공동체 문화가 붕괴하고 가족이 붕괴되고 있다. 다양성을 수용할 만큼 성숙하지 못하고 점점 더 지역주의에 경도되다 보니 남은 건 국수주의뿐이다. 일본이 과거사를 인정하지 않는 뿌리가 여기에 있다. 아시아 이웃 국가들에 죄스런 마음이다. 일본도 독일처럼 사과해야 한다. 하지만 같은 정권이 계속 집권하면서 우리는 많은 희망을 잃고 있다.

세계 대중문화 콘텐츠의 원천, 일본 만화

일본 TV프로그램 '고독한 미식가'는 일본 국내는 물론 한국, 대만 등 아시아에 널리 알려진 작품이다. 혼자 일하는 1인 사업가가 전국에 있는 구매자를 만나 상담하고 일이 끝난 후 이름 없는 작은 식당을 찾아가 혼자 식사하는 내용인데, 일본에 숨어 있는 작은 식당에 그렇게 많은 음식이 그토록 맛있는 것인지 감탄이 절로 나온다.

키가 껑충하고 평범한 주인공은 과거 주로 조폭 영화 중간 보스 정도의 이류 배우로 활동해 왔다. 그의 다소 어색하지만 천연덕스러운 연기가 딱 어울린다. 그는 상담 일이 끝나면 같이 식사하자는 권유를 뿌리치고 홀로 길을 나선다.

"어, 갑자기 배가 고프네. 어디 가서 뭘 먹을까?" 하고 식당을 찾아 헤매다가 막연한 기대를 가지고 어느 한 곳에 들어간다. 그곳에서 옆에 앉아 식사하는 사람들을 구경하다가 음식을 한두 개 시킨다. 그러고는 "우마이, 스고이!(맛있다)" 하면서 이것 저것 더 주문해 대식가의 면모를 보여 준다. 식당 주인과의 자연스런 대화가 오가고 음식을 소개한다. 마지막에는 이 작품의 작가가 등장하고 부연 설명을 하는 걸로 끝난다.

처음 이 작품을 상영할 때(2012년 1월) 주인공이 혼자 일하고 혼자 식당을 찾아가서 혼자 밥 먹는 모습이 매우 어색했었다. 그때는 '저것이 일본 사회의 혼밥 문화를 상징하는 것이구나.' 그리고 새해 특집 프로그램이라고 막연히 생각했다. 왜냐하면 일본 음식 문화라야 보잘것없을 것이고, 기껏해야 돈가스나 우동, 소바 정도일 텐데 무슨 음식 프로그램인가 했다. 그런데 갈수록 다양하고 먹음직스러운 음식이 그렇게 많고, 무슨 맛집이 그리 많은지 놀랐다. 더구나 계속해서 시즌 8까지 방영되고 있는 저력에 놀랐다. 무엇보다 가장 놀라운 사실은 그 프로그램 원작이 만화라는 사실이다.

만화 '고독한 미식가'의 작가 구스미 마사유키는 60대 유쾌한 로맨티스트다. 영상 속에 비친 그는 작품 주인공이 술 한 잔도 못하는 것과 달리 상당한 애주가다. 그는 인터뷰에서 "이 작품을 드라마로 만들겠다고 찾아온 TV도쿄 드라마 제작진은 만화를 수백 번 읽어 대사를 줄줄 외울 정도였다. 자신의 작품에는 이렇다 할 만한 것이 별로 없지만, 만화 독자들은 흑백 그림과 글자만 보고 그 속의 상황을 스스로 그려내야 하는데, 드라마나 영화 등 영상 매체는 냄새와 맛을 제외한 모든 감각을 직접 전달하기에 시청자가 상상력을 발휘할 여지가 상대적으로 적다. 그래서 책이야말로 독자 입장에서 가장 창조적으로 수용할 수 있는 콘텐츠"라며 책을 예찬했다. 그리고 "만화든 소설이든 한 권의 책을 읽는다는 것은 독자가 머릿속에서 한 편의 영화를 그려내는 것과 같다"고 주장했다. 역시 만화 강국 일본의 저력을 느낄 수 있는 대목이다.

그런데 사람들은 이 만화 원본 드라마에 열광했다. 2012년 첫 시즌이 방송된 이후 시즌 8까지 진행중이다. 중국에서도 판권을 사들여 중국판 드라마가 나왔고, 2018년 말 초연을 목표로 연극도 제작했나. 한국에서도 인기를 끌어 한국에 출장 온 주인공이 한국 식당을 찾는 내용을 담은 특별편도 제작됐다.

만화 '고독한 미식가'는 구체적인 부연 설명이 별로 없다. 대사도 많지 않다. 그는 절제된 표현과 설명으로 유명하다. 음식 맛과 식당 분위기를 구구절절 설명하는 것보다 독자가 음미하며 상상해 보기를 원한다며, 만화 그림작가 다니구치 지로도 음식을 먹을 때 주인공의 미세한 표정 변화를 표현해 내는 데 가장 많이 공을 들였다고 한다.

당연히 작가는 처음 이 만화를 만들 때 영상으로 만들어질 것은 생각지도 않아, 이 만화에는 이렇다 할 스토리도 극적 갈등도 없다. 그런데도 이 만화가 드라마와 연극으로 만들어지는 건, 만화야말로 창작자들이 마음껏 상상력을 발휘할 수 있는 바탕이 되는 플랫폼이기 때문이다. 독자들이 잠시라도 만화를 통해 삶의 고단함을 잊을 수 있다면 더 바랄 게 없겠다는 말이 아닐까.

일본 만화는 세계의 많은 영화 제작자에게 창작의 원천을 제공한다. '데스노트' 시리즈는 네 편의 실사영화로 제작되었고, '드래곤볼 에볼루션'은 미국 할리우드에서 일본 롯데엔터테인먼트와 미국 20세기 폭스사가 영화로 만들어 전 세계에 보급하였다. 최고의 미스터리 스릴러라는 찬사를 받으며 2004년 칸 영화제 심사위원 대상을 수상한 박찬욱 감독의 '올드보이', 톰 크루즈 주연의 할리우드 SF영화 '엣지 오브 투모로' 등 일본 만화를 원작으로 한 영화는 셀 수 없을 정도다. 발표 후 수십 년이 지났지만 여전히 최고의 명작으로 손꼽히는 애니메이션 '슬램덩크'는 이노우에 다케히코의 동명 만화가 원작이다. '데스노트'와 '진격의 거인'은 이미 너무 유명하여 애니메이션뿐만 아니라 실사영화로도 제작됐다.

근래 한국콘텐츠진흥원 자료를 보면 일본 만화 시장 규모는 26억4,000만 달러(약 3조 원)로 전 세계에서 가장 크다. 2~5위인 미국, 독일, 프랑스, 영국을 합친 것보다 크다. 그야말로 '만화공화국'이다. 만화는 애니메이션과 드라마, 영화를 비롯해 연극, 뮤지컬, 게임에 이르기까지 무한한 확장성을 지녔다. 파생 콘텐츠까지 아우르면 일본 만화 시장 규모는 약 30조 원에 이른다는 분석도 있다. 일본 만화는 바야흐로 세계 콘텐츠 시장의 자양분을 공급하는 원천이다.

2년 전 '포켓몬 GO' 열풍을 일으키며 성공한 증강현실 활용 콘텐츠로 꼽히는 '포켓몬스터'는 세계적인 팬덤을 구축하고 있다. 한국에 정식으로 번역 출간된 최초의 일본 만화이자 서구권에서도 전폭적인 지지를 받으며 대표적인 '양덕'(서양인 덕후) 만화로 꼽히는 '드래곤볼' 시리즈 역시 한 해가 멀다 하고 PC와 콘솔용 게임으로 제작되고 있다.

일본 만화의 향기가 짙게 밴 작품 중 영화 '퍼시픽 림' 시리즈가 대표적이다. 스스로 일본 만화 광팬이라는 기예르모 델 토로 감독은 "서구 영화에서는 거대 로봇에 대한 전통이 없다. '철인28호' 등 일본 애니메이션의 영향을 많이 받았다"고 밝혔다. 실제 '퍼시픽 림'에 등장하는 로봇들은 '에반게리온'과 '마징가 Z'를 묘하게 섞어 놓은 듯한 인상을 풍긴다. 지구를 위협하는 괴물 이름 '카이주'는 '괴수(怪獸)'를 일본식으로 발음한 것이다.

일본 만화의 향기가 짙게 밴 작품 중 하나인 영화 '퍼시픽 림' 포스터

제 7 장

일본의 정치 권력 그리고 마루야마 마사오

자민(自民) 막부의 탄생

일본을 바라볼 때마다 저절로 생기는 질문이 있다.

첫째, 그들은 왜 그럴까?

둘째, 무엇이 그들을 그렇게 만든 걸까?

셋째, 세계 2위 경제대국이 왜 그리 허접할까?

넷째, 아베 총리는 무엇 때문에 그토록 미국을 추종할까? 또 왜 그렇게 한국과 중국을 푸대접하고, 자국민들까지 푸대접할까?

다섯째, 일본 국민은 그런 정치인들의 부정부패와 국민 무시 행태를 왜 방관하고 있을까?

이 모든 것들에 대한 질문과 답변은 일본의 정치 문화와 정치 권력에 대한 추론을 통해 어느 정도 풀어나갈 수 있으리라고 본다.

2차 세계대전 이후 일본의 정치 권력은 자민당이 독점해 오고 있다. 자민당 일당 집권이 얼마나 장기적이고 견고하였으면, 메이지 유신 이전의 도쿠가와 이에야스 막부 이후 새로 생긴 '자민 막부'라고 할까. 이것을 그들은 '1955년 체제'라고 부른다.

1955년 체제는 일본 정치 체계를 이해하는 첫 번째 관문이다. 2차 세계대전 패전 후 일본 점령군 사령부(GHQ) 맥아더 사령관은 일본이 이제까지 겪어 보지 못한 엄청난 사회 변혁을 일으켰다. 어떤 의미에선 메이지 유신보다 더한 일본 사회 전체에 대한 구조 조정이었다. 전후 일본에서 GHQ는 무소불위의 신적 존재였다. 맥아더의 GHQ는 일본을 농업국가로 만들고, 일본 재무장을 철저하게 금지시켰으며, 군국주의 일본에 완전한 정치적 자유를 부여하여 자유민주주의 국가로 탈바꿈시키고자 했다. 맥아더는 그때까지 논란 많던 공산당까지 허용하였다.

전후 시작된 자유 진영과 공산 진영 간 동서 냉전의 여파로 한국전쟁이 발발하고, 이에 미국은 일본을 병참기지화하기로 결정했다. 일본은 갑자기 한국전쟁의 특수를 맞아 다 죽어가던 산업이 군수산업과 중화학공업으로 부활하여 다시 산업화의 길을 가게 되었다. 동서 양 진영의 냉전은 서구 자유 진영의 강화를 위해 동아시아 지역에서 중국과 소련을 견제하기 위한 미일 중심축을 결성하게 되었다. 즉 아시아 지역에서 일본의 역할에 무게 중심이 옮겨졌던 것이다. 미국은 일본의 재무장을 완전히 금지하는 대신 미일 신안보조약으로 새로 창설된 자위대를 미국 통제권 아래 두고, 극동에 있어 자유 진영의 방어 거점으로서 일본의 역할에 주안점을 두게 되었다.

이 과정을 간략하게 보면, 전후 1947년 제국헌법 폐기와 평화헌법 발효, 그리고 1951년 샌프란시스코 강화조약과 미일 신안보조약에 이르기까지 일본은 그동안의 일본 정치 체제와 사회구조에 전무후무한 구조 조정을 겪게 되는데, 그 중 1955년 10월 사회당 계열의 당들이 통합하여 일본사회당이 탄생하고, 보수 정당과 재계는 사회주의 정권의 탄생에 위기감을 느끼게 되었으며, 이에 대항할 보수 세력의 결집 요구에 따라 1955년 11월 자유민주당을 창당했다. 그 후 일본 정치는 보수 지향인 자유민주당과 진보 지향 사회당의 양대 대결 구도로 나가게 된다. 그리고 1993년 자유민주당 정권이 잠시 물러날 때까지 일본의 정당정치 시스템은 자유민주당과 사회당 양 세력 간의 대결 구도가 이루어지게 되었다.

이것이 1955년부터 시작되었다고 하여 '55년 체제'라고 하는데, 지금까지 일본 정치 체제는 물론 경제 체제와 사회구조 등 일본 사회 전반에 영향을 미치고 있다. 다만 이러한 1955년 체제는 출발 당시부터 자민당과 사회당의 의석수가 대등하지 않고 사회당이 자민당의 반 정도에 불과하여 양당 정치구조는 1과 1/2 혹은 1.5당제라고 불리게 되었다.

자유민주당 38년 집권의 의미

1955년 자유민주당이 창당되고 1993년 정권이 일단 밀려나기까지 어떻게 38년간 자유세계의 유례없는 장기집권이 가능했을까? 이는 전후 동서 냉전의 격화 속에서 미국을 중심으로 안정된 보수 세력에 대한 일본인들의 선택과 이를 포괄하는 선거제도에 원인이 있다.

일본 의회는 양원제로 참의원과 중의원이 있다. 참의원이 상원 성격을 띠면서 지역 대표성이 강하다면, 중의원은 하원 성격을 띠고 국가 대표성이 강하다. 이 두 의회는 다른 나라와 마찬가지로 입법권, 예산심의권, 외국과의 조약 체결 승인권 등을 가진다. 다만 선거제도와 임기 보장에 차이가 있으며, 중의원 의결권이 참의원보다 우월하다. 참의원은 임기 6년이 보장되는 대신 내각 불신임 의결 권한이 없다. 중의원은 총리 의회해산권 때문에 정해진 임기를 보장받지 못하는 대신 내각불신임 의결권이 있으며, 각종 의결권에서 참의원보다 강력한 권한을 가지고 있다. 그런 이유로 55년 체제 이후 일본 총리들은 전부 중의원에서 선출되게 된 것이다.

1993년까지 중의원 선거제도는 중선거구제였다. 이는 하나의 선거구에서

3~5명 의원을 선출하는 선거제도로, 막강한 여당인 자민당 장기집권의 원인이 여기에 있다. 자민당은 출발부터 포괄정당(catch-all)으로서 자민당 내에 극우에서부터 중도좌파에 이르기까지 이념 스펙트럼이 상당히 넓었다. 그리고 통합하기 전에 서로 다른 정당이었던 세력들은 같은 자민당 아래 모이기는 했지만 각자 파벌에 따라 당에서 서로 견제하고 경쟁하는 관계에 있었다. 집권당 총재가 총리가 되는 간접선거 체제에서는 당권 장악이 최우선 과제이므로 자신이 속한 파벌 내에서 총리를 배출하기 위한 당내 경쟁은 극심하다.

1980년대 강력한 보수 본류의 기치를 내건 나카소네 야스히로 총리 시기에 미국 레이건 정부와 영국 대처 총리와 함께 세계 보수 삼각체제를 구축한 일본은 그야말로 재팬 넘버 원의 호황기를 누렸다. 그런데 막강한 나카소네 자민당 정부는 1993년에 이르러 일본 국민의 자민당에 대한 피로감과 반발에 부딪쳐 일시 붕괴됐다.

그때 도이 다카코 사회당 위원장이 일본 최초 여성 총리라는 기대감과 반자민당 기류를 업고 1987년 통일지방선거와 1989년 참의원 선거에서 승리했다. 자민당의 침체기 속에 각종 부패 스캔들이 일어나고 자민당 내분 속에서 치른 중의원 선거에서 과반 확보에 실패하며 일본사회당, 신생당, 일본신당, 공명당, 민사당, 신당 사키가케, 사회민주연합 등 8개 군소정당이 연립한 이른바 연립정권이 결성돼 자민당 독주체제는 끝나게 되었다. 그러나 이 연립정권은 호소카와 모리히로, 하타 쓰토무 두 번의 내각을 끝으로 10개월 만에 내부 분열로 무너졌다.

이 기회를 놓칠세라 자민당은 이념이 전혀 다른 사회당과 연합하여 재집권에 성공했다. 그리고 1994년 6월 사회당 출신 무라야마 도미이치 내각을 출범시켰으나 1996년 연정(聯政)은 깨졌고, 단독 과반이 힘들어진 자민당은 이후 공명당을 파트너로 한 연립정권을 내세웠다. 소선거구제로 변경된 후 자민당만의 과반수 의석이 매우 어려워졌기 때문이다. 사회당은 중선거구제에서 소선거구제로 변한 선거제도 변화와 노조 등 지지기반의 이탈로 자연스레 몰락하였기 때문에 자민-사회당의 1.5정당 체제였던 55년 체제는 사실상 이때 끝나게 된다.

소선거구제로 개편된 이후 자민당은 계속 연립정권을 구성해 가고 있는데, 현재로서는 이 체제가 다시 토착화되어 가는 경향을 보이고 있다. 자민당 연립정권체제의 특징은 다음과 같다.

첫째, 자민당은 과거 중선거구 체제에서처럼 단독으로 과반수를 차지할 능력이 없지만, 오히려 소선거구제로 인해 기존 지지층은 더욱 단단해졌다.

둘째, 연립정권이 길어지면서 정권 파트너인 소수정당(공명당)이 계속 강력한 캐스팅보트를 쥐게 될 것이다.

셋째, 55년 체제에서의 사회당 같은 강력한 야당이 존재하지 않아 오히려 집권 자민당의 힘은 더 강력해졌다. 현재 제1야당은 이념적으로는 자민당과 별반 차이가 없다. 이는 55년 체제의 근간을 이루었던 보수 대 개혁 대결이 보수 대 보수 대결로 변화하였음을 반승한다.

자민당 일당 체제의 종말

1990년대 이후 야당 세력은 매우 복잡한 이합집산 결과, 1998년 재창당한 민주당이 제1야당으로 등장했다. 이후 2000년대에 이르러 민주당이 사회당 대신 자민당에 맞서는 체제가 되었다. 민주당은 2003년 야당의 단일정당으로 통합하면서 2003년 중의원 총선과 2004년 참의원 선거에서 자민당과 맞설 정도의 의석을 확보했다. 비록 2005년 중의원 총선에선 참패했지만 2007년 참의원 선거에선 일본 야당 최다 의석을 기록하며 자민당을 참의원 전체 의석 수에서 앞서는 초유의 기록을 세우는 데 성공했다. 2009년 중의원 의원 총선에선 기어이 민주당이 대승, 하토야마 유키오가 수상이 되며 자민당 일당 체제가 일시적 종말을 고하게 되었다.

그러나 하토야마 내각은 아마추어 정권이라는 말을 들을 만큼 지지부진했다. 그것은 바로 2011년 일본 초유의 재앙인 도호쿠 대지진에 대한 대응 방식이 너무 안이하고 미진했기 때문이다. 이 여파로 민주당 정권이 자멸하고 자민당-공명당 연합이 2012년 총선에서 다시 압승하여 일본의 정치 풍향은 다시 오른쪽으로 돌아섰고, 연립정권에선 아베 내각이 출범하였다.

생각해 보면 55년 체제라는 용어는 자민 일당에 의한 장기집권만을 의미하는 것은 아니다. 그것은 현대 일본 정치 권력의 모든 것이다. 그 안에는 현대 일본 정치 권력은 물론 경제 권력까지 포괄하는 것으로 일본 사회의 모든 토착세력 구조를 대변하는 것이다. 일본 주요 기업들은 경단련(경제단체연합체의 약칭으로 1955년 자유민주당 창당의 원동력이 되었다. 2002년 일본경영자단체연맹을 통합하여 일본 재계의 대표성을 확보했으며 일본상공회의소, 경제동우회와 함께 일본 3대 경제단체 중의 하나임)을 통해 집권 여당인 자민당에 정치자금을 제공하고 특혜를 보장받았다.

일본 사회에서 이런 특혜는 너무도 공공연하게 이루어지고 국민들도 대수롭지 않게 여기는 풍토가 있다. 그중 하나가 대규모 토목공사인데, 정권과 연계된 특정 기업만이 토목공사를 발주받는다. 이 때문에 일본의 자원 배분은 불공평하고 국민의 삶의 질은 다른 선진국에 비해 다소 부족하다는 평가가 있다.

자민당은 장기집권에 따른 부작용을 없애기 위해 끊임없이 외부 수혈과 내부 정리작업을 하고 있다. 외부 수혈 대상인 엘리트 관료들은 집권 자민당과의 정책 협력을 통해 국정을 이끌며 재계와도 긴밀하게 협력한다. 특정 공무원들은 과장급 정도의 직위에서 자민당 정치인이 되어 의원으로 출마하고 출신 부처의 이익을 대변한다. 이를 부처 이름을 따서 족의원이라 한다. 흔히들 '농림족', '건설족' 하는 식으로 불린다.

이와 같은 체제에서 정부 각 부처와 산하 공기업 또는 공공기관들은 점차 비대해져 국가 예산을 흡수하고 있다. 자민당 내 파벌 형성도 이와 무관치 않다. 1990년대 이후 자민당 내분과 탈당 사태도 이러한 파벌 형성 과정에서 부패 스캔들로 비화되어 자민당이 일시 와해되는 도화선이 되었다.

아베 신조의 정치

2019년 7월 일본 참의원 선거가 있었다. 당시 투표율은 48.8%로 1995년 이후 역대 두 번째로 낮은 수치였다. 나시 말하지만 일본은 전후 1993년과 2009년 잠깐 빼고는 자민당이 정권을 빼앗긴 적이 없다. 그것도 일시적으로 그랬을 뿐, 야당이 진정으로 정권을 가져간 적이 없었다. 의석수가 모자라면 바로 모든 성향이나 컬러가 비슷한 공명당과 연정을 통해서라도 바로 정권을 되찾았다.

2019년 7월 참의원 선거 당시 일본 정당별 지지율을 보면 자민당 27.7%, 자민당과 연정을 하고 있는 공명당 2.6%. 자민당과 공명당은 한 팀이니까 항상 그들은 합쳐서 집계해야 한다. 제1야당인 입헌민주당 3.3%. 그러니 야당의 존재는 있으나마나다. 이도 저도 아닌 무당층이 60% 가까이다. 중요한 것은 이 무당파들의 투표 성향이다. 하지만 그들은 결국 자민당을 찍는다. 가히 '자민 막부'라는 말이 나올 만하다.

이제 아베 신조 총리에 대해 얘기해 보자. 그는 2006~2007년에 한 번, 다시 2012년부터 2020년 4월까지 내리 세 번 연임했다. 역대 최장수 총리다. 원래 일본 총리 임기는 헌법에 규정되어 있지 않고 집권당 당수 임기가 총리 임기가 되는 구조다. 다만 중의원이 해산될 경우 내각과 총리 역시 동반 사임하게 되는데, 새롭게 중의원을 구성한 후 집권당 상황에 따라 새로운 총리가 탄생하기도 하고 기존 총리의 연임이 결정되기도 한다.

2017년 당규를 개정하여 현재 자민당 총재 임기는 3선까지 총 9년이다. 그래서 아베는 자민당 총재 3선에 성공하여 총리 마지막 임기를 보내고 있었다. 당 내외에서는 다시 당규를 개정하여 아베의 총재 임기, 즉 총리 임기를 한 번 더 연장하고자 했으나, 아무도 이를 막을 자가 없다는 것이 문제였다. 대체 이러한 아베의 강력한 힘은 어디서 나온 것일까? 아베는 누구인가? 이에 대한 논평은 많지만, 결국 아베 신조가 강해 보이는 것은 다른 강력한 실력자가 없기 때문이다.

아베는 왜 높은 지지율로 계속 집권할 수 있었을까? 일부 경제학자에 의해 비판받은 아베노믹스는 디플레이션과 엔고 탈출, 명목 3% 이상 경제 성장 달성이 목표였다. 이를 구체적으로 보면, 경제정책의 세 가지 화살이라고 불리는 대담한 금융정책(2% 인플레이션 목표, 엔고 시정, 정책 금리 마이너스화, 무제한 양적 완화), 기동적인 재정정책(대규모 공공투자), 민간 투자를 자극하는 성장전략(제조업 활성화, 법인세 인하) 같은 3개 정책을 말한다.

2011년 3월 11일 후쿠시마 쓰나미 대참사 당시 일본 집권 여당은 자민당이 아니라 처음으로 집권한 민주당이었다. 일본 국민은 장기집권 자민당을 심판하고 야당 민주당에 기회를 주었다. 그러나 민주당은 국민을 크게 실망시켰다. 위기 대처능력 제로에다 집권 콘텐츠의 기본도 갖추지 못했음이 백일하에 드러났다. 당시 민주당 총재이자 수상인 간 나오토는 정확한 재난 사태 내용조차 파악하지 못하고 있었다. 효과적인 대응은커녕 현장 공무원은 창고에 엄청나게 쌓아 둔 세슘 중화제조차 지시가 없었다는 이유로 나눠 주지 않았다. 바닷물로 원자로를 식혀 폭발을 막을 수 있었지만 재사용할 수 없게 되었을 때 돌아올 책임에 대한 두려움 때문에 그렇게 하지 않았다. 누구 하나 책임지지 않겠다는 것이다.

전문가들의 추론에 의하면, 당시 원전 1, 2, 3호기 폭발 시 붕괴된 건물 사이로 드러난 4호기에는 잡초들이 자라 1,200여 개의 원자봉을 식히고 있었다. 만약 4호기의 연쇄 폭발이 있었다면 원폭 수십 발의 위력을 발휘하면서 도쿄 시내에 있는 수천만 명이 몰살당할 뻔한 끔찍한 사태가 일어날 수 있었다.

그렇게 자민당이 아닌 야당에게 기회를 주었던 일본 국민은 민주당의 무능을 간파했다. 그들은 곧장 민주당 지지를 철회하고 다시 영원한 여당 자민당에게 돌아섰다. 민주당은 간신히 3년 집권하다가 자민당에게 정권을 반환했다. 즉 자민당의 아베 정권에게 독주하도록 길을 터주었던 것이다.

중요한 포인트는 그 후 아베 정권이 채택한 원전정책이다. 이 부분에선 일본 정부의 성숙도랄까 차분함이 눈에 띈다. 대지진 이후 일본 정부는 원자력 발전 의존도를 줄이기는 하겠지만 갑작스러운 올스톱은 경제에 미치는 영향이 너무 크다고 판단해 현재 정지 중인 원전 일부를 오히려 재가동하는 방침을 지속해서 추진해 왔다. 아베는 국민과 세계를 향해 원전 사태에 대해 현재 일본의 원전 문제는 절대 안전하다는 'Under Control', 즉 통제되고 있는 상황이라고 강력하게 주장했다. 또한 오염수는 원전 내 0.3km^2 안에 완전히 차단되어 있다고 전했다.

또한, 아베 자민당은 선거 공약으로 10년 이내에 지속 가능하고 모두 참여 베스트 믹스를 확립하겠다고 선언했다. 그러나 원전 폐지 주장은 결단코 없었다. 오히려 베트남에 원전 건설 계획을 추진, 원전 신설 가동에 의욕을 보였다.

아베는 정치적 후광이 막강한 집안 출신이다. 아버지는 아베 신타로(安倍晋太郎) 전 외상(外相), 외할아버지는 기시 노부스케(岸信介) 전 총리다. 아베의 정치 철학은 메이지 유신 시대로 거슬러 올라간다. 그가 가장 존경하는 인물은 메이지 유신 시대 인물들을 키워 낸 요시다 쇼인(吉田松陰)이다. 아베는 2013년 8월 총리 자격으로 자기 고향에 있는 마츠시타(松下) 촌숙를 방문했다. 메이지 당시 일본의 인물들을 배출해 낸 선각자 요시다 쇼인이 만든 사립학교다. 또한 그는 계속해서 메이지 시대의 인물들을 추모했다.

일본이 내세우는 메이지 유신에 대해서는 여러 학설이 첨예하게 대립하고 있다. 일본 정치학자는 물론 한국 정치학자나 언론인까지도 메이지 유신에 대해 좋게 말하는 것에 대해 나는 크게 부끄러움을 느낀다. 그들은 심지어 메이지 유신을 '아름답고 신나는 스토리'라고도 한다. 그들의 역사 의식과 무지함이 놀랍기만 하다. 어떤 메이지 유신 주역은 미남에다 패션 감각까지 뛰어난, 주관을 가진 인물로 만화에 등장한다. 그들을 사(私)를 버리고 대의를 위해 목숨을 버리는, 여성이라면 사랑하고 보듬어 주고 싶은 존재들이라고까지 치켜세운다.

그러나 메이지 유신 관련 장에서 상세하게 이야기하겠지만, 내가 생각하는 메이지 유신은 이렇다. 일본은 메이지 유신을 기점으로 모든 것을 새롭게 시작하여 새로운 일본을 구축했다고 말하고 싶어 한다. 그래서 그때부터 일본의 근대화와 서구화를 이룩하여 다시는 과거로 회귀하는 일 없이 앞으로만 나아간다고 믿고 있었다. 그들의 이러한 간절한 희망과는 달리 메이지 유신은 일본을 문제투성이 나라로 만들었으며, 일본은 물론 주변 국가들조차도 불행하게 만들었다. 역설적이게도 일본 근대화의 시발점인 메이지 유신은 일본 제국주의와 군국주의가 태동하게 된 결정적 계기가 되었다.

세계 제일 부국강병의 기치를 내걸고 시작한 메이지 유신은 태생적으로 아시아 여러 나라는 물론 일본에게도 악몽으로 끝나게 되어 있었다. 물론 일정 부분 일본의 근대화와 서구화의 길을 걷게 된 역사적 성과는 분명 있지만, 그 대가는 너무 컸다. 메이지 유신을 거치는 동안 그들이 치른 수많은 전쟁과 대량 살육, 그리고 현재에 이르기까지 일본 국민이 감내해야 하는 대가는 혹독했다.

자민당의 정치는 파벌로 시작해서 파벌로 끝난다. 근래 아무리 파벌이 약화되었더라도 여전히 모든 정치 권력은 파벌에서 나온다. 자민당의 파벌은 당이 생성된 1955년 제제의 시작과 함께한다. 자민당은 자유당과 일본민주당이 합당해서 만든 정당인데, 일본민주당은 1954년에 또 다른 보수 정당 개진당과 합당해서 만들어진 당이었다. 자민당의 파벌은 근본적으로 자민당의 모체가 된 이 세 정당을 원류로 한다. 그래서 자민당의 파벌은 단순한 인적 결합이 아니라 정당 안의 정당에 가까운 개념이라고 할 수 있다.

자민당 파벌의 원류를 살펴보면 크게 다섯 가지 본류를 찾을 수 있다. 먼저 자유당 총재였던 요시다 시게루의 후계자 이케다 하야토의 '굉지회'가 있고, 사토 에이사쿠 총리의 '목요연구회', 일본민주당 총재 하토야마 이치로의 후계자 기시 노부스케 총리의 '십일회', 고노 이치로 총리의 '춘추회', 개진당 총수 시게미츠 마모루의 후계자 미키 다케오 총리의 '정책연구회' 등이 있다.

이들은 파벌 수장 이름을 따서 각각 이케다파, 사토파, 기시파, 고노파, 미키파로 불렸고, 이것이 자민당 5대 파벌이다. 이 파벌은 면면히 이어 내려와 지금도 기시다파, 누카가파, 호소다파, 니카이파, 산토우파라는 이름으로 유지되고 있다. 현재 자민당의 8대 파벌 중 5개가 자민당 초기부터 존재했던 파벌이고, 아소파가 굉지회에서, 이시하라파는 춘추회에서 갈라져 나온 분파다. 최근에 새롭게 만들어진 이시바파를 제외하고 자민당 파벌은 성립 초기부터 지금까지 그대로 남아 있다.

파벌의 의미와 일본 국민

대체 이 파벌의 의미는 무엇일까? 일본의 정치 권력은 파벌과 국민 어느 쪽을 바라보며 정치하고 있을까? 일본 정치가 나아가는 길을 알기 위해 무엇에 주목해야 할까? 아베 정권의 지지율은 정치 스캔들인 '사쿠라를 보는 모임' 행태와 IR 통합형 리조트, 즉 카지노 개발을 둘러싼 자민당 의원들의 수뢰사건과 코로나바이러스 대처 문제 등 여러 악재가 겹쳤는데도 국민 지지율이 40%대를 지키고 있는 것에 대해 세계 언론은 경악을 금치 못했다. 이에 반해 야당 지지율은 여전히 한 자리 숫자로 미미한 수준이다.

다시 말해 아베 정권이 어떤 실정(失政)을 하고 부패 스캔들을 일으켜도 일본 국민은 한결같이 정부 여당, 즉 자민당과 아베 정권을 지지한다는 말인가? 이러한 반석 같은 지지율의 정체는 무엇인가? 총리를 직접선거로 선출하지 않기 때문에 국민이 정치에 무관심한 것일까? 아니면 야당으로 바꿔 봐야 별수 없다는 정치 불신 때문인가? 이러한 간접선거로는 일본에서 정권 교체는 영원히 불가능하다는 말인가?

이런 표면적인 결과를 보면 일본에서의 정권 교체는 기대하기 어렵다. 여기에는 두 가지 관점이 있다. 하나는 국민의 정치 무관심에 의한 자민당에 대한 견제장치가 없다는 것과 집권 자민당이 보수와 진보를 포괄하는 다양한 정책을 펴나가는 강점과 그로 인해 유권자는 자민당을 교체하여 불안한 정부가 들어서는 불안감을 해소하기 어렵다는 점이 있다. 이에 더해 아베가 퇴진하더라도 여야 정권 교체가 아닌 자민당 총재 임기 만료에 따른 총재 교체에 불과하다는 것이다.

이러한 자민당 일당 독주에 대해 언론은 비판은 고사하고 보도조차 제대로 하지 않는 것은 어떻게 이해해야 할지 모르겠다. 그토록 다른 나라 민주주의에 관심이 많은 일본 언론과 국민이 자기 나라 민주주의에는 왜 이리 무관심일까? 그 언론에 그 국민이랄까? 도저히 이해 불가한 상황이다.

아베 정권을 둘러싼 각종 의혹에 대한 야당의 신랄한 비판이 아무리 쏟아져도 언론이니 국민 여론은 신통치 않다. 아무리 그래 봤자 찻잔 속 태풍에 불과하다. 일본 정계를 보면 저들이 대체 어떤 생각을 하고 있을까, 언론과 국민은 어떻게 이해하고 반응할까, 국정 운영은 제대로 하고 있는지 의구심만 가득한데, 나중에 돌아보면 그냥 그대로 돌아가고 있다. 일본 사회는 내부로 썩어 가고 있는 것은 아닐까 걱정만 된다. 정녕 일본은 분노하지 않는 사회, 무감각한 사회가 아닌가?

마루야마 마사오

일본 정치 권력을 말할 때는 왠지 고리타분하고 별로 말하고 싶지 않은 부분이 있다. 그러나 마루야마 마사오(丸山眞男, 1914~1996)는 밝은 기운이 넘치고 빨리 말하고 싶어진다. 마루야마 마사오는 정치학자이며 사상가다. 일본이 2차 세계대전 중 군국주의 광풍에 휩싸여 있을 때 그 태풍을 혼자 막아선 인물이다. 전쟁에서 패한 뒤 일본에는 두 명의 천황이 있다고 한다. 히로히토(裕仁)와 마루야마 마사오다. 당시 도쿄대 교수였던 마루야마는 '학계의 덴노', '마루야마 덴노'라고 불렸다.

그는 오사카 출신으로 도쿄대 법학부를 졸업했다. 학생 시절부터 계속 정치 사상 연구에 두각을 보여 졸업 후 3년 만에 도쿄대 법학부 교수가 되었다. 그리고 지속적으로 군국주의에 반대하는 시론을 발표하여 1944년 도쿄대 법학부 교수로서는 유일하게 징집당해 조선의 평양 신병훈련소에 입대했다. 이후 히로시마에서 군 생활을 하다가 원폭 피해를 당했으며, 패전 후에도 전후 일본 사회에 남아 있는 군국주의 잔재들을 통렬히 파헤쳤다.

특히 평생 연구 과제인 일본의 전쟁 책임 문제와 서구 민주주의의 본질을 연구하는 데 몰두하였다. 이 두 주제에 대한 연구는 자연스럽게 일본이 가지고 있는 불합리한 구조와 정치 체계를 규명하는 것이었다. 어느덧 그에게는 '일본의 양심'이라는 별칭이 따라다니게 되었다.

일본이 전쟁에서 패배한 뒤 이와나미서점 『세카이』지에 문제의 논문 「초국가주의의 논리와 심리」를 기고한 마루야마 마사오는 전전부터 일본 정치학계의 핵심 주제인 소위 '초국가주의(ultra nationalism)'를 맹렬히 비판하고 일본 제국주의의 문제를 심층 분석하였다. 그가 비판한 초국가주의의 문제는 일본

제국의 통치 원리가 서구 민주주의에 입각한 민주적 공익 추구가 아니라 시민 사회의 모든 가치를 천황제를 통해 독점했다는 데 있었다. 그의 비판은 일본제국주의가 개인의 자유나 민주주의를 보편적 가치로 지지하지 않았고, 초국가주의는 모든 시민적 가치를 독점하여 특정한 가치만을 추구하여 천황만이 최고의 선이라는 것을 보편화하면서부터 모든 일본의 문제가 비롯되었다고 지적했다. 그는 서구 근대를 인류사의 절대 가치로 여겼고, 이를 전 인류의 목표로 승화시켰다.

그는 무엇보다도 패전 후 아무도 책임지지 않는 일본 지도자들과 일본 사회를 통렬히 비판했다. 전쟁으로 인해 국내외 수많은 사람이 죽고 국제적으로도 엄청난 피해를 입혔지만, 일본 지도층 누구도 천황 등 전쟁 책임자들에 대해 비난하지 않았다. 마루야마는 당시 일본 사회의 이런 모습을 '무책임의 체계'가 지배하는 사회라고 규정했다. 세계에서 이런 무책임한 문화를 갖고 있는 나라가 어디에 있느냐고 개탄했다. 이런 사회 분위기 속에서 일본이 천황을 구심점으로 한 군국주의를 통해 바람직하지 못한 방향으로 나아갔고, 이로 인해 이웃 아시아 국가들을 원치 않는 상황에 빠지게 했다고 주장했다.

이에 대해 마루야마는 일본인의 세계관을 '이키오이(勢, 떠 있는 세계, floating world)'라고 규정했다. 일본인이 인식하는 세상의 흐름은 하늘의 구름이 떠다니는 것과 같다는 것이다. 하늘의 구름은 바람이 부는 대로 움직이며 상황에 따라 세상이 항상 변한다는 의미인데, 이렇게 시류에 따라 흘러가는 일본 문화를 이키오이 문화라고 강하게 비판했다.

마루야마 마사오의 일본 군국주의 비판은 '초국가주의' '무책임의 체계' 등의 개념화에 담겨 있으며, 일본 근대국가는 서양의 그것과는 전혀 다른 기반 위에 자리 잡고 있다고 강조했다. 일본 근대국가는 국민 개개인이 지키는 시민적 윤리와 가치를 국가가 단독으로 점유하는 존재였다. 일본 자유주의자조차 개인의 자유를 진정한 자신의 것으로 인식하지 않고 전통적으로 국가주의적 가치인 충(忠)과 효(孝)에 수반하는 것으로 종결시켰다.

그 결과 일본의 개인적 인권은 경시되어 버리는 결과를 초래하였다. 더 나아가 그는 『현대 정치의 사상과 행동』에서 일본 제국주의 정부가 발표한 '교육칙어'는 일본 국가가 주도하는 가치체계의 독점화라는 사상을 널리 공표한 것이라 했다. 결국 마루야마 마사오는 "일본에서 사적인 것은 곧 악이거나 악에 가까운 것"이라고 선언했다.

일본 노벨문학상 수상작가 오에 겐자부로는 "나는 마루야마 마사오가 일본의 다양한 전문 분야 지식인들에게 '공통의 언어'를 제공해 주었다고 생각한다"고 말했다. 마루야마가 양심의 목소리를 통해 자신의 분야인 정치학 영역을 넘어 일본 지식인들에게 깊은 영향을 미쳤다는 의미다.

서구 민주주의의 기본 요소인 개인의 자유와 권리 문제에 대해 계속 파헤쳐 온 그는 일본 '자유민주주의의 선구자'로도 불린다. 전후 냉전시대 이념 논쟁 속에서도 중심을 잃지 않았으며, 특히 60년대 사회주의가 피크를 이루던 소위 전공투 시대에도 일관되게 좌우 양극단 어디에도 휩쓸리지 않으며 자유주의자로서의 길을 걸었다. 『현대 정치의 사상과 행동』 등 그의 저술은 지금도 일본 정치학의 교과서이며, 일본 바깥에서도 전후 정치와 파시즘을 이해하기 위한 필독서로 꼽힐 만큼 학문적으로도 탁월한 업적을 쌓았다. 그의 저서 중 『일본의 사상』(1961)은 대학생들의 필독서이며 영어, 프랑스어, 독일어로 번역되어 서양 학자들에게 널리 알려져 있다.

2014년 '마루야마 마사오 탄생 100주년 기념 국제학술대회'를 개최한 아산

정책연구원은 마루야마 마사오에 대해 "일본에서는 윤리와 가치를 독점하는 국가는 결국 천황이라는 존재로 수렴되며, 일본 군국주의는 『일본서기(日本書紀)』 등 일본 건국 신화부터 내려오는 독특한 구조에 기반하고 있는데, 그걸 자세히 들여다보면 결국 집단주의, 천황 중심주의가 있다는 게 마루야마 마사오의 견해"라고 논평했다. 결국 일본 초국가주의에서는 천황과의 거리가 모든 가치의 규준이 되며, 천황과의 거리에 따라 모든 사람을 수직으로 놓는 종축의 질서가 만들어진다. 이러한 인식과 가치체계에서는 어쩔 수 없이 일본 군국주의의 비극이 드러나며, 마루야마 마사오가 강조한 '무책임의 체계'라는 개념이 그것이다.

우리가 흔히 지적하듯이 마루야마 마사오는 이러한 일본 군국주의의 독특한 심리구조는 같은 파시즘 국가였던 독일과도 다르다고 지적했다. 그는 『현대 정치의 사상과 행동』에서 "나치 지도자는 2차 세계대전에 대하여 명백한 책임 의식을 가지는데, 일본의 경우는 그렇게 엄청난 전쟁과 재난을 일으켰음에도 그에 대한 책임 의식 같은 것은 없다. 그 누구도 자신과는 상관없는 무엇인가에 짓눌리면서 국가 전체를 전쟁으로 몰아넣었다는 간접적 피해 의식만을 가진다. 일본의 불행은 과두세력에 의해 국성이 좌우되고, 그 과두세력조차 사태에 대한 의식이나 자각을 갖고 있지 못했다"고 강조했다.

제 8 장

레이와(令和)
시대의 상념들

레이와는 헤이세이(平成)에 이어 쓰고 있는 일본의 연호(年號)다. 레이와 시대는 2019년 4월 30일 제125대 천황 아키히토가 퇴위하고 5월 1일 나루히토가 제126대 천황으로 즉위하면서 시작되었다. 일본 헌정 사상 최초로 천황의 생전 퇴위로 개원한 것이다.

레이와 연호는 중국 고전이 아닌 일본 최초의 시집 『만요슈』에서 인용했다. '레이와'는 이 책 '매화나무꽃' 노래 32수 서문에 있는 "이른 봄 좋은(令) 달밤에, 공기는 맑고 바람은 온화하다(和ぎ)"에서 두 자를 따왔다. 레이와의 어원이 등장하는 구절은 다음과 같다.

> 원문: 于時、初春令月、氣淑風和、梅披鏡前之粉、蘭薰珮後之香。
> 현대 일본어: 時は令月、空気は美しく、風は和やかで、梅は鏡の前の美人が
> 白粉で装うように花咲き、蘭は身を飾る衣に纏う香のように薫らせる。

> 날씨는 맑고 바람이 부드럽게 부는 새봄에, 매화는 거울 앞의 미인이
> 백분으로 치장하듯이 꽃을 피우고, 난초는 몸을 치장하는 옷에서 나는
> 향기처럼 달콤한 향기를 내는구나.

그런데 『만요슈』의 이 구절 "初春令月 氣淑風和"는 중국 후한의 시인 장형의 시 「귀전부」 중 "仲春令月 時和氣清"을 참고한 구절로, 결국은 중국 고전을 인용한 것이다.

연호 후보군에는 레이와(令和) 외에도 에이코(英弘), 규카(久化), 고시(広至), 반나(万和), 반포(万保) 등이 있었다. 연호 '레이와'를 제시한 사람은 일본 문학가 나카니시 스스무(中西進) 오사카여대 명예교수다. 이 레이와 연호에 대해 아베 총리는 "사람들이 아름다운 마음을 모아 문화가 태어나게 하고 키운다"는 의미라고 설명했다.

나카니시 스스무 교수는 『만요슈』 연구의 일인자다. 그는 "레이와는 '아름다운 평화'라는 의미이며 첫째도 평화, 둘째도 평화인 평화론자가 고안한 연호"라면서, 평화에 대한 강한 신념으로 '레이와'를 새 연호로 추천했다고 밝혔다. 특히 "연호의 두 글자 중 평화를 의미하는 '와(和)'는 7세기 쇼토쿠(聖德) 태자가 만든 17조 헌법에 등장한 것"이라며 "한반도에서 건너온 백제 출신 지식인들이 태자와 헌법을 함께 만들었다. 그러니 '와'는 동아시아 전체의 평화 사상"이라고 말했다.

또한 중앙일보와 인터뷰에서, "일본에서 연호가 가지는 의미는 한 시대를 특징짓는 네이밍인데, 거기에 포함된 기원의 의미도 가진다. 7세기 초반(604년)에 쇼토쿠 태자가 17조 헌법을 만들었고, 일본에서는 이후 1400년 이상 계속 중요하게 여겨 왔다. 그 헌법 1조가 와(和)에 관한 것이다. 7세기 헌법이 1946년 평화헌법으로 이어져 있다"고 말했다.

이어서 "쇼토쿠 태자가 평화헌법을 만든 이유는 확실하다. 한반도에서 벌어진 전쟁에 일본이 개입하면서 계속 졌다. 염전 사상이 돌면서 국민들은 '전쟁을 그만두라'고 했다. 그래서 결단을 통해 싸움을 끝냈고, 바로 그다음 해 '와(和)'를 헌법에 담았다. 불필요한 전쟁은 그만두고 귀중한 목숨을 지키자는 의미가 담겨 있는 것이 '와(和)'다. 그리고 백제 사람들이 전쟁을 피해 일본으로 많이 넘어왔다. 지식인도 많았다. 이들이 쇼토쿠 태자와 함께 17조 헌법을 만들었다. 고향을 잃고 일본으로 망명 온 사람들, '피(혈통)'로 볼 때는 야마토(大和)인이 아니다. 즉 일본인이 아니라 한국인이다. 이들이 '전쟁은 싫다. 두 번 다시 반복돼선 안 된다'며 '와(和)'로 헌법을 만든 것이다. 그런 점에서 '와(和)'는 동아시아 전체의 평화 사상이다. 당시 선진국이던 백제인들의 지적 능력이 들어가 있다"고 덧붙였다.

이창동과 무라카미 하루키의 만남

한국 영화감독 이창동과 일본 소설가 무라카미 하루키는 지난 고도 성장 시대를 같이한 역전의 용사들이다. 그들은 누구보다 시대의 아픔을 최전선에서 예리하게 느끼고 아파한 사람이다. 그들의 작품은 우선 허망하다. 치열한 삶을 살아간 인간들만이 가지는 삶을 관조하는 태도가 있다. 우리는 그들 작품을 통해서 삶을 바라보는 특유의 시선을 동감하며 지지와 성원을 보낸다.

그들이 만났다. 일본 국영방송 NHK 주선으로 만나 작품을 만들었다. 그들이 만나게 된 배경은 정확히 모르지만, 충분히 짐작은 간다. 고도 성장기에 인간 소외와 시대에 대한 통찰을 같이한 두 사람을 통해 새로운 시대, 새로운 감각을 전달하려는 것이 아니었을까?

한일 관계는 이러한 레이와 시대의 흐름 속에서 또 다른 차원으로 진입했다. 그것은 문화, 경제, 정치 각 분야에서 정중동으로 움직였다. 영화 '박하사탕'의 이창동 감독이 만든 스릴러 영화 '버닝'은 무라카미 하루키 소설 「헛간을 태우다」를 영화화한 작품이다. 이는 한국에서 흥행에 크게 성공하여 2019년 '제71회 칸영화제' 경쟁 부문 공식 초청작으로 선정되었다. 여기서 그는 '젊은이'에 관한 이야기를 배우 유아인, 전종서, 할리우드에서 온 스티븐 연(연상엽)을 통해 풀어놓았다. 배우들은 하나같이 개성이 강하며 자신만의 독특한 연기 세계를 만들어가는 사람들이다. 이창동 감독은 무라카미 하루키 단편을 누구보다 정확하게 해석하고 영화화했다. 이 감독은 이 작품의 영화화를 NHK로부터 요청받았다고 배경을 밝혔다.

흡연이 낙인 주인공 종수(유아인)는 아르바이트를 전전하며 살아가는 청년이고, 해미(전종서)는 그의 어렸을 적 친구다. 아프리카로 여행을 떠난 해미 대신 고양이를 돌봐 준 하나뿐인 친구 종수는, 친구를 마중 나간 공항에서 벤(스티븐 연)을 만나고, 해미의 나이로비 동지이자 노는 것이 일이라는 벤은 정체를 알 수 없는 사나이다.

'버닝'이라는 영화는 젊은이들의 미묘한 감정의 흐름을 미스테리 스릴러 형식으로 풀어냈다. 어둠 속을 질주하는 트럭, 달리는 종수 곁에는 금방이라도 무슨 일이 일어날 것처럼 분위기를 고조시키는 재즈 베이스가 있다.

이창동과 무라카미는 두 사람 다 개성이 강한 캐릭터로 어울릴 것 같지 않은데 묘하게 어울린다. 한일 양국을 대표하는 지성들이 서로 다른 지점에서 시작하여 고독과 허무와 분노를 매개로 이렇게 만났다. 그들이 추구하는 가치는 아마도 이런 분위기에 어울리는 현대적 상황이 주는 혼돈과 갈등의 만남일 것이다. NHK의 숨겨진 의도가 곳곳에 어렴풋이 보인다.

'버닝'은 원작 「헛간을 태우다」를 충실하게 영상으로 옮겼다. 왜 헛간을 태우는지 이유는 아무도 모른다. 그저 주인공의 분노와 허망함의 표현으로밖에는 해석이 안 된다.

영화 '버닝'에서는 작가 무라카미 하루키의 컬러가 짙게 배어 있다. 마일즈 데이비스의 색소폰 재즈, 극 전반에 흐르는 표현하기 어려운 허무주의 등이 무라카미적인 내러티브가 곳곳에 배어 있다.

이창동 감독은 언론 인터뷰에서 그의 비청춘, 즉 나이 듦을 언급하며 이제는 젊음의 문제를 객관적 자세로 바라볼 수 있게 됐다고 했다. 또한 요즘 '젊은이'의 감정으로 공정하지 못한 세상이 안겨 준 무력감과 분노도 말했다.

'버닝'은 두 작가의 캐릭터 상 당연히 해답이 없는 영화다. 영화의 결말에 관해 이창동 감독은 "의미나 관념, 메시지를 주는 것 대신 감각과 이미지로 관객이 느끼길 바랐다"고 했다. 감독의 말을 빌리자면 스크린의 미스터리는 세상의 미스터리와 연결되어 있다. 그래서 관객은 답을 얻는 대신 미스터리 자체를 받아들여야 한다고 단언했다.

영화를 말하자면 이창동이나 무라카미라는 두 사람의 크기만큼이나 흡입력이나 감동은 상당하다. 영화 시작보터 끝까지 잠시도 쉴 틈을 주지 않고 새로운 서스펜스 스릴러답게 관객을 꼼짝 못하게 만든다. 그에 더해 소설 「상실의 시대」 못지 않게 인물의 흔들리는 감정을 적재적소에서 받쳐 주는 모그의 음악, 집요함이 만들어 낸 정교한 영상과 공간 분석은 모호한 공포와 분노의 실체를 서서히 끄집이내는 네 일소한다. 결국 이는 한일 양국 지성의 협연이 가져오는 절묘한 효과라고밖에 말할 수 없다.

무한자유를 펼친 뉴에이지 음악가 사카모토 류이치

뉴에이지 음악가 사카모토 류이치(坂本龍一, 1952~2023)는 한마디로 표현할 수 없는 멀티 뮤지션이다. 피아니스트, 전자음악밴드, 영화배우, 영화음악가,

전위음악가, 미디어아트 작가, 사회운동가 등 하고 싶은 일은 다 하고 살아온 자유로운 뉴에이지 음악가였다. 데뷔한 지 40년이 넘는 마스터이지만 사카모토의 예술과 삶을 보면 일본인답지 않은 그 다채로움과 자유분방함에 놀랍기만 하다. 그는 세계인이었다.

첫 솔로 앨범 '천 개의 나이프'에서 시작해 영화 '전장의 크리스마스', '마지막 황제'(1987), '레버넌트 : 죽음에서 돌아온 자'(2015), 한국 영화 '남한산성'(2017) 등 여러 영화음악 작업을 했으며, '마지막 황제'로 아시아 최초로 아카데미 음악상을 받았다. 솔로 앨범을 꾸준히 발표하며 자신의 음악 세계를 구축해 온 그는 일본은 물론 한국에도 많은 팬덤을 갖고 있다. 2000년, 2011년, 2012년 내한공연 때 한국 관객들의 열광으로 매진 사례를 이뤘다. 사카모토는 그만큼 한국을 사랑했다. 그의 한국에 대한 사랑은 장르와 경계 없이 무한정이었다.

사카모토는 끝없이 새로운 영역을 개척하며 세계 음악가들과의 다양한 협연도 하여, 독일 노이즈 사운드 거장 알바 노토와 함께 공연 투어, 한국 전통 타악기 연주자 김덕수, 래퍼 엠시 스나이퍼와도 공연했다. 한국의 비디오 아티스트 백남준, 타이 영화감독 아피찻퐁 위라세타쿤, 미디어아트 작가 다키타니 시로 등과 소리와 영상, 설치작품 등 다양한 방식으로 협연했다. 또한 데뷔 40년을 맞아 사카모토의 예술과 삶에 대한 전시회와 다큐도 열린 바 있다. '류이치 사카모토 : 라이프, 라이프' 특별전과 다큐멘터리 영화 '류이치 사카모토 : 코다' 가 그것이다.

그의 한국에 대한 인식과 사랑을 보면, 잔잔하지만 한없는 관심과 애정을 알 수 있다. 영화 '남한산성' OST의 깊이나 백남준에 대한 존경의 뜻이 담긴 곡을 듣다 보면 우리는 일본을 얼마만큼 알고 있는지 생각하게 된다. 그의 마지막 피아노곡 '메디테이션(Meditation)'처럼 깊은 상념에 빠지기도 하며, 더 나아가 새로운 한일 관계 모습을 보게 된다. 한일 관계는 거창한 것이 아닌 작은 이웃들의 작은 관계에서 비롯된다는 것을 이해하게 된다.

아리랑을 사랑하는 뮤지션 이시다 슈이치

"아리랑을 세계에 널리 전해야 합니다. 아리랑을 한(恨)의 이미지에 가두지 않았으면 합니다"라고 주장한 일본 가시와시립고등학교 취주악부 음악 총감독 이시다 슈이치(石田修一). 2018년 10월 12일 서울 광화문광장에서 열린 '서울아리랑페스티벌'에서 제4회 서울아리랑상을 수상한 그는 "아리랑에는 한만 들어 있는 게 아니라 힘이 있다. 내일을 향한 희망과 힘찬 걸음, 강력한 의지 등이 녹아 있는 작품이다. '아리랑=한'이란 고정관념에서 벗어나길 바란다"고 말했다. 깜짝 놀랐다.

그는 우리 아리랑에 매료되어 아리랑의 음악세계를 세계적으로 펼치고자 하였다. 그가 받은 '서울아리랑상'은 아리랑의 세계화와 그 창조적 가치 확산에 기여한 개인과 단체에 주는 상으로 2015년 서울아리랑페스티벌 조직위원회가 제정했다. 아리랑을 처음 오선지에 채보해 세계에 알린 호머 B. 헐버트 박사와 영화 '아리랑'의 나운규 감독, 연극 '아리랑 고개'를 통해 민족의식을 고취한 극작가 겸 연출가 박승희 등 이미 작고한 예술가들이 이 상을 받았으며, 살아 있는 인물로는 그가 처음이다. 그는 수상 소감으로 "아리랑을 좋아해서 시작한 활동으로 상까지 받게 돼 너무나 영광"이라고 말했다.

그는 일본 가시와시립고등학교 취주악부 음악 총감독을 맡아 지도하며 2001년부터 1,000여 회 아리랑 공연을 했다. 기존 취주악 연주에 장구, 태평소,

꽹과리, 부채춤, 상모춤 등을 활용한 국악 퍼포먼스를 가미해 중국, 싱가포르, 베트남 등에서 공연했다.

20여 년 전 서울의 한 음식점에서 우연히 아리랑 공연을 본 뒤 아리랑에 빠진 그는, "엄청난 음악이었다. 혼이 뒤흔들리는 것 같고 심장이 꽉 잡힌 것 같은 느낌이 들었다"고 말했다. 이후 수시로 한국에 와서 국립극장, 민속촌 등을 다니며 아리랑 공연을 봤다.

초창기엔 한 달에 한 번 한국에 왔다. 피아니스트 임동창 선생을 찾아가 아리랑 창법도 배웠다. 그리고 자신이 배운 아리랑을 연주단원 150명, 합창단원 100명의 취주악부 학생들에게 가르쳤다. 그들의 아리랑 레퍼토리는 모두 세 가지다. 미국 작곡가 존 반스 챈스의 '한국민요변주곡(Variations on a Korean Folk Song)', 재일교포 작곡가 고창수의 '아리랑과 고추잠자리', 그가 일본 작곡가 마시바 토시오에게 의뢰해 만든 보사노바풍 아리랑 등이다. 그는 "아리랑 공연을 할 때마다 관객들의 반응이 엄청나다. 우리 취주악부 공연을 본 뒤 '한국민요변주곡'을 연주하는 학교들이 많이 생겼다"고 전했다.

이시다는 일본에서 "왜 그렇게 아리랑을 열심히 하느냐"고 묻는 사람들이 많다면서, 질문을 받을 때마다 "아리랑은 베토벤 교향곡 9번 '환희의 송가' 같은 음악"이라고 대답한다고 했다. 그러면서 "어쩌면 그 이상일지 모른다. 베토벤 '환희의 송가'는 베토벤 혼자 만든 곡이지만, 아리랑은 한반도의 수많은 사람이 세대와 세대를 이어 계속 노래로 전승하면서 만든 음악 아니냐"고 했다.

그가 바라보는 아리랑의 미래는 희망적이다. 그는 "아리랑이 베토벤 교향곡만큼이나 세계에서 널리 연주되는 곡이 될 수 있다"면서 "평화·안식의 이미지와 역동성 등 아리랑의 새로운 요소를 계속 발굴하고 개척해 세계에 전하기를 바란다"고 했다. 그 역시 한 평범한 일본인이다.

2018년 서울아리랑페스티벌에서 가시와시립고등학교 취주악부의 공연 모습

쿨 재팬, 한류를 벤치마킹했지만

"한국의 한류 성공을 벤치마킹해 일본 정부가 추진했던 '쿨재팬(Cool Japan)' 정책이 실적 부진으로 존폐 위기에 몰린 것으로 알려졌다."

2023년 1월 일본 언론은 세계에 '쿨(잘난 척)'한(멋있다는 의미의 영어) 일본의 매력을 알리자며 10년 전부터 추진해 왔지만 누적 적자만 1천억 엔이 넘는다고 보도했다. 일본 대표적인 경제지 니혼게이자이신문(닛케이)은 쿨재팬을 지원하는 민관 합작 펀드의 누적 적자가 1,066억 엔(1조600억 원)에 이른다며 쿨재팬 정책이 이렇다 할 성과를 내지 못하고 있으며, 사실상 존폐 위기에 놓여 있다고 발표했다.

쿨재팬은 2012년 12월 2차 아베 신조 정권이 출범하면서 추진한 정책이다. 한류의 성공을 누구보다 잘 알고 있던 아베 정부는 일본도 한류처럼 애니메이션, 음식, 관광 등을 세계에 알리자는 취지로 문화관광 정책을 대대적으로 펼치고자 했다. 아베 총리는 첫 시정 연설에서 "쿨재팬을 세계에 자랑하는 비즈니스로 만들자"고 강조했다.

일본 언론은 쿨재팬 정책 수립 동기가 쿨코리아에 있다고 말한다. 그러나 우리는 '쿨코리아'라는 말은 사용한 적이 없다. 다만 2000년대 한국 정부와 민간이 합작해 한류를 이끄는 과정에서 그렇게 해석될 여지는 있다. 닛케이는 쿨코리아를 언급하며 "한국은 영화, 드라마 등 배우들의 인기를 통해 패션과 화장품을 진출시키고, 마지막에는 국가 이미지 제고로 이어지고 있다"고 설명했다.

일본 정부는 107억 엔, 민간 기업이 309억 엔을 출자해 쿨재팬을 지원하는 펀드를 만들었다. 그러나 실적이 아주 좋지 않다. 대표적 실패 사례는 '이세탄 더 재팬 스토어'다. 2016년 말레이시아 수도 쿠알라룸푸르에 일본 백화점 이세탄이 문을 열었다. 펀드에서 9억7,000만 엔, 미쓰코시 이세탄 홀딩스 현지 자회사가 10억1,000만 엔을 출자해 문을 열었으나 적자만 늘어났고, 개업한 지 1년 반 만에 펀드는 모든 주식을 팔고 현지에서 철수했다. 닛케이는 "현지 물가와 크게 동떨어진 가격 책정, 상품 구성 등이 원인"이라고 분석했다. 매각액은 공개되지 않았으나 출자 액수의 절반이라는 관측이 나온다.

일본 정부는 이에 그치지 않고 영화 부문에도 진출할 계획을 세웠다. 일본 경제산업성도 일본 지식재산권(IP)을 이용해 할리우드 진출 영화를 만들겠다며 개발사업에 뛰어들었다. 민관 펀드를 조성하고 7편의 영화를 기획했으나 현재 단 한 편도 나오지 않고 매년 적자 경영을 이어가는 중이다.

'무엇이 왜 한류와 다른가?'

당연히 일본 측에서 쿨재팬의 실패 원인을 찾고 있지만, 그리 신통한 분석은 아닌 것 같다. 일본 언론이 분석한 쿨재팬의 실패 원인은 '모호한 정책'과 '일본의 자만심'이었나. 닛케이는 "쿨재팬 펀드 투자처에는 일관된 전략이 보이지 않으며, 문화산업뿐만 아니라 식자재 개발, 일본 제품 해외 유통 등에 신경을 쓰면서 성격이 모호해졌다. 그런데 한국은 영화와 음악을 전파해 배우와 아이돌을 알리고, 이를 통해 관광객을 끌어들이고 마지막으로 국가 이미지를 제고하는 정교한 작전을 사용했다"고 보도했다.

정부가 나서서 문화 관광 발전 계획을 세우는 순간 망한다. 절대로 정부가 나서면 안 된다. 민간이 알아서 해야 한다. 뒤늦게 그들도 알았다. 일본 언론은 분석 기사에서, "영국과 한국에서는 지금 있는 것들로 세계 공략이 어렵다는 겸손함이 있었기 때문에 해외에서 유능한 지도자를 초청해 인재를 키워 나가는 데 집중했다"며 "일본은 '알려지지 않았을 뿐, 일본은 이미 대단한 것이 있다'는 의식이 있다. 일본을 내세우면 소비자가 모일 것이라고 생각하는 것은 자만"이라고 지적했다.

닛케이 사설에서는 "영화 사업의 경우 한국은 기본적으로 투자를 민간에 맡기고, 정부는 영화 학교를 개설해 인재 육성과 영화 데이터베이스 정비 등을 통해 성공했다. 그리고 한국은 배우나 아이돌의 국제적 인기를 관광객 유치에 활용하는 등 분야를 연계하는 데도 능숙하다"면서 문화 사업을 정부 주도가 아닌 민간에 맡겨야 한다고 자탄했다.

도대체 왜 한국에 지나? 한일 관광 전쟁의 서막

관광 분야에서도 한국과 일본은 모든 촉각을 세운다. 결코 물러설 수 없는 한판 대결 양상이 벌어진다. 세계 각국의 관광 정책이란 결국 보다 많은 관광객을 유치하여 자국 경제 발전에 기여하도록 하는 것이다. 이를 다른 말로 하면 '관광 입국'이다. 아베 정권이 들어서기 전까지는 한국이 줄곧 일본을 앞섰다. 2013년 한국을 찾은 외국인 관광객은 1,218만 명으로 1,036만 명의 일본보다 많았다. 그 뒤부터는 일본이 한국을 따라잡기 시작했다. 그동안 무슨 일이 벌어진 것일까?

스가 요시히데 전 일본 총리가 언론 인터뷰에서 한 발언을 보면 그 배경을 알 수 있다. 그가 관방장관이었던 2012년, "일본의 외국인 관광객은 840만 명인 반면 한국은 1,000만 명을 넘었다. 일본은 역사와 전통, 문화가 이토록 풍부한데 왜 이웃 나라에 지고 있는가. 이것이 우리가 정책을 바꾼 기본 생각이었다"라고 말했다.

그때까지 일본은 외국인 관광객에 그다지 관심이 없었다. 1990년대 후반까지 일본의 관광 정책은 내국인의 해외여행 관리에 중점을 두었다. 일본 내 관광산업도 외국인보다 회사 단체여행과 연금생활자 등 내국인을 유치하는 데 더 열심이었다.

경제 살리기에 모든 노력을 다한 아베 신조 총리는 관광 분야에도 적극적으로 정책을 펴나가기 시작했다. 외국인 관광객을 적극 유치하는 방향으로 관광 정책을 전환했다. 2012년 말 집권한 아베 총리는 국정 운영 방향을 처음 제시하는 연설에서 '관광 입국'이라는 표현을 썼다.

관광 입국을 선언하고 구체화한 첫 번째 정책이 90일 무비자 입국을 허용하는 국가를 대폭 확대한 일이다. 2013년 스가 전 총리가 관방장관으로서 주도한 정책이다. 스가 전 총리는 최근 인터뷰에서 무비자 입국 확대라는 아이디어를 제공한 인물이 데이비드 앳킨슨이라고 말했다. 투자은행 골드만삭스 애널리스트 출신으로 스가 전 총리의 경제 브레인으로 불리던 인물이었다.

데이비드 앳킨슨은 저서 『신관광 입국론』에서 일본의 시골은 기후, 자연, 문화, 식사 등 4대 매력을 모두 갖추고 있어 전국 구석구석까지 외국인 관광객을 끌어들일 수 있다고 자신했다. 그리고 일본에 단 하나 부족한 건 무비자 입국이라고 주장했다.

때마침 2013년 일본은 2020년 도쿄올림픽 개최지로 확정됐다. 외국인 관광객을 적극적으로 끌어들일 필요성이 생기면서 90일 무비자 입국을 허용하는 국가를 대폭 확대했다. 당시 일본 법무성과 경찰청이 외국인 무비자 입국을 허용하면 치안 유지가 어려워진다면서 강력하게 반발할 정도로 일본은 외국인 관광객 유치에 무관심했다.

결국 일본 '관광 입국' 정책은 결실을 맺기 시작했다. 무비자 확대 덕분인지 외국인 관광객은 단숨에 한국을 따라잡았다. 일본 관광 인프라는 그동안 사원 연수와 연금생활자를 유치하기 위해 일본 전국의 산 좋고 물 좋은 곳마다 지어놓은 골프장과 대형 온천 료칸, 이를 편안하게 이용할 수 있도록 깔아놓은 지방 공항과 철도, 도로가 고스란히 외국인 관광객용으로 변신했다.

규슈 지역만 하더라도 후쿠오카, 나가사키, 가고시마, 사가, 구마모토 등 6개 공항을 통해 전 지역을 한 시간 안에 갈 수 있다. 한국인이라면 공항까지 이동 시간과 비행 시간을 합쳐도 3시간이면 서울에서 한적한 일본 시골에서 골프를 즐기고 노천탕을 즐길 수 있다.

이 같은 인프라 덕분에 2019년 일본 47개 광역지방자치단체 가운데 외국인 관광객을 10만 명 이상 유치한 지역이 42곳에 달했다. 100만 명 이상을 유치한 지역은 13곳, 1,000만 명 이상을 불러들인 지역도 도쿄와 오사카, 지바현까지 3곳이다. 얼추 계산해도 3,500만 명을 상회하는 숫자다.

나아가 일본 정부는 지자체를 대상으로 매우 적극적으로 관광객 유치를 독려하고 있다. 우수한 지자체는 인센티브를 부여하고 예산 지원도 우선적으로 시행하고 있어 각 지자체는 관광객 유치에 혈안이 되어 있다. 특히 관광객이 가장 많은 한국을 대상으로는 파격적인 가격으로 골프와 온천관광을 유치하고 있다.

한국은 어떤가? 늘 하는 말이지만 아직 한국은 수도권이 중심이다. 한국을 방문하는 외국인 관광객 방문지는 서울(76.4%)과 경기도(14.9%) 등 수도권이 거의 전부라고 해도 과언이 아니다. 지자체 관광객 유치는 아주 저조하여 전라남도와 세종특별자치시는 5% 이하를 밑돈다. 한국의 다시 가고 싶은 관광지 중에서 7위 제주와 8위 해운대, 10위 용두산·자갈치시장을 제외하면 나머지 7곳은 모두 서울이었다. 지방과의 인프라 차이가 아직 심하기 때문이다.

일본이 한국에 남겨 놓은 재산

우리가 이미 알고 있지만 그동안 말하기 껄끄러운 이야기들이 있다. 그런 이야기가 하나둘이 아니겠지만, 이것만큼은 어렵고 심각하다. 한일 간 역사가 장구한 세월 속에 이루어져 여기까지 왔고, 과거와 현재가 엎치락뒤치락하여 미묘한 역사를 만들어 왔다. 그래서 한일 관계는 어렵다.

조선 왕조가 만든 치욕의 역사 위에서 민초들은 어쩔 수 없이 뒤따랐고 받아들였다. 그러나 어떤 부분은 아무리 시간이 지나고 변명하여도 씻을 수 없는 상처가 되어 응어리져 있다. 이제 그 중 하나인 일본이 8·15해방과 동시에 한국에 남겨 놓은 재산 문제, 즉 귀속 재산 문제를 간단하게나마 다루고자 한다. 이 문제를 다루다 보면 우리 민낯이 여실히 드러나게 될 것이고, 부끄러워 고개를 들기조차 이러울 지경에 저하게 된다.

2차 세계대전에서 승리한 미군은 철저하게 일본을 응징하였다. 해방 후 한국에 입성한 미 군정은 인적 물적 청산 위에 제일 먼저 일본이 남기고 간 재산을 정리하였다. 미 군정은 처음에는 사유재산을 압류 대상에서 제외했다가 곧이어 사유재산까지도 압류했다(군정법령 제8호, 1947. 10. 6. 제정). 공적 사적 재산 목록이 17만 605건, 이승만 정부에 넘겨줄 때까지 3년 동안 미 군정에 인수되지 않고 농림부 등에 등록되어 있던 또 다른 일본인 재산이 12만1,304건에 이른다. 이 모두를 합한 총 재산은 29만1,909건이었다.

미 군정은 이 재산들을 철저하게 빼앗아 관리하다 우리 정부에 넘겨주었는데, 그들은 귀국하는 일본인들의 짐보따리까지 철저하게 검열했으며, 포고령으로 일본인이 소지할 수 있는 돈의 액수를 극도로 제한했다. 민간인은 1,000엔, 군장교는 500엔, 사병은 250엔 이상 소지할 수 없었다. 1945년 말까지 한국에서 일본으로 돌아간 민간인은 47만여 명이었다. 한국에서 그렇게 빈손으로 일본으로 돌아간 일본인들의 처리 문제는 전후 일본의 큰 사회 문제가 될 정도였다.

일본인들이 한국에 남겨 두고 간 그 많은 기업과 재산은 그 후 어떻게 되었는가? 결론부터 말하면 대부분 그 회사 직원이거나 관련 있던 친일 한국 경제인들에게 헐값으로 불하되어 오늘날 대한민국 대기업들로 성장했다. 성균관대 이대근 명예교수는 『귀속재산 연구 : 식민지 유산과 한국 경제의 진로』에서 일본인들이 놓고 간 국내 기업들의 실태를 소개했다.

1945년 해방 직후 일본은 조선 땅에 건설해 놓은 수풍댐, 철도, 도로, 항만, 전기, 광공업, 제조업 등 여러 분야의 사회간접자본을 고스란히 남겨 둔 채 강제로 추방됐다. 이를 추산하면, 북한에는 당시 화폐 기준으로 약 29억 달러의 공공재산, 남한에는 약 23억 달러의 공공재산이 남겨졌다. 남한에 쌓인 23억 달러의 일본 재산은 미 군정이 이승만 정부에 고스란히 이양했다. 당시 이 돈은 남한 경제 규모의 80% 이상을 차지할 정도였다.

여기서 이대근 교수는 이렇게 반문하고 있다. 조선 518년을 통치해 온 27명의 왕과 고관대작들이 이룩해 놓은 자산은 대체 무엇이었는가? 제대로 된 도로를 닦아 놓았는가? 철로를 건설해 놓았는가? 기업이 생겨날 수 있는 여건을 만들어 놓았는가? 조선 왕들과 백성들에게 호령하던 고관들은 겨우 길을 넓게 닦으면 오랑캐가 침범한다며, 지도 하나도 제대로 만들지 않았다. 그들은 무위도

식하며 백성들의 고혈이나 빨아먹었다. 그들은 있던 길도 없앴다. 선조라는 왕은 임진왜란 내내 중국으로 도주할 생각만 했다.

급기야 고종과 민비 일족은 부정부패로 나라를 거덜냈고, 이권이 되는 것은 외국에 마구잡이로 팔았으며, 결국 왕과 왕족, 고관대작, 지방 수령들은 일본으로부터 한평생 호의호식할 수 있는 거금의 경제적 혜택과 높은 작위를 받고 묵묵부답으로 묵종(默從)하며 나라를 헐값에 팔아넘겼다.

일본은 36년 동안 조선 땅에 당시 화폐로 52억 달러 재산을 쌓아 올렸다. 이 엄청난 재산 중 남한 지역의 23억 달러를 미국이 보관했다가 대한민국 이승만 대통령에게 선물처럼 주었다. 미국은 한국이 스스로 지키지 못한 땅도 빼앗아 주었고, 한국인들로서는 꿈조차 꾸지 못했던 천문학적 규모의 재산도 빼앗아 주었다. 이런 자료들은 국사편찬위 전자사료관에 보관돼 있다. 역사의 진실이 밝혀지길 두려워하며 긴 잠을 자고 있는 것이다.

일본이 남기고 간 기업들

자존심 있는 우리 국민은 이제 국제사회에서 공동의 가치와 목표를 가진 이웃들과 나란히 손잡고 당당하게 나아갈 것이다. 일제 때 피해를 입은 분들에 대해서도 남이 아니라 우리 손으로 그 긴 시간 동안 말 못할 고생에 대하여 보상하고 따뜻하게 위로할 일이다.

항상 궁금했던 일은 해방 후 우리 그 많은 재벌 기업들이 어떻게 갑자기 생겨났는지였다. 작은 기업조차 새로 만들고 성장시키기가 얼마나 힘든 일인지 직접 해 본 사람들은 잘 안다. 더군다나 일제 식민시대를 지나 해방 후 혼탁한 시기와 6·25를 거치는 동안 기업 활동은 실로 가시밭길이었음은 말할 필요도 없었다. 이대근 교수가 구체적으로 추적하여 밝혔듯이, 오늘의 우리 대기업은 거의 예외 없이 일본 기업들이었다.

'조선유지 인천공장 조선화약공판'은 '한화그룹'의 모태가 되었고, 삼척 '코레카와 제철소'는 '동국제강', '쇼와 기린맥주'는 'OB맥주'로, '삿포로맥주'는 '조선맥주'가 되었다(1998년 하이트맥주로 상호 변경). '조선제련'은 '락희화학(LG화학)', '경성전기-남선전기-조선전업'은 '한국전력'의 모태가 되었고, '조선우선'은 '대한해운'이 되었다. '오노다 시멘트 삼척공장'은 '동양시멘트'로, '선경직물'은 'SK그룹'의 모태가 되었다.

'동립산업'은 '제일제당(현 CJ)'으로 흡수되었고, '쥬가이제약'은 '중외제약'으로, '조선주택영단'이 '한국주택공사'가 되었다. '조선미곡창고주식회사'가 해방 후 '한국미곡창고주식회사', 후에 '대한통운'이 되었다. '조선중공업주식회사'는 '대한조선공사', 후에 '한진그룹'에 편입되어 '한진중공업'이 되었다. '경기직물과 조선방직'은 '쌍용그룹'의 모태가 되었으며, '조선연료, 삼국석탄, 문경탄광'은 '대성그룹', '아사노 시멘트 경성공장'은 '벽산그룹'이 되었다.

'조선생명'은 '삼성화재', '조선화재해상보험'은 '동양화재해상보험'이 되었다가 지금 '메리츠화재해상보험'이 되었다. '미쓰코시백화점 경성점'은 신세계백화점', '조지아백화점'은 '미도파백화점'이 되었다. '나가오카제과(永岡製菓)'는 '해태제과', '모리나가제과'와 '모리나가식품'은 해방 후 '동립식품'으로 상호 변경되어 운영되다가 1988년 '제일제당'에 병합되었다. '토요쿠니제과'가 해방 후 '풍국제과'로 상호를 변경하여 운영되어 오다가 1956년 '동양제과(오리온)'에 병합되었다.

그리고 커다란 한국 기업들은 상당수 일본인이 설립, 운영하던 회사라고 생각하면 큰 무리가 없다. 당시 조선인이 설립 운영하던 큰 기업은 김성수, 김연수 집안에서 설립한 '경성방직', '삼양사' 정도를 제외하면 대부분 '상회(商會)'라는 이름을 달고 있었다. 화신상회, 개성상회, 경성벽지 등이다.

일본 정부는 샌프란시스코조약 체결 단계에서 남한에 두고 간 23억 달러 재산에 대한 청구권을 연합국 측에 요구했으나 기각되었다. 반면 해방 직후 북한에 점령해 있던 소련은 군정을 통해 북한에 건설된 발전소, 공장 등을 계속 운영하기 위해 그것을 건설하거나 운영해 온 일본인 기술자들을 활용하였다. 소련 군정은 만주에 주재한 '일본피난민단장'과 협의하여 북한에 있던 모든 기계 설비를 계속 운영할 수 있도록 일본 기술자들을 억류했으나, 그 결과는 미미하였다.

일본 젊은이들의 섹스리스 라이프

현재 일본 사회의 가장 큰 문제는 경제보다도 젊은이들의 잃어버린 남성성이다. 그래서 만일 전쟁이리도 나면 과연 나가서 싸울 젊은이가 몇이나 될까 하는 걱정이다. 수년 전 NHK 여론 조사 중 '전쟁이 나면 나가서 싸울 생각이 있는가?'라는 항목에서 불과 30%도 안 되는 젊은이가 '그렇다'고 답했다. 한국의 60%와 대비된다. 오늘날 모두 지적하는 일본의 잃어버린 30년의 배경에는 이것이 가장 큰 문제다.

오죽하면 다른 나라 언론에서 이를 특집으로 다룰까. 호주 SBS 뉴스쇼 '더 피드'가 최근 방영한 다큐멘터리 '일본의 섹스(Sex in Japan : Dying for Company)'에 따르면 "일본의 젊은이들은 데이트할 시간조차 없어 포르노나 섹스로봇 같은 대체물을 더 선호한다"고 했다. 일본의 젊은이들이 회사일에 몰두하는 바람에 너무 바빠서 섹스조차 할 시간이 없다는 기사를 낸 것이다. 그러나 정말 그럴까?

일본 국립사회보장인구문제연구소가 펴낸 '제15회 출생 동향 기본 조사'를 보면 일본의 미혼 여성 중 44%, 미혼 남성 중 42%가 성경험이 없음을 털어놓았다. 동시에 18~34세 여성 중 60%, 남성 중 70%가 '싱글'이라고 밝혔다. 만나는 이성도 없다는 것이다. 이것은 일의 문제가 아니라 성향의 문제가 아닐까?

요즘 일본 젊은이들은 거의 매일 초과근무를 한다. 이는 데이트할 시간이 전혀 없다는 뜻이다. 18~34세 가운데 정규직이 점차 줄어 일자리도 불안하고 돈도 모으지 못하니 젊은이들이 결혼과 출산을 꺼리게 되었다. 또한 "섹스를 대체할 수 있는 것들이 많아 굳이 여자 친구를 사귈 필요가 없다"는 것이다. 이는 일본의 섹스 산업 규모를 보아도 알 수 있다.

일본에서 출산율이 떨어지는 것은 날로 인기를 얻고 있는 섹스돌, 섹스로봇 탓일 수 있다는 견해도 등장했다. 일본 싱크탱크 NLI기초연구소가 발표한 저출산 대책 연구 결과로는 30년 뒤 인구의 3분의 1이 줄어들 것으로 예상되며 일본의 미래에 섹스돌은 실질적 위협이라고 경고했다. 일본의 저출산 문제에 대한 외국 언론의 보도 또한 이러한 방향으로 집중되어 있다.

러시아 글로벌 보도 전문 채널 RT는 다큐멘터리 '대체물(Substitutes)'에서 한 전문가의 말을 인용해, 일본인들이 섹스돌과 사랑에 빠진 나머지 '멸종 위기종'으로 전락했다고 보도했다. 영국 타블로이드 신문 '더 선'은 일본에서 첨단 가상현실(VR) 기술이 왜곡돼 섹스 산업에 접목되면서 VR 포르노 부스와 VR 발마사지숍까지 등장했다고 소개했다. 이러한 보도를 방증하듯 일본 도쿄 전자상가 아키하바라에 내걸린 광고판에는 보기에도 민망한 가상현실(VR) 포르노 부스 광고판이 즐비하다. 일본 포르노 업계는 이를 한 단계 더 업그레이드해

혼자 조용히 즐길 수 있는 부스까지 선보였다.

　세계적으로 가장 심각하게 한국과 함께 저출산 문제로 골치를 앓는 일본은 이를 타개해 나가기 위해 국가가 나서서 막대한 예산과 조직을 쓰고 있다. 한국 삼포 세대와 유사한 일본 사토리 세대의 이러한 일탈을 어찌할까?

제 9 장

단카이(團塊) 세대, 그들은 누구인가?

일본 단카이 세대만큼 좋은 의미건 나쁜 의미건 말 많고 탈 많은 세대도 없을 것이다. 그들은 태어날 때부터 지금까지 전후 일본 사회의 주역이었다. 오늘의 일본을 만들었고, 줄기차게 일본을 변화시켜 왔다. 그러는 동안 일본은 초일류국가로 성장하였고, 그들이 만들어 온 일본은 경제적 문화적으로도 세계 일류가 되었다. 하지만 이제 그들은 자신의 역할을 서서히 끝내고 무대에서 내려올 준비를 하고 있다. 아니, 그들을 위한 무대의 막은 이미 내려졌는지도 모르겠다.

단카이 세대란 2차 세계대전 직후인 1946~1949년에 태어난 일본 베이비붐 세대를 말하며, 대략 800만 명으로 추산한다. 이는 일본 경제기획청 장관을 지낸 경제평론가 사카이야 다이치의 소설 『단카이의 세대』(1976)에 처음 등장해 인구사회학적 용어로 정착되었다.

단카이 세대는 1960년대 고도 성장기부터 1970~1990년대 신화적인 경제 중흥기를 최일선에서 밀착 마크했다. 그들의 헌신은 세계의 주목을 받았으며 연구 과제가 되어 세계적인 레슨이 되었다. 그들은 전 세대와는 너무도 달랐다. 회색시대를 살아간 전 세대 사람들과는 달리 컬러풀했다. 그들의 색깔은 선명했다. 또한 근검절약만이 최고의 가치로 평가되던 이전 세대와는 달리 그들은 자신을 위해 투자하며 문화 여가생활도 충분히 즐기며 살아갔다.

단카이 세대를 상징하는 키워드는 전후 세계 각국이 경험한 최첨단 이슈들이다. 지독한 수험 전쟁과 모든 경쟁, 학생운동과 청년문화, 청바지, 신문화운동 등이다. 그들은 콜라, 햄버거 같은 미국 문화의 상징을 적극 수용하였고, 대중

소비세대의 주역이었으며 물질적으로 풍요로운 시대를 보냈다. 그때까지 일본 남성들과는 거리가 멀었던 컬러풀한 패션, 그룹사운드 음악, 포크송, 장발이 그들 세대의 상징이었다.

2007년은 문제의 한 해였다. 단카이 세대의 중심인 1947년생들이 정년을 맞이하는 해였다. 언론에서 이 문제를 요란하게 거론하였고, 일본 사회는 이들의 은퇴를 마치 사회 전체의 문제인 것처럼 비약해서 다뤘다. 갑자기 정년퇴직자들의 은퇴 문제가 사회 문제화되었다. 일본 사회는 고령화 시대 문제로 소란해지고 있었다.

정치권에서는 정년자의 고령화에 대비해 2006년 '고령자고용안정법'을 개정함으로써 정년 폐지 및 연장, 재고용제도 도입 등으로 은퇴자들이 경제 활동을 지속할 수 있는 방안을 마련했다. 2000년 일본 국세조사를 보면 단카이 인구수는 단카이 세대 직전보다 20%, 직후보다도 26%가 많은 약 680만 명이다. 그 중 일을 하고 있는 사람은 521만 명 정도였다.

단카이 세대는 인구가 급격하게 팽창된 세대이기 때문에 이제까지 경험하지 못한 새로운 도전에 직면했다. 그들은 진학, 취업, 결혼, 주택 등 모든 문제에 있어서 심각한 경쟁사회를 맞았다. 그러한 경쟁을 통해 단련되고 저돌적이 되었다. 동시에 단카이 세대만의 특징이 형성되었다. 그들은 자기들끼리 잘 뭉치고 매사에 강한 목소리를 냈다. 그 단합된 힘과 열정 그리고 풍부한 노동력으로 일본의 고도 경제 성장에 견인차 역할을 했다. 그러나 동시에 일본의 혼란기를 대변하기도 하였다.

이들은 1960년대 고도 성장기에 청소년기를 보내면서 1960년 미일안전보장조약 개정에 반대하는 '안보 투쟁'을 비롯해 이후 10여 년간 학생운동으로 사회 혼란기의 중심에 있었다. 1970년대 들어 학생운동이 시들해지면서 대부분의 학생은 취업을 앞두고 현실을 직시해야 했으며, 생활을 위해 이념과 현실 중 양자택일을 해야 했다. 그 결과 일본의 기성사회를 인정하고 취업을 선택하면서 기성사회에 편입되어 일본 경제 발전의 원동력이 되었다.

단카이 세대의 평생 현역

문제의 해인 2007년 단카이 세대들이 정년퇴직을 하게 되자, 이것이 갑자기 일본의 커다란 사회 문제로 비화되기 시작했다. 가장 일할 나이인 60세에 정년 퇴직으로 직장을 떠나게 되면 그들이 담당하고 있던 각 전문 분야에서 문제가 제기되었다.

특히 고도의 전문성이 필요한 컴퓨터 업계는 바로 문제가 발생했다. 컴퓨터 시스템 유지관리 분야는 기술 전승 문제가 대두되었고, 동시에 2007~2011년 5년 동안의 퇴직금 액수가 이제까지와는 현저하게 차이가 있었다. 약 50조 엔 이상 지급해야 할 거대한 액수는 모든 기업의 경영 압박 요인이 되었으며, 갑작스러운 고용자 감소도 약 100만 명 이상이었다. 단카이 세대의 대거 정년퇴직은 기업에 대한 직접적인 영향은 물론, 국가적으로도 국민연금, 보험 등에 주는 영향도 엄청난 것이었다.

뿐만 아니라 단카이 세대의 정년퇴직 이후의 라이프 스타일은 일본 사회 전 분야에 영향을 끼칠 것이었다. 그들의 소비 패턴에 따라 금융계와 연금 관련 기관은 붕괴될 수도 있어, 일본 정부와 대기업은 다양한 대책을 강구해야 했다.

첫째, 퇴직자의 재고용 또는 정년 연장 방안이 시급하게 마련되었다. 이는 일본 사회가 준비한 가장 효율적인 방안으로 단카이 세대를 가장 안정적으로 포용하는 결과를 낳았다.

둘째, 기술 연수 요원 양성으로 젊은 기술자에게 기술을 전승하는 의미에서 퇴직자를 연수지도원으로 기용했다.

셋째, 신규 사원 채용으로 일손 부족을 보충했다.

넷째, 법률로 정년 나이를 올리거나 기업에 의무적으로 재고용제도를 마련하기로 했다. 또한 단카이 세대의 퇴직금과 자유로운 시간을 겨냥한 새로운 비즈니스가 생겼다. 여행, 이주, 주택 리모델링 등이 그 예인데, 경제 효과는 15조 엔에 달했다.

일본의 대형 유통회사 '이온(AEON)'은 중장년층 시니어를 대상으로 '시간을 판다'는 마케팅 전략을 추진하였다. 이온이 시간과 체험을 파는 마케팅 전략을 도입한 데는 자유시간을 최대한 즐기고 활용하려는 일본의 '젊은 노인'들이 있기 때문이다. 젊은 노인이란 바로 '단카이 세대'로 불리는 전후 베이비부머들로, 그들은 젊은이들 못지않게 시간을 즐기며 경험하려고 한다. 이들은 건강할 뿐만 아니라 생각도 젊고 지식과 재력도 갖췄다. 'GG세대'라는 말은 일본의 한 유명 방송작가가 55~69세 장년층을 '위엄 있는 최상층(Grand) 세대'라는 뜻을 담아 지은 말이다. 'GG'는 '그랜드 제너레이션(Grand Generation)'의 줄임말이다.

유명 백화점 GG몰에는 편히 앉아서 책을 읽을 수 있는 서점이 있고, 애완동물과 함께 쉴 수 있는 식당과 카페, 피트니스 클럽, 컬처 교실, 365일 다양한 공연이 펼쳐지는 이벤트 홀까지 갖춰져 있어 특별히 물건을 사거나 쇼핑하지 않아도 고객들은 이곳에서 하루종일 즐거운 시간을 보낼 수 있다.

컬처 교실에는 150개 강좌가 있는데, 클래식 발레와 건강체조, 50세부터 시작하는 중국어, 건강 마사지, 장기·바둑, 스타 소믈리에가 안내하는 세계 와이너리

탐방, 수제 소바 제조법 등 매우 다양하다.

악기 전문점은 악기 판매와 함께 음악 스튜디오와 음악 교실을 제공한다. 스튜디오에서는 중장년 남성 아마추어 밴드들이 공연을 하기도 한다. '시니어 고객에게 나를 즐기는 장소를 제공한다'는 것이 이곳의 캐치프레이즈다.

일본 언론에서 말하는 '은퇴 후 10만 시간'은 단카이 세대가 가지는 10만 시간의 의미가 '평생 현역'이라는 것이다. 생계를 위해 일하던 것과 달리 그들은 계속 일하고 싶어 한다. 일본 정부는 법(고령자고용안정법)을 개정하여 2013년 4월부터 정년을 사실상 65세 이상으로 끌어올렸다. 60세 정년 이후에도 희망할 경우 65세까지 계속 고용을 의무화한 것이다.

그러나 민간 부분에서는 정부 정책이 나오기 이전부터 정년을 70세로 하거나 아예 정년을 없앤 기업들이 적지 않다. 주로 기술을 보유한 숙련 노동자를 대상으로 한 경우가 많다. 에어컨 제조업체인 다이킨공업은 시니어 직원을 위한 '유연근무제'를 적극 도입하고, '시니어 스킬 스페셜 리스트'라는 제도를 통해 70세 이상 고령자도 계속 일할 수 있는 등 친고령자 채용의 모범 사례로 꼽힌다.

평생 일할 수 있는 또 하나의 방법은 창업이다. 2016년 일본 중소기업 백서에 나오는 연령별 창업자를 보면 60세 이상 시니어가 전체 32%였다. 이들 상당수는 무리하지 않고 자기가 하고 싶은 일을 하면서 소소한 수입을 올리는 데 만족하고 있다. 일본에서는 이를 '프티(Petit, 소규모란 뜻) 창업'이라 부르기도 하는데, 대부분 1인 기업이 많고 사무실은 공유 스페이스를 이용하여 고정비용을 최소화한다. 분야는 현역 시절 하던 일이나 자기가 좋아하는 분야에 한정되는 경우가 많다. 사회공헌형 비즈니스도 일본 젊은 노인들이 주목하는 평생 현역 일자리다.

일본은 1998년 '특정비영리활동촉진법'을 제정해 환경, 간병, 교육 등 몇 개 분야에서 비영리 법인 설립을 촉진해 왔다. 현재 전국에 4만 개가 넘는 비영리 법인이 활동 중인데, 주로 고령자 간병 같은 지역이 주체가 되어 지역사회의 문제를 해결하는 사회적 기업 역할을 하고 있다. 집에서의 임종을 지원하거나, 추억의 미니 영화관을 운영하거나, 시니어 기자 활동을 지원하는 등 매우 다양하다.

더 중요한 이야기가 있다. 일본 단카이 세대들은 은퇴 후 10만 시간을 가족이나 사회가 아닌 '나만을 위한 시간'으로 채우려고 한다. 직장이라는 굴레에서 벗어나 자유롭게 시간을 쓰고, 직장에서 억눌러 왔던 욕구를 과감히 분출하며, 자신의 장례도 스스로 챙기는 등 시간을 주도적으로 쓴다.

단카이 세대의 이 같은 적극적인 활동을 일본에서는 '시활(時活)'이라 부르기도 한다. '시활'은 시간을 잘 활용한다는 것으로, 물질적인 것보다 시간이나 체험에 가치를 두고 있다.

단카이 세대의 '시활'은 주로 학습, 취미, 웰다잉이 있다. 일본 단카이의 젊은 노인들은 배우는 것에 돈과 시간 등 적잖은 노후 자원을 아낌없이 투자한다. 자신의 장례를 미리 준비하는 웰다잉 활동은 '종활(終活)'이라고 하는데, 젊은 노인들은 자신의 죽음도 주도적이고 적극적으로 준비하고 있는 것이다. 자신의 묏자리를 미리 정하고 묘지 이웃이 될 이들과 생전에 '묘 친구'가 되는가 하면, 혼자 사는 젊은 노인들은 '생전 계약'을 통해 자신의 사후에 필요한 장례 절차를 미리 계약해 두기도 한다.

또한 단카이 세대는 노년의 사랑도 적극적으로 찾아 나선다. 그들이 '시니어 싱글'이 되었을 때 결혼 시장의 주요 고객이 되고, 결혼정보업체들은 커플이 함께 걷는 워킹 프로그램, 가라오케(노래방) 소개팅, 남녀 동반 골프 등 다양한 이벤트를 통해 커플 성사율을 높이기 위해 노력한다.

그들은 도심 러브호텔의 주 고객층이다. 커플 중 어느 한쪽이 60세 이상이면 요금을 할인해 주는 시니어 요금제가 등장하는가 하면, 안전사고를 막기 위해 계단에 난간을 설치하고, 호텔 룸 테이블을 곡선으로 교체하고, TV 리모컨도 글씨가 큰 것으로 바꾸는 등 맞춤형 서비스를 제공하고 있다.

단카이 세대의 문제는 바로 우리의 문제다. 그들이 가는 방향이 우리의 길이기 때문이다.

제 10 장

격동의 7세기 그리고 일본의 탄생

아스카(飛鳥) 문화를 찾아서

몇 해 전 일본 오사카를 방문했을 때 일이다. 도착하자마자 찾아간 오사카성은 복원 공사가 한창 진행 중이있다. 무심히 오사카성 입구 안내문을 읽던 나는 서두에 쓰여 있는 '나니와(難波)의 꿈을 되살리기 위한 작업'이라는 글자를 읽는 순간 다리가 휘청거렸다. 벤치에 앉아 눈을 감고 있는 내 귓전에 수만 명 백제 유민들의 처절한 목소리가 들리는 것 같았다.

동시에 '저 나니와의 꿈은 무엇인가?' 생각했다. 1400년 전의 질풍노도가 내 눈앞에 펼쳐지고 있었다. 동아시아의 7세기는 바람이 불고 땅이 꺼지고 하늘이 갈라지는 질풍노도의 시기였다. 21세기 오늘의 세계보다도 훨씬 큰 격랑의 시기였다. 서구는 19세기가 되어서야 비로소 민족이니 국가니 하는 문제가 격하게 제기되었지만, 동아시아에서는 이미 7세기에 민족과 국가의 문제로 장대한 혈투가 벌어졌던 것이다.

대체 그때 동아시아 제국에 어떤 일이 벌어졌던 것일까?

한국과 중국과 일본에 무슨 일이 벌어졌을까?

7세기 당시 고구려, 백제, 신라, 중국, 왜국에 무슨 일이 있었던 것일까?

동아시아 역사는 정말 서로 얽혀 커다란 한 덩어리로 굴러가고 있었을까?

이러한 의문들을 풀지 않고는 오늘의 동아시아 역사는 풀지 못한다. 당시 인간 군상들이 만들어 간 역사의 순간들이 하나하나 내 눈앞에 펼쳐졌다.

아스카 그리고 나니와

일본사에 있어서 가장 이상하고 아름다운 이름은 아스카(飛鳥)다. 일본어로도 발음이 안 되고 우리말로도 이상하다. 결국 그 유래는 역사적 의미로 풀어야 할 것 같다.

많은 사가(史家)들의 의견이 일치하는 것은, 아스카라는 이름은 한반도에서 일본으로 건너간 백제인들이 당도한 땅을 '안숙'이라고 부른 데서 유래되었다는 것이다. 백제 땅에서 출발해 거칠고 험한 현해탄을 건너는 오랜 항해와 모험 끝에 찾은 육지에 안도감을 느낀 한반도인들이 드디어 편안하게 도착했다는 뜻으로 '안숙'이라는 이름을 붙였고, 점차 아스카로 불렀다.

왜 아스카인가? 아스카는 비조, 즉 날새다. 조국 백제를 버리고 험하고 무서운 뱃길을 건너 남의 나라 땅에 도착한 그들은 오직 내일에 대한 희망 하나로 견뎌 냈을 것이다. 날이 새고 내일이 오면 다 괜찮아질 거라는 희망, 그곳에 새 나라를 세우고 잘 살아보자는 희망, 그래서 그곳은 아스카이고 점차 백제인들이 생각하는 조국과 다름 없는 나라가 되었고, 일본어로도 오늘의 '나라'라는 지명이 되었을 것이다.

일본사에서 가장 중요한 인물 중 한 부류는 '도래인(渡來人)'이다. 그들은 주로 한반도에서 건너간 삼국시대 인물군을 말하는데, 일본사에 없어서는 안 될 커다란 역할을 해 왔다.

아스카 다음으로 이상한 지명은 나니와(難波)다. 백제 유민들이 망해 가는 조국을 떠나 험난한 여정 끝에 그들의 배는 대부분 부서지고 깨어졌을 것이고, 그 난파선이 도착한 일본 땅은 그야말로 난파였을 것이다. 이제는 희망의 날 새이기보다 절망의 난파가 되었을 것이다. 그것 또한 역사적인 의미로 패망한 조국에 대한 절망의 표현이 아닐까. 날새는 평화로운 때 행운아들의 얘기이고, 난파는 한참 후에 도착한 망국 유민들의 이야기일 것이다. 나니와는 지금의 '오사카'다. 희망의 아스카 '나라'든 절망의 난파 '오사카'든 모두 백제 유민들이 이름 붙여 악착같이 살고자 한 땅이다.

백제 유민들이 특히 많이 모여 살던 곳은 나라, 교토, 오사카 지역의 한가운데 오미(近江) 지역이었다. 예로부터 일본인들이 말하기를, 오미 지역 사람들이 앉은 자리에는 풀도 나지 않는다고 하였다.

이 지방은 전통적으로 상인들이 많이 배출되었다. 대표적인 사람은 현대 일본 제일의 부자, 세이부백화점과 오미철도 세이부 그룹 창업자 쓰쓰미 야스지로(堤康三郎)다. 이들은 오사카 인근에 본사를 두고 있다. 오미 사람들은 무서운 근검절약으로 부를 축적해 왔으며, 그들도 나라 잃은 사람들의 공통점을 가지고 있다. 세계 곳곳을 떠도는 나라 잃은 유대인들의 상인 정신도 그렇고, 고려 개성상인들도 그러하다.

이러한 사람들이 만든 아스카 문화는 일본사에 있어 가장 현란하고 의미 있는 문화로 발전했다. 아스카 문화는 일본의 역사서 『일본서기(日本書紀)』와 『고사기(古事記)』에 전하는 대로 5세기 초 404년 백제 근초고왕의 신하 아직기(阿直岐)가 일본에 마필과 승마술을 전하면서 공식적으로 시작되었다. 아직기의 천거로 왕인(王仁) 박사가 일본에 건너가면서 본격적인 백제 문화 도입이 시작되었고, 아스카 문화가 꽃을 피우게 되었다. 그래서 왕인은 일본 문화의 시조로 평가받고 있다.

그러나 진정한 아스카 문화의 전성기는 스이코(推古) 천황이 즉위한 592년부터 645년까지를 말한다. 이 시대 대표적 인물이며 일본 전국시대의 오다 노부나가와 함께 역사상 가장 매력적인 인물 중 하나로 평가받고 있는 쇼토쿠 태자가 섭정하던 시대였다.

당시 왕권은 허약했고 지방 토호세력들이 발호하던 시기에 쇼토쿠 가문인 백제계 소가씨(蘇我氏)가 국가통합 철학으로 불교를 도입하고자 했으며, 모노노베씨(物部氏)를 비롯한 일본 전통 신토(神道)를 숭상하는 가문들과의 처절한 권력 투쟁에서 승리하였다. 쇼토쿠 태자는 권력 투쟁에서 승리하여 조정 전권을 장악했고, 일본은 원시적 상태였던 정치 문화가 비약적으로 발전했다. 소가씨의 막강한 지지와 안정된 정국을 토대로 쇼토쿠 태자의 중앙집권적 정치 체제가 본격적으로 정비되었다. 다시 말해서 백제 세력을 기반으로 하는 쇼토쿠 태자의 불교 문화와 호국불교 정치가 꽃을 피우기 시작하였다.

당연히 불교는 지배층의 종교로 수용되었고 지방 호족에게까지 널리 전파되었다. 덩달아서 이전까지 신(카미사마)은 인간 세상에는 거하지 않는다는 믿음으로 신사라는 건축물이 없던 신토의 신사도 불교 사찰 모습으로 자리하게 되었다. 그래서 일본 신사와 사찰은 겉모습만으로는 구분하기 어렵다.

쇼토쿠는 598년 고구려 기술자들을 초청하여 법륭사(호류지) 건립에 착수했으며, 610년에는 고구려 승려 담징으로부터 불교뿐만 아니라 유교와 물감, 종이, 먹 제조 기술 등을 전해 받았다. 쇼토쿠 태자는 사천황사, 법륭사 등 41개 사찰을 건립했다고 추정된다. 특히 법륭사는 일본뿐만 아니라 세계 최고(最古)의 목조 건축물로 남아 있으며, 현재 일본 제실 박물관에 소장되어 있는 쇼토쿠 태자 초상화는 백제 성왕의 아들 아좌 태자가 그린 것으로 원래 법륭사에 걸려 있었다고 한다.

쇼토쿠 태자는 수양제에게 보낸 서한문에 "해 뜨는 나라의 황제가 해지는 나라의 황제에게 보낸다"는 문구로 당시 세상을 놀라게 했다고 한다. 수양제는 이걸 보고 크게 분노했지만, 당시 고구려 원정 준비가 한창이던 터라 일본에 군사를 보낼 형편은 아니었다. 이렇게 고대 일본 최고의 정치 문화를 구가했던 아스카 시대의 주역이 바로 쇼토쿠 태자였다.

그는 백제건 고구려건 상관없이 선진 문화 도입에 전념했다. 서기 588년 법흥사(호코지)에 부처님 사리탑이 세워질 때는 일본 왕실의 장관들이며 고관대작들 모두 백제 옷을 입고 봉안식에 도열했다. 아스카 문화의 극치인 회화에 있어서는 백제뿐만 아니라 고구려 문화유산이 들어 있다. 고구려 영양왕은 고승 담징을 보내 쇼토쿠를 도와 사찰 벽화를 그리도록 하였다. 담징이 그린 법륭사 금당벽화와 약사상, 석가삼존상은 경주 석굴암의 불상과 중국 운강의 석상과 함께 동양 3대 예술품의 하나로 알려져 있다.

다이카 개신과 일본의 탄생

그러나 빛이 있으면 그림자가 있는 법. 나라의 큰 불사와 국가 행사로 재정이 궁박해지고 백성들의 삶은 날로 피폐해져 갔다. 이러한 사실은 막강한 권력자 쇼토쿠가 세상을 떠난 뒤 더욱 표면화되어 더 이상 버틸 수 없게 되었다. 나라는 근본부터 혁신되어야 했다. 그러던 중 중국에 유학하여 수·당의 선진 문화와 정치제도를 배워 온 유학생을 중심으로 한 혁명세력은 645년 6월 황족 나카노 오오에(中大兄)와 나카토미노 카마타리(中臣鎌足)가 중심이 되어 소가씨 가문을 일거에 제거하고 새 나라를 열었다.

쿠데타 당시 반군 장수들이 소가 가문의 수장 소가 이루카를 감히 죽이지 못하고 우물쭈물하고 있을 때, 곧바로 칼을 휘둘러 단번에 그를 죽인 사람이 바로 백제 의자왕의 아들 왕자 풍(豊)이었다. 그는 의자왕의 지시로 어린 시절부터 형제국 일본에 건너와 제왕 수업을 받고 있었다. 풍은 후에 일본 원정군 장수로 나당연합군과 백강 전투에 참전하였고, 마지막까지 백제 총사령관으로 군을 지휘하다 장렬하게 전사했다.

소가씨가 살해되고 다음 날 고토쿠(孝德) 천황이 즉위하였으나, 정치는 실질적인 권력자 나카노 오오에가 맡았다. 고토쿠 천황은 통치 전반기에 다이카(大化)라는 연호를 채택하였는데, 이를 다이카 개신(大化改新)이라 한다. 다이카 개신의 핵심은 그동안 귀족들이 소유하고 있던 땅과 백성들을 모두 천황의 소유로 한다는 것이다. 이는 중국 춘추전국시대 '존왕양이(存王攘夷)'의 철학을 차용한 것으로 세금을 걷기 위해 호적제도를 만들어 백성들을 관리했으며, 그에 필요한 행정기관도 만들었다.

이 다이카 개신을 통해 야마토 정권에 남아 있던 씨족사회 잔재들이 대부분 사라지고, 비로소 완전한 고대국가로 나아갈 수 있었다. 이것이 19세기 1868년에 벌어진 메이지 유신의 텍스트가 되었다. 메이지 유신 혁명가들은 '존왕양이'의 기치를 높이 들고 대살육을 감행했다. 그러나 사가들이 평가하기를, 7세기의 다이카 개신이 19세기의 메이지 유신보다 훨씬 더 정교하고 잘 만들어진 것이라고 했다.

나당연합군이 백제를 멸망시킬 때 야마토 정권은 형제국인 백제를 돕기 위해 군대를 보내지 않을 수 없었지만, 원정은 백강 전투의 패전으로 대실패로 끝나고 말았다. 이 과정에서 천황도 목숨을 잃고, 나카노 오오에 황자가 천황 자리에 올라 덴지(天智) 천황이 되었다. 그는 다이카 개신의 정신으로 나라를 다시 세우는 큰 뜻을 실행에 옮겨야 했다. 607년 쇼토쿠 태자가 수양제에게 보낸 편지에서 "해 뜨는 나라의 황제가 해 지는 나라의 황제에게 편지를 보내니 이를 받아보기 바란다"라고 한 이래 40여 년 만에 일본이라는 국호가 덴지 천황에 의해 공식적으로 사용되기 시작했다. 즉 일본국이라는 국호가 오미 궁에서 탄생한 것이다. 실제로 이 이름을 붙인 사람이 '백제인'이라는 사실이 『일본상고사』에 기록되어 있다.

그러나 덴지 천황은 무리한 전쟁과 새 도읍 건설 등으로 백성들의 원망을 사게 되었고, 다이카 개신으로 세력을 잃은 귀족들도 불만이 쌓여 있었다. 그러던 중 덴지 천황이 죽고 그의 아들이 천황에 오르자 동생 오아마가 반란을 일으켜 내전이 일어났다. 이것이 672년에 벌어진 '임신(壬申)의 난'이다.

이 전쟁에 직접적인 이해관계가 얽혀 있는 한반도에서 건너간 백제와 신라 사람들도 참전했다. 천황 편에는 백제 사람들이, 반란군 쪽에는 신라 사람들이 참전하고 있었다. 결과는 한반도에서처럼 신라 쪽의 승리로 끝났다. 이렇게 해서 천황의 자리를 빼앗은 오아마는 덴무(天武) 천황이 되어 형의 뒤를 이어 개혁을 완수했다. 그 의미는 일본 내에 100여 년에 걸친 구백제 세력을 몰아낸 것이며, 그 결과 도읍을 아스카(나라)에서 나니와(오사카)로 옮긴 것이다.

덴무 천황과 혁명 세력들은 왜 아스카에서 나니와로 수도를 옮긴 것일까? 나니와의 꿈은 무엇이었을까? 국호를 일본으로 확정하고 수도를 옮겨 그들은 다시 시작하고자 했다. 이제 일본은 새롭게 태어나 진정 해 뜨는 곳으로 자리매김하고자 했다. 1,200년 후 메이지 유신의 영웅들이 꿈꾼 것처럼 그들은 일본을 세계 속에 우뚝 설 수 있는 나라로 만드는 꿈을 꾸기 시작한 것이다.

그들은 또한 이때 『고사기』, 『일본서기』 등 일본 최고의 역사서를 펴냈다. 이 두 역사서는 일본 역사의 아버지라 불리는 백제 유민 출신 역사가 오노 야스마로(太安萬侶)가 썼다. 그는 덴무 천황의 지시로 새로운 역사서를 써 내려가며 한반도와 나당연합군에 대한 분노와 복수심을 감추지 않았다.

그때 김춘추는 사면초가인 신라에 구원군을 요청하기 위해 다이카 개신을 일으킨 왜국에 입국하여 쿠데타에 성공한 고토쿠 천황을 만났다. 하지만 그를 만나는 순간 함께 천하를 논할 상대가 아니라는 사실을 알았다. 그는 천황 자리를 명목상 가지고 있었고, 실권은 당 유학생 그룹과 이들을 대표하는 나카노 오오에 황자에게 있다는 사실을 알게 되었다. 나아가 백제계의 소가 가문이 멸족되었다고는 하지만 백제계가 무너진 것은 아니었다. 그들은 모두 같은 백제계로 구 보수 세력과 신흥 세력 간의 싸움일 뿐이었다.

그건 김춘추의 오산이었다. 다이카 개신으로 일본 내에서는 백제계가 무너지고 새롭게 신라와 손을 잡을 수 있지 않을까 하는 생각으로 일본으로 건너온 것이었다. 그러나 일본 궁내에서 다이카 개신의 주역 중 한 사람으로 활약하던 백제 왕자 풍이 그러한 김춘추의 뜻을 눈치채고 그를 죽이려고 연회에 초대하였으나, 눈치 빠른 김춘추는 이미 당나라로 도주한 뒤였다.

이쯤에서 일본 규슈 후쿠오카에 대해 말해 두어야 할 것이 있다. 후쿠오카는 규슈 최대 항구이며 한반도와 연결되는 가장 지름길이다. 후쿠오카에는 우선 다자이후 텐만궁(太宰府 天滿宮)이 있다. 다자이후는 백제와의 교역과 연락을 위해 건립된 옛 규슈 지역의 중앙행정관청이었다. 이곳에 학문의 신사(神社)가 있는데, 매년 1월 입시철이 되면 자녀들의 합격을 기원하는 부모들과 학생들로 발 디딜 틈 없이 붐빈다.

그리고 일본의 학신 스가와라노 미치자네(管原道眞)를 모시는 신전이 있다. 그는 신라계 도래인으로 시인이자 학자이며 철학자로 억울한 누명을 쓰고 후쿠오카로 유배를 왔는데, 그가 죽는 날 무수한 매화나무 가지가 교토에서 규슈로 날아와 하룻밤 사이에 6천 그루나 꽃을 피웠다는 전설이 있다. 그에 대한 일본인들의 애틋한 마음이 매화로 꽃피었던 것이다. 그래서 후쿠오카는 일본에서 매화가 가장 일찍 피는 것으로도 유명하다.

그리고 삼국시대의 종언

이 격동의 7세기에 일본은 탄생되고, 한국의 삼국은 각자 생존을 위해 몸부림치고 있었다. 그 한가운데 서서 역사의 물줄기를 돌리려는 세 영웅이 있었다. 신라의 김춘추, 백제 의자왕 그리고 고구려 연개소문이 그들이다. 이제 뜨거운 가슴으로 묵묵히 그들을 따라가 보기로 한다.

보수 진영의 마지막 리더, 대막리지 연개소문

신라 김춘추, 백제 의자왕 그리고 고구려 연개소문은 삼국시대의 마지막 영웅이다. 그들이 펼친 7세기 중엽의 대하 드라마는 숨가쁘기만 하다. 당시 일본의 역사를 이해하려면 먼저 삼국시대 역사를 살펴보아야 한다. 7세기에 한반도의 두 나라는 외세에 의해 멸망했어도 그들의 피 맺힌 역사는 정확히 알아야 한다. 그리고 신라의 백제와 고구려 두 나라에 대한 엄청난 부채 의식과 그로 인한 눈물겨운 대당 민족전쟁의 전모를 알아야 한다. 전쟁 당시 노인과 부녀자들까지 나서서 보자기에 돌을 나르던 그 모습들을….

660년 나당연합군은 수륙 양동작전을 펼쳤다. 그때 육군 총사령관은 태종 무열왕 김춘추의 절친인 66세 노장 김유신이고, 수군은 당나라 대총관 소정방이었다. 아버지 당 태종이 '정관의 치' 일환으로 천하통일을 목표로 중국 주변의 이민족을 모두 점령하고 마지막 남은 고구려를 밟으려다 안시성에서 양만춘에게 일격을 당해 실명하고 그 후유증으로 결국 죽게 되면서, 아들 고종에게 마지막 유언으로 절대로 고구려를 침공하지 말 것을 당부한 지 10여 년이 흘렀다. 당 고종은 인내하고 또 인내하다가 자신에게 구원을 요청한 김춘추의 신라를 이용하여 수륙 양동작전으로 한반도를 침공했다. 이를 위해 성동격서(聲東擊西), 막강한 고구려는 놔두고 먼저 남쪽의 백제를 치기로 하였다.

고구려는 건국 이래 북진정책을 추진해 오다가 보수 진영의 마지막 왕이며 막강한 권력을 행사하던 영양왕이 사망한 후 아들 건무 영류왕이 느닷없이 평화를 기치로 내걸며 남진정책으로 급히 유턴하니, 당대 보수 진영의 군부 세력들이 거세게 반발했다.

먼저 612년(영양왕 23년) 수나라 30만 대군이 침공했을 때 을지문덕의 고구려군이 살수(지금의 청천강)에서 수나라 군대를 수장 몰살시킨 것처럼, 그들은 북방 문제라면 언제나 자신만만하여 자다가도 벌떡 일어나는 사람들이다. 그렇기에 영류왕은 평화주의 남진정책을 확실하게 추진하기 위해 북진정책의 최선두인 을지문덕 장군 등 이미 전설이 되어 버린 군부 강경파들을 제거하기 시작했다. 이는 고려 말 이성계가 보수 세력의 수장이자 북진정책의 군부 강경파 최영과 그 일파를 제거한 것과 같다.

연개소문의 부친 연태조 또한 을지문덕과 함께 보수 세력 군부 강경파의 리더로서 그 역시 을지문덕에 이어 의문의 죽임을 당했다. 군부 소장파의 리더 연개소문도 즉시 좌천되어 변방 천리장성의 군역을 하게 되었다. 연개소문은 아버지 뒤를 이어 동부대인의 지위로 리더로 성장하다가 갑자기 철퇴를 맞아 먼 요동 지방으로 쫓겨가 성 쌓는 일을 하게 된 것이다. 그는 이때부터 살아 있으되 살아 있지 않음만 못한 삶을 연명하게 되었다.

그러던 중 드디어 그에게 하늘이 주신 기회가 왔다. 행운의 여신은 언제나 뒤통수만 보여 주어 꼭 지나간 뒤에야 알게 되지만, 그는 여신의 얼굴을 정면으로 보게 되었다. 정치적 우여곡절 끝에 연개소문은 왕궁 행사에 왕을 모시고 군 사열식을 하게 되었다. 이 천재일우의 기회를 건곤일척 쿠데타의 기회로 만들기로 작정했다.

그는 아우 연정토와 함께 왕궁이 있는 장안성 남쪽에서 서부 병마 대열식을 개최하여 모든 수도 왕성의 대신과 귀족들 수백 명을 초청하였다. 하늘은 그의 편이 되어 아무도 연개소문을 의심하지 않았으며, 수행원들도 행사에 참석했다. 영양왕 당시의 보수 진영은 이미 괴멸되어 사라졌으며, 연개소문 일파 또한 철저하게 무시당하고 있었다.

오랜 세월 절치부심하던 연개소문은 오늘을 기다려 왔다. 하늘과 땅에 기도하고 맹세하던 그날 그 순간, 그는 부하 장수 수백 명을 곳곳에 잠복시켜 무심하게 참석한 고구려의 신흥 지배 세력들을 일거에 몰살시켰다. 아비규환의 시간이 지나고 그는 직접 왕궁으로 향했다. 그리고 가차없이 64세 된 건무 영류왕의 목을 베었다.

다음 날 연개소문은 영류왕의 죽음을 알리고, 그의 아우 보장을 옹위하여 왕위를 계승케 하니 그가 고구려 마지막 왕 28대 보장왕이다. 연개소문은 스스로 '태대대로(太大對盧)'라 칭하고 후에 대막리지가 되어 고구려 역사상 최고 최대의 권력자가 되었다. 모든 문무백관들이 그 앞에 무릎을 꿇었다. 다만 한 사람 안시성의 양만춘은 그가 왕궁으로 불러도 가지 않았고 끝까지 무릎을 꿇지 않았다.

사실 영류왕이 북진정책을 포기하면서 대당 외교를 평화정책으로 바꾼 이래 보수 진영의 군부 강경파를 자극한 배경은 여러 가지가 있다. 먼저 그는 수나라 전쟁포로 1만여 명을 당나라로 돌려보냈고, 당 태종 이세민에게는 황제 취임 기념으로 고구려 지도 '봉역도(封域圖)'를 선물했다. 그리고 살수에 묻혀 있는 수나라 병사의 위령제를 지내고, 한술 더 떠서 고구려 전승기념비를 허물기까지 했다. 이는 그야말로 평화를 넘어 항복에 가까운 행동이었다. 대당 강경파들 눈에는 이것이 고구려가 거둔 승리의 역사마저 부정하는 패배주의의 극치를 이루는 엄청난 굴욕으로 비춰졌다. 실로 어불성설이었다.

그러던 차에 연개소문이 쿠데타를 일으켜 친당파인 영류왕을 죽이고 권력을 장악하자 대당 정책이 급변하여 반당 초강경책으로 변하니, 당 태종은 어차피 하기로 한 고구려 정벌을 이를 빌미로 앞당겨 감행한 것이다.

644년 보장왕 3년, 당 태종은 드디어 원정에 나섰다. 난공불락의 요동성, 백암성이 무너지고, 보다 작은 안시성(安市城)을 함락시키려 할 때 안시성의 결사항전으로 당나라 군대에 큰 타격을 안겼다. 결국 당나라군의 첫 번째 고구려 원정은 실패로 끝났다.

단재 신채호의 『조선상고사』에는 연개소문이 안시성과 오골성 등의 군사 요충지에 병력을 집중시키기 위해 다른 성의 병력을 일부러 철수시키는 작전상 후퇴였으며, 안시성에서 고구려 양만춘군이 당나라 이세민군과 싸울 때 연개소문은 성 밖에서 후방 지원을 하고 있었다고 했다. 또한 연개소문이 퇴각하는 당 태종을 추격해 당나라 내륙까지 쳐들어가 중국인들이 공포심으로 그를 추앙하였다고 한다. 결국 신채호는 연개소문이야말로 '조선 역사 4,000년 이래 최고의 영웅'이라고 평가했다. 조선조 말 열강의 침략 속에서 조선의 자존심으로 연개소문을 지칭한 것이다.

천하무적 연개소문의 고구려는 동아시아의 막강 패자로 군림하였다. 천하의 당나라도 일본도 그를 두려워하여 감히 고구려를 넘보지 못했다. 그러나 역사의 자연법칙은 항상 살아 움직이며 예외는 없었다. 고구려 멸망도 그렇게 진행되었다.

문제는 밖에 있지 않았다. 연개소문이 죽은 뒤 맏아들 연남생이 막리지 직위를 계승하였으며, 그의 두 아우 연남건과 연남산은 형을 도와 국사를 돌보았다. 그러나 주위 사람들은 이 삼형제 사이를 이간질하였고, 결국 연남건과 연남산은 연남생의 아들 연헌충을 살해하였다. 이후 연남생은 국내성에 숨어 있다가 자신의 무리들과 거란, 말갈병 등을 이끌고 당나라에 투항해 버렸다. 이렇게 혼란스러운 와중에 연개소문의 아우 연정토는 12개 성을 가지고 신라에 투항해 버렸다. 결국 668년 당 고종과 신라의 침략을 받은 고구려는 스스로 멸망하고 말았다. 대고구려는 이렇게 싱겁고 우습게 끝나 버렸다.

의자왕과 태종 무열왕

백제 사비성은 성왕의 천도로 538년부터 660년 백제가 멸망할 때까지 백제 왕조 최후의 수도로 소부리(所夫里)라고도 불렸다. 현재 충청남도 부여군 부여읍 부소산성과 나성 그 일대를 말한다. 도심부는 나성으로 둘러싸여 있고, 안쪽에는 부소산성이 자리잡은 2중 성곽 구조였고, 사비성은 당시 15만 명이 살았던 큰 도시였다. 지금 부여 인구는 3만여 명, 백제 멸망 당시에는 76만 가구에 620만여 명이었다.

신라 선덕여왕 11년, 백제 의자왕 2년(선왕 무왕, 서기 642년 7월), 의자왕은 아버지 무왕의 상(喪)이 끝나기도 전에 군사를 일으켰다. 나라와 임금을 위해 충성을 다한 좌평 성충이 이의 불가함을 눈물로 호소하였지만 의자왕은 군사를 일으켰다. 그는 신라에게 빼앗긴 옛 땅 탈환을 필생의 과업으로 생각해 왔다. 562년 신라의 영웅 진흥왕 때 장수 이사부와 그의 부장 사다함에게 백제는 수백 년 동안 동맹국이자 형제국이었던 가야제국의 대가야를 마지막으로 멸망하고 신라에 빼앗긴 바 있었다.

가야국은 백제와 신라의 완충지대로서 백제를 도와 주는 전통의 선린국이었다. 신라국은 이런 가야국을 못마땅하게 생각하여 평소 기회만 노리고 있다가 진흥왕 때 전면적인 침략을 감행하여 아주 멸망시켜 버렸다. 물론 가야제국의 가장 중요한 물산인 철이 주목적이었다. 백제는 이를 역사적 치욕으로 생각하여 복수를 꿈꾸고 있었다.

백제군은 가장 먼저 신라 도독부가 설치되어 있는 대야성(합천)을 공격했다. 이곳은 신라가 백제를 견제하기 위한 최전방 전진기지요 옛 가야제국의 중심부였다. 대야성은 군사적으로 매우 중요한 요충지로 신라가 가장 중요시하는 최전방 기지였다. 성주는 대화랑 출신인 김품석, 아내는 김춘추의 딸 고택소랑이었다. 백제의 기습공격으로 대야성은 일시에 함락되었고, 성주 김품석은 아이들과 부인을 죽이고 자결했으며, 신라군의 용장 죽죽과 용석은 마지막까지 싸우다 자결하였다. 이때 백제 대장군 윤충은 적개심에 불타 신라 도독 김품석과 그 부인의 수급을 소금에 절여서 가져갔다.

선덕여왕 11년 7월에 벌어진 신라 대야성 함락 소식은 7세기 역사를 바꾼 중대한 단초가 되었다. 비담과 김춘추는 신라 조정의 양대 산맥이었지만, 둘의 사이는 아주 나빴다. 당시 신라 실세 비담과 염종은 수도 금성 태생으로 중앙 귀족 출신이고, 김춘추는 중앙 귀족 출신이지만 옛 가야국 사람들과 지방 토호들이 옹호하는 인물이었다. 그들의 권력 투쟁은 선덕여왕조차 어쩌지 못하는 커다란 문젯거리였다.

이 패전 소식은 비담에게 절호의 찬스였다. 비담은 여왕 앞에서 대야 성주 김품석은 화랑의 명예뿐 아니라 신라의 명예를 더럽혔으며, 장인 김춘추에게는 씻을 수 없는 수치와 불명예를 안겨 준 일대 사건이라고 공개 비판했다. 이러한 비담의 공격에 여왕은 예상과 달리 이를 엄히 추궁하기는커녕 김춘추의 슬픔을 더 걱정하고 당장 복수하겠다고 펄펄 뛰었다. 이를 바라보며 비담은 선덕여왕에 대한 반란을 결심하기에 이르렀다. 비담의 쿠데타는 김춘추와 가야 출신의 김유신에 의해 진압되었지만, 선덕여왕은 그 와중에 사망하고 말았다.

그 뒤를 이어 왕위에 오른 진덕여왕 승만은 키는 7척이고 손을 늘어뜨리면 무릎 아래까지 닿을 만큼 늘씬하고 자질도 훌륭하였다. 경주 김씨 신라 왕가는 원래 체격이 컸다. 그러한 신라 김씨 왕조에서 지증왕, 법흥왕, 진흥왕, 무열왕, 문무왕 등 발군의 인물들이 나와 삼국통일의 발판을 마련하고 통일을 주도했다. 근래 들어 고고학계에서는 이 신라 김씨 왕족이 북방 유목 기마민족인 흉노계이며 이 집단이 북방에서 경주 지역으로 이동하여 집권 세력이 되었다는 주장을 공개적으로 제기하고 있다.

그 근거로 신라 김씨 왕족이 지배층으로 등장한 4세기 중반부터 6세기 초까지 왕들은 내물마립간, 지증마립간으로 불렸다. 마립간(麻立干)은 여러 부족의 대표자란 뜻인데, 그 어원이 유목민족의 칸(칭기즈칸의 칸)과 같은 것이다. 이 김씨 왕족의 무덤이 경주 고분이다. 더 많은 이야기가 있지만, 이 책의 의도와 어긋나기에 생략한다.

진덕여왕이 즉위하자마자 김춘추는 위기에 처한 신라를 구하기 위해 사방으로 뛰어다녔다. 심춘추가 고구려에 군사 지원을 요청하러 갔을 때 연개소문은 신라의 영웅이라는 그를 한칼에 죽이려 했다. 그러나 김춘추를 보는 순간 그는 마음을 놓았다. 김춘추는 체구도 작고 흰 얼굴에 목소리도 작고 눈은 항시 웃는 낯으로 마치 어린 소년을 마주하는 듯하였다. 연개소문은 무서운 얼굴로 김춘추를 내려다보면서 말했다.

"네가 여기는 무엇 하러 왔느냐?"

그는 김춘추가 자신을 두려워해 감히 한마디도 못할 줄 알았다. 그런데 김춘추는 조용한 말투로 천하의 연개소문 앞에서 이렇게 말했다.

"고구려와 백제가 형제국이라 하지만, 백제왕 근초고는 귀국의 고국원왕을 죽였고, 이에 장수왕께서는 한성을 함락하여 백제 개로왕을 죽여 원수를 갚은 바 있습니다. 지금 백제의 젊은 왕 의자는 신라로 쳐들어와 40여 개 성을 빼앗고 마침내 대야성을 쳐 저의 못난 사위 김품석과 딸 소랑의 목을 빼앗아 갔습니다. 저는 어찌해야 하겠습니까?"

그리고 바닥에 엎드려 눈물로 하소연하는 김춘추를 내려다보며 연개소문의 살의는 점차 사라져 갔다. 또한 아우 연정토와 대신들이 간언하기를, 그까짓 소국의 김춘추를 죽이기보다는 나라 정국을 안정시키는 것이 더 시급하고 중요하다 하였다.

결국 연개소문은 김춘추를 풀어 주었다. 고구려의 군사 지원은 커녕 자신의 목숨만 간신히 구해 귀국길에 오른 김춘추는 다시는 고구려와 동맹을 추진하지 않으리라 맹세하였으며, 동시에 연개소문에게 오늘의 치욕을 꼭 되갚아 주리라 결심했다.

이후 김춘추는 적극적인 친당 정책을 추진하여 당 태종으로부터 백제 공격을 위한 군사 지원을 약속받았다. 김춘추에 의한 친당 정책은 650년 신라가 자주적인 연호를 버리고 당나라 연호 영휘(永徽)를 신라 연호로 채택하는 것으로 시작하였다.

친당 외교와 내정 개혁을 통해 신장된 가야 등 신진 귀족 세력의 힘을 기반으로 김춘추는 진덕여왕이 죽은 뒤에 처음으로 화백회의에서 섭정으로 추대되었다. 그리고 일시적으로 제휴했던 막강한 구 귀족 세력 대표인 상대등 알천을 배제시키고 왕위에 올랐다. 이때 알천이 화백회의에서 한 말이 재미있다. 그는 자신이 너무 늙었으며 덕이 부족하여 도저히 왕재(王才)가 아니라고 사양하였다. 대신 천하의 영웅 김춘추를 천거하였으니 그가 태종 무열왕이다.

권력 투쟁의 막후에서 김춘추와 가야와 신진 귀족 세력이 얼마나 많은 준비를 하고 힘을 길러 왔는지 가늠할 수 있는 대목이다. 왕위에 오른 김춘추는 왕권을 철저하게 친족 체제로 강화하였고, 그의 영원한 동지이자 가야 세력의 대표인 김유신을 최고 지위인 상대등에 임명했다.

아, 백제여

김부식의 『삼국사기』를 보면, 당시 백제는 나라의 기운이 다하여 조정은 황음에 빠지고, 암탉과 참새가 교미하고, 여우가 궁중으로 들어오고, 낮밤 가리지 않고 귀신들이 곡을 하고, 절 탑이 벼락에 맞아 떨어지고, 미친 개들이 짖어대고, 궁 안의 괴목이 곡을 하고, 왕도의 우물물이 핏빛이 되었다고 한다.

수륙 양군으로 나누어 백제를 침공한 나당연합군은 육군을 맡은 신라군 5만 정병이 사비성으로 향했다. 660년 5월 26일 13만 당군 총사령관 소정방과 신라 태자 법민은 서해 덕적도에서 만나 밤새 나당연합 작전 계획을 세웠다. 한편, 육군 대장군 김유신의 신라군 5만은 부여 사비성으로 가는 최단 코스인 논산 황산벌로 진격하여 사비성을 우측에서 공격하고, 당군은 해로로 백강으로 가서 사비성으로 곧장 쳐들어가기로 했다. 양군은 20일 뒤인 7월 10일 사비성에서 합류하여 백제 정벌의 마지막을 장식하기로 했다.

그런데 백제는 이러한 양국의 침공 계획을 전혀 몰랐다. 아니 관심조차 없었다. 신라에서 얻은 작은 승리에 취해 흥청거리다가 뒤늦게 나당연합군의 침공 사실을 알게 되었다. 의자왕은 당초 신라에서 빼앗은 땅들을 돌려주라는 당 고종의 경고를 무시하고 오히려 신라 성 33개를 더 빼앗았다. 김춘추는 사실 일부러 33개 작은 성을 내준 것이다.

당 고종의 침묵을 백제에 대한 두려움으로 오해한 의자왕은 마음놓고 황음과 쾌락에 빠져 성충의 간언을 무시하고 옥에 가둬 버렸다. 성충은 마지막으로 혈서를 쓰고 죽었다. 혈서 내용은 외적이 쳐들어오면 육로에서는 탄현을 막고, 수군은 기벌포(지금의 장항) 연안을 못 들어오게 하라는 것이었다.

의자왕이 황음에 빠진 것은 원래 지략과 꾀가 풍부한 김유신의 계략 때문이었다. 백제 간자가 보낸 정보에 의자왕이 황음에 빠져 국사를 돌보지 않고 미인을 찾고 있다는 사실을 안 김유신은 장산성(현재의 경산)의 젊은 무당이며 옛 가야 유민인 금화를 백제로 보냈다. 천하일색 금화를 보자마자 의자왕은 그녀에게 바로 빠져 버렸다. 다시 충신 좌평 흥수가 나서서 의자왕에게 죽음으로 간하였으나, 왕은 그를 전남 장흥으로 귀양을 보냈다.

나당연합군이 코앞에 당도하여 나라의 존망이 위태로운 지경에 이르렀다는 사실을 뒤늦게 깨달은 의자왕은 신하들에게 분노를 터뜨리며, "대체 이 지경이 되도록 너희들은 뭐하고 있었느냐?" 하였다. 아무도 대답하지 않자, 그는 말없이 처소로 들어가며 평소 가장 믿었던 달솔 계백에게 5천 군사를 이끌고 가서 나라를 지키라고 명하였다. 계백은 알고 있었다. 이번 전투를 마지막으로 자신도 조국도 끝이라는 사실을….

그가 전투에 나가기 전 해야 할 일은 적의 손에 능욕을 당할 가족들을 우선 처리해야 한다는 것이었다. 공포와 두려움에 가득 차서 아비의 눈만 쳐다보고 있는 어린 아이들과 부인과 가족들을 한칼에 처리하고 돌아서는 계백의 가슴은 어떠했을까?

나는 현존하는 유일한 백제가요 '정읍사'를 읽을 때면 정말 가슴이 저려 온다. 이것이야말로 망국 백제의 슬픔을 고스란히 간직한 노래다.

달하 노피곰 도다샤

어긔야 머리곰 비취오시라

어귀야 어강됴리 아으 다롱디리

져재 녀러신고요

어긔야 즌데를 드디욜세라

어긔야 어강됴리 어느이다 노코시라

어긔야 내 가논데 졈그를세라

어긔야 어걍됴리 아으 다롱디리

　김유신의 5만 신라군은 거침없이 백제로 쳐들어왔다. 김유신군이 관산성(현재 옥천)으로 쳐들어가 2만 백제군을 함락시키자 성주는 자결해 버렸다. 사비성으로 가는 길목인 전략적 요충지 탄현은 충신 성충이 죽어 가면서까지 사수하라고 간언한 곳이다. 험준한 산으로 둘러싸인 천혜의 요새 탄현에는 백제군이 단 한 명도 없었다. 그러나 김유신은 마음이 바빴다. 태자 법민이 덕물도에서 당 대총관 소정방과 사비성을 협공하기로 한 7월 10일 회동 약속을 지켜야 했기 때문이다.

　7월 9일 갈 길이 바쁜 김유신의 5만군은 어쩔 수 없이 백제 결사대 5천 군사와 황산벌에서 싸우게 되었다. 황산벌은 예로부터 여산(논산시 연산면)들이라 불리던 넓은 평야로 사비성으로 가는 주요 통로였다. 신라 5만 군사에 10분의 1에 불과한 백제의 5천 군사를 살펴본 김유신은 적장이 계백이라는 정보에 깜짝 놀랐다. 계백이라면 비록 적장이지만 결코 만만히 볼 상대가 아니었다. 여러 전장에서 마주한 그의 지략과 품격을 일찍부터 알아본 터였다. 자신의 나이는 66세, 계백은 56세. 김유신은 장병들에게 결단코 섣부르게 상대하지 말라고 단단히 일렀다.

먼저 백제군의 고요함에 참지 못한 좌군 품일 장군의 공격이 적의 위계에 빠져 대패하였다. 그다음 우군 흠춘 장군의 공격도 그의 아들 화랑 반굴이 1천여 기의 선발대를 이끌고 출격했지만 역시 처참하게 패했다. 시신으로 돌아온 17세 화랑 반굴의 장례식에 신라 전군이 슬피 울었다. 이에 좌장군 품일의 16세 어린 아들 화랑 관창이 사령관 김유신의 허락도 없이 분기탱천하여 홀로 나섰다.

백제군 좌평이자 계백의 부장 충상이 맞상대하러 나와 수십 합을 겨루다 충상이 거짓 도주하는 척하면서 그의 특기인 포승줄을 사용하여 일거에 관창을 사로잡았다. 계백은 어린 관창의 얼굴에서 자신이 죽이고 온 어린 아들을 떠올리며 살려 보냈다. 그러나 관창은 돌아오는 즉시 새 무기를 들고 다시 싸움터로 나갔다. 계백이 이번에는 그의 목을 베어 돌려보냈다. 계속되는 어린 화랑들의 죽음으로 신라군은 비탄에 빠져 모두 슬피 울었다.

대장군 김유신과 그의 두 부장 품일과 흠춘이 분연히 일어섰다. 『사기』에는 "신라군의 기세는 모두 죽기를 각오한 듯하였다"고 기록되어 있다. 싸움은 중과부적. 백제군은 완전 포위당했고, 더 이상 물러설 곳이 없었다. 계속해서 뒤로 밀리던 계백은 자신의 부장에게 마지막 숨통을 끊어 줄 것을 청했다. 그러나 아무도 나서지 않자 결국 칼로 목을 찔러 자결했다. 그 후 백제군 5천 결사대는 단 한 명도 살아남지 않았다. 나당연합군은 사비성을 함락시키고, 이어서 웅진성으로 피난했던 의자왕과 왕자 부여융(扶餘隆)의 항복을 받음으로써 마침내 백제를 멸망시켰다.

660년 7월 18일 백제왕 의자가 태자 효를 데리고 나당연합군에 항복하니 백제는 31대 678년으로 멸망하였다. 당나라 소정방은 의자왕, 태자 효, 왕자 태, 융, 영, 대신 88명 그리고 백성 12,807명을 포로로 잡아갔다.

　정말 쓰기 싫지만, 여기서 한마디 덧붙이겠다. 사비성 백성들은 왜에서 보낸 배 수십 척을 타고 조국의 패망을 비탄하며 필사적으로 도주했다. 왜 구조선을 서로 타려고 아우성치는 정경은 그야말로 월남 패망 때 미군 구조선을 서로 타려고 처절한 양상을 보였던 월남 사람들의 모습과 다를 바 없었다. 백제계 역사가 오노 야스마로가 분노와 적개심을 감추지 않고 써 내려간 『일본서기』와 『고사기』는 그렇게 일본으로 탈출한 백제 유민의 자손이 쓴 피 맺힌 혈서였다. 세계 역사상 자기 나라 역사서에 타민족에 대하여 그토록 극렬한 혐오감과 과도한 역사 왜곡을 감행한 사례는 없었다.

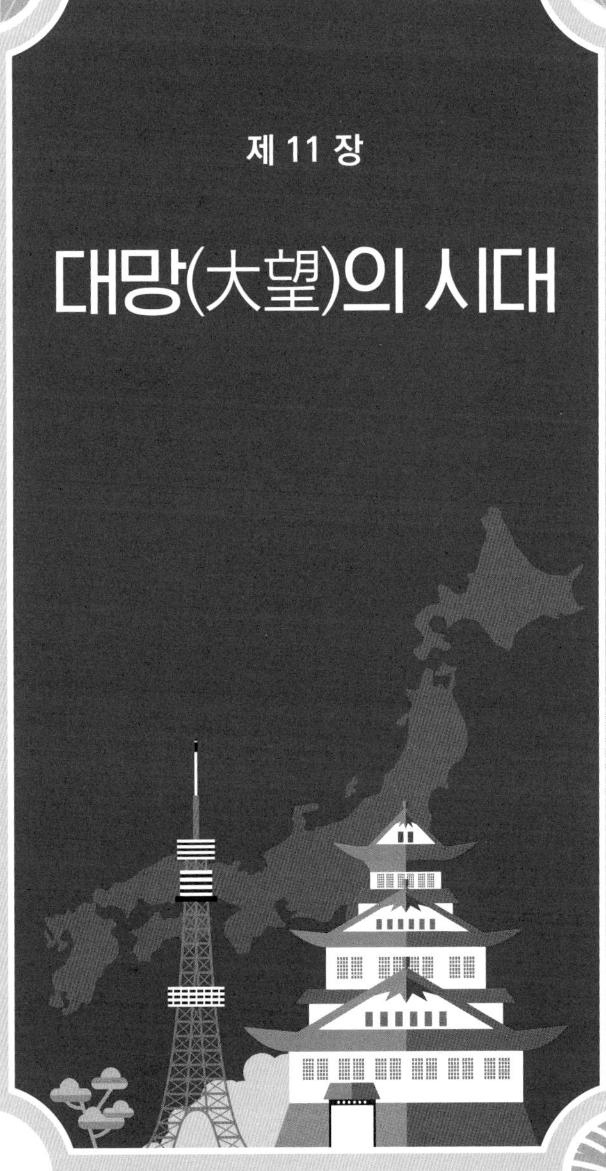
제 11 장
대망(大望)의 시대

역사소설『대망』

일본의 장편 역사소설『대망』은 야마오카 소하치(山岡莊八)가 1950년부터 1967년까지 18년 동안 도쿄신문 등 3개 신문에 연재했던 소설이다. 원제목은 '도쿠가와 이에야스(德川家康)'로, 그를 중심으로 전국시대(戰國時代) 주인공 3인방인 오다 노부나가, 도요토미 히데요시 등의 인물이 15세기 중엽에서 16세기 말엽에 걸쳐 전국시대의 난세를 평정하고 천하통일을 이뤄 내기까지 파란만장한 삶을 다룬 대하소설이다.

이 소설은 당초 도쿠가와 이에야스를 주인공으로 그의 난세 통일 과정을 그렸지만, 그 이면에는 2차 세계대전 패전국으로서 온 나라가 슬픔에 잠겨 있을 때 일본 국민을 위로하고 자신감을 불어넣어 주기 위해 쓴 역사소설이다. 이 소설을 읽다 보면 일본이라는 나라가 마치 중국보다도 훨씬 큰 나라처럼 생각되고, 등장인물은 삼국지보다도 더 복잡하고 많다.

그리고 야마오카 소하치가 18년 농안 신문연재를 끝내고 1968년 이 책이 발매되었을 때, 그 인기는 정말 대폭발이었다. 일본 역사상 최고 최대 판매량을 기록했다.

더 놀라운 건 1970년 봄 동서문화사가 한국어판『대망』을 펴내자 일본과 똑같은 현상이 벌어졌다. 그야말로 대폭풍을 일으켜 3천만 부 이상 판매되었고, 당시 언론 표현대로 이른바 '대망 독자층'을 형성할 정도로 붐을 일으켰다. 이는 당시 죽어 가던 한국 출판계를 소생시켰고 새로운 장편 역사소설 붐을 불러일으켰다. 나 역시 80년대 초봄부터 가을까지 이 책에 푹 빠져 있었다.

일본의 전국시대

막부시대와 사무라이의 탄생

일본의 지난 세기 천 년간 가장 존경하는 인물을 조사한 아사히신문 기사를 보면 2위 도쿠가와 이에야스, 3위 오다 노부나가, 6위 도요토미 히데요시다. 1위는 메이지 유신의 영웅 중 한 명이었다. 이에 대해서는 '메이지 유신' 이야기 때 하겠다.

일본인은 그렇다. 지난 천 년 동안 그 많은 인물 중에서 전국시대 인물들을 존경하는 인물로 뽑는 나라다. 임진왜란 때 그들이 국력을 총동원하여 공격했지만 조선의 이순신 해군과 권율의 육군 그리고 의병들의 분전으로 실패하자, 일본의 정치 세력은 조선의 다음 왕으로 무능한 선조는 당연히 물러나고 이순신 장군이 아니면 그의 군부가 정권을 장악할 것으로 생각했다.

그들은 당연히 그렇게 생각했다. 피비린내 나는 전국시대를 겪은 그들의 사고방식이 그러했다. 그래서 도요토미 히데요시는 임진왜란 당시 어떻게든 이순신 장군을 죽이려 했다. 그가 지배하는 막강한 조선은 상상도 하기 싫은 악몽이었다. 일본군이 도주하면서 벌인 마지막 전투 노량해전에서도 도요토미군은 어떤 희생을 감내하더라도 그를 없애려 했다.

전국시대는 일본에 15세기 중반부터 16세기 후반까지 사회적 정치적 변동이 계속된 내란의 시기다. 그 100여 년 동안 전쟁 숫자는 헤아릴 수 없을 지경이다. 백성들의 삶은 지옥 그 자체였다. 일본 역사는 그때나 메이지 유신 시대 전후나 전쟁에서 시작하여 전쟁으로 끝났다. 일본 정치 체제는 천황을 중심으로 중앙행정기관 역할을 하는 막부(幕府)라는 정치 중심체가 실질적으로 백성을 지배했다.

막부는 도쿠가와 막부뿐만 아니라 그 이전부터 있었다. 일본 역사를 통틀어 가마쿠라 막부(1192~1333), 아시카가(무로마치) 막부(1338~1573), 도쿠가와 막부(1603~1867) 등 3개의 막부가 존재했다.

복잡다단한 전국시대를 요약하면, 1185년 낭인 사무라이들이 우후죽순처럼 도처에서 날뛸 때 미나모토 요리토모는 무력으로 일본 전역을 장악하고 7년 후 쇼군(征夷大將軍)이 되어 가마쿠라에 최초로 막부를 설치했다. 가마쿠라 막부는 중앙행정기관으로서 3권을 장악했다. 중요한 것은 이때 가마쿠라 문화이면서 동시에 일본의 특징적인 사무라이 문화가 생성되었다. 이것은 바로 사무라이들 간의 의리, 주군에 대한 충성, 전쟁에서의 용맹이라는 덕목이다. 할복(割腹)이라는 자살 의식도 이 시기에 나타난 것이다. 일본 고전문학의 본향이 가마쿠라 시대이며, 일본 사무라이 야쿠자 문화의 출발점이기도 하다.

1333년 가마쿠라 막부가 와해된 후 아시카가 다카우지(足利尊氏)가 수도 교토에 자신의 정부를 세워 막부의 부활을 꾀했다. 이것이 아시카가 혹은 무로마치(室町) 막부(1338~1573)다. 무로마치란 아시카가의 고향으로 교토에 있는 한 마을 이름이다. 이 시대는 일본 중세 안정기로 처음 백성들의 시대가 열리는 시기였다. 이전에는 볼 수 없었던 농민, 상인 계층의 사회 진출이 눈에 띄었고, 일본 역사상 최초로 민중이 나타나는 시대이기도 했다. 그것을 '하극상의 시대'라고도 한다. 그야말로 구세력의 몰락과 신세력이 등장하는 시기였다.

그러나 세력이 약해진 아시카가 막부 내에서 벌어진 쇼군 정권 쟁탈전은 오닌(應仁)의 난(1467~1477)으로 이어졌고, 이후 100여 년간 전국에서 투쟁이 벌어진 전국시대가 전개되었다. 이때 독특한 일본 예술인 다도와 꽃꽂이, 노(能) 등이 발달하고, 건축 양식에서는 교토에 있는 긴카쿠사(金閣寺)가 세워졌다.

일본의 국민 연인 오다 노부나가

전국시대의 시작과 함께 역설적이게도 일본인들이 가장 사랑하는 3인방이 등장했다. 이들은 오다 노부나가, 도요토미 히데요시, 도쿠가와 이에야스다. 이에 관한 길고 긴 이야기는 야마오카 쇼하치의 『도쿠가와 이에야스』가 우리나라에서 『대망』으로 번역되어 수많은 독자들에게 읽힌 바 있다. 이 전국시대의 유혈 낭자한 이야기는 오다 노부나가를 기점으로 일본인들에게는 마치 '아더왕과 원탁의 기사'처럼 낭만적인 로맨틱한 이야기로 전달되었다. 그들은 오다 노부나가를 마치 현재 살아 있는 연인처럼 말하고 그의 죽음을 슬퍼했다.

"천하고 상스럽지만 정의롭고 서민에게 무한한 자비를 베푸는 남자, 결단력 있고 다재다능하지만 오만하고 규율을 지키지 않으며 부하들의 진언을 무시하고 제멋대로인 남자, 대부분의 다이묘를 경멸하고 부하 부리듯 하는 남자, 그러나 이상할 정도로 사람들의 외경을 받는 남자."

소설 『대망』에서 그를 평하는 대목이다. 그는 전국시대의 시작인 '오닌의 난' 이후 100여 년간의 전국시대를 종식시켰다. 또한 무인으로서 뛰어난 전쟁능력과 시대를 앞서가는 정치적 비전으로 일본의 중세를 종식시켰다. 나아가 다른 다이묘들과는 달리 열린 마음으로 서구의 총기와 화약, 기독교를 수용하였다. 그래서 그는 일본의 근세를 연 새로운 정치가로 평가받고 있다.

오다 노부나가(織田信長, 1534~1582)는 작은 오와리성 성주의 아들로 태어났다. 어린 시절에는 엉뚱하고 푼수 없는 행동으로 '오와리의 머저리'라고 불렸다. 그는 귀족 신분에 어울리지 않게 행동하며 농민들과 어울려 춤을 추거나 농사일에도 관심을 가져 모내기를 직접 하기도 했다. 또한 서양식 화약과 조총을 겁 없이 다루기도 하여, 그의 아버지는 항상 그를 나무라며 착실한 동생을 후계자로 생각할 정도였다. 결국 아버지 사후에 후계 자리를 놓고 동생과 전쟁을 벌이게 되는데, 그는 군사 7백 명을 이끌고 직접 선두에 서서 7천 명이나 되는 동생의 군대를 간단히 물리치고 분란을 종식시켰다.

혁신 또 혁신

그의 군대는 당시 일반 군대와 달리 직속 무사를 고용하여 전투를 장수들에게 맡기지 않고 스스로 전투 계획을 세워 직접 선두에 서서 움직였다. 당시 다이묘들은 병농일치에 따라 주력부대가 주로 농민병이었는데, 노부나가의 방식은 매우 혁신적이었다. 그는 전투에서 머릿수만 채우는 농민병보다는 자신과 호흡할 수 있는 소수 정예부대를 편성하였고, 당시에는 이례적으로 용병도 고용했다.

또한 1543년 포르투갈 선박 표류 때 철포의 위력을 알아보고 이를 과감하게 도입했다. 그는 다이묘 중에서 가장 먼저 철포 부대를 조직하여 전국시대의 전투 방식을 완전히 뒤바꿔 놓았다. 또한 정치가적 안목으로 상공업을 장려하여 상인들을 포용하였다. 상인들의 협조 없이는 전쟁도 정치도 아무것도 할 수 없다는 것을 이미 터득했던 것이다.

노부나가는 아버지 사후 약 8년 동안 일족들은 물론 오와리국 호족들과 전투를 거듭하여 1560년경 오와리를 통일했다. 이때부터 그는 전국적인 인물로 부상하였다. 당시 막강한 스루가의 이마가와 요시모토(今川義元)와 전쟁이 벌어졌을 때, 이마가와 3만 군대와 노부나가 5천군이 맞붙었다. 이마가와군은 신속하게 노부나가의 성을 점령해 나갔고, 노부나가는 계속 당하면서도 때를 기다리고 있었다. 이마가와 대군이 협곡을 지나갈 때 갑작스레 폭우가 쏟아져 이마가와군이 우왕좌왕하자, 노부나가는 직접 2천 군사를 이끌고 기습 공격을 감행했다. 노부나가군의 기세에 이마가와군은 속절없이 당하고, 결국 적장 이마가와의 목도 날아가게 되었다.

이 전투는 두고두고 전국시대의 전설로 남아 있다. 『대망』의 작가는 노부나가가 출전하기 전에 그가 평소 즐겨 부르던 노의 곡 '아쓰모리(敦盛)' 중 "인간사 50년, 돌고 도는 영원에 비해 덧없는 꿈과 같구나. 태어나 죽지 않는 자 그 어디 있을까"라는 노래를 비장하게 불렀다고 썼다. 그의 노래는 인생의 허무함을 말하며, 그러므로 삶에 있어서나 전투에 있어서나 비장하면서도 멋지게 한탕 하고 가는 거라는 것이다.

여기서 특기할 것은 노부나가 이전에는 들도 보도 못한 전대미문의 전투 방식이다. 그의 전매특허 방식인 소수 정예군은 전투력과 기동성으로 평범한 농민병으로 구성된 일반 다이묘들의 전투 방식을 가차없이 깨버린 것이다. 이 승리로 노부나가는 천하통일의 숙원을 이루는 기반을 구축하였다.

우선 이마가와 측에 서 있던 신예 성장주 도쿠가와 이에야스와 동맹을 맺었으며, 요충지 미노, 이세 등을 점령하였다. 그리고 1560년 힘없는 명목뿐인 쇼군 아시카가 요시아키를 옹립하고 교토를 장악하였다. 그는 이때부터 천하포무(天下布武), 즉 '무력으로 천하를 통일한다'는 인장을 사용하여 자신의 꿈이 천하통일이라는 사실을 숨기지 않았다. 그리고 모든 역량을 총동원하여 주변을 압도해 나갔다. 이렇게 노부나가의 급성장은 당연히 다른 다이묘들의 질시의 대상이 되었다.

천하포무

여기서 중요한 인물은 '가이의 호랑이' 다케다 신겐과 '군신' 우에스기 겐신이라는 당대 다이묘였다. 이들은 천하통일의 길목에서 꼭 넘어야 할 양대 산맥이었다. 1572년 노부나가는 도쿠가와 이에야스와 연합하여 다케다 신겐과 격돌했지만, 아직은 비교할 수 없는 힘의 차이로 크게 패했다. 이때 허수아비 쇼군 요시아키가 기회를 노리던 다케다 신겐에게 노부나가를 토벌하라는 명을 내렸다. 연합군 공동대장 도쿠가와는 다케다 신겐이 얼마나 무서웠던지, 전투에서 계속 밀리다가 패퇴하여 거의 죽음 직전에까지 이르는 상태가 되어 말 위에서 똥오줌을 지릴 정도로 겁을 먹었다고 한다.

노부나가가 또한 위기에 처하게 되었는데, 이때 만일 다케다 신겐이 병을 얻지 않았다면 일본의 역사는 바뀌었을 것이다. 그 무서운 호랑이 신겐은 갑자기 진중에서 병사했고, 이 정보를 접한 노부나가는 토벌군을 급습하여 승리했다. 역시 하늘은 스스로 돕는 자, 열망의 크기가 더 큰 자를 돕는 법이다. 도쿠가와는 기회 있을 때마다 이 전투를 회상하며 부하들에게 말했다고 한다.

이 싸움의 결과 노부나가에 의해 쇼군 요시아키가 교토에서 실각되고 무로마치 막부는 끝났다. 막부 정권이 사라지면서 천하는 무주공간이 되었다. 그리고 남은 한 사람 우에스기 겐신마저 1578년에 병사했으니, 천하통일의 염원을 이룬 노부나가가 역사의 주인공임을 스스로 선포하는 일만 남게 되었다.

그러나 인간의 역사는 언제나 호락호락하지 않는 법이다. 노부나가는 무엇이든 직접 해결하려는 습관대로 1582년 마지막으로 남은 반대 세력 다카마스 지역을 토벌하러 나섰다. 모든 부하들이 말리는데도 기를 쓰고 자신이 선두에 서서 원정대를 진군시켰다. 그때 최고 가신인 도요토미 히데요시가 모리와의 토벌전에서 밀리고 있다는 소식을 듣고 노부나가는 군대를 돌려 그를 구출하러 갔다.

아케치 미쓰히데(明智光秀)는 노부나가의 가신으로 문무에 능한 자존심 강한 엘리트 무장이었다. 그는 차기 실권자로 모두 인정하는 도쿠가와 이에야스의 접대 역을 맡게 되어 한층 자부심을 가지고 있던 중, 갑자기 평소 내려다보고 있던 천민 하급무사 출신의 가신 도요토미 히데요시를 도와 주러 가라는 주군 노부나가의 명령에 격분했다.

노부나가가 도요토미가 싸우는 곳으로 가는 도중에 교토 혼노지(本能寺)라는 곳에서 잠시 군장을 풀고 쉬던 중, 그날 밤 지원군을 이끌고 오기로 한 아케치 미쓰히데가 돌연 군사를 이끌고 노부나가를 습격했다. 혼자 조용히 본당에 가서 쉬겠다는 주군의 행동에 가신들이 절대 안 된다며 붙여 준 1백여 명의 호위병만 데리고 있던 자부심 강한 노부나가는 겹겹이 에워싼 아케치의 수천 군사를 대적할 수 없었다. 그는 직접 창을 들고 절 누각 꼭대기까지 밀리면서 싸웠지만 절대적 병력 차이를 극복할 수는 없었다.

노부나가는 최후를 직감하고 자결로 생을 마감했다. 이때 장면을 후세 일본인들은 하나의 오페라 장면처럼 추모하며 기억한다. 그의 죽음은 장렬한 불꽃의 미학으로 오늘까지 전해지며, 그는 일본인들의 애틋한 국민 연인으로 자리매김하고 있다.

도요토미 히데요시

천지개벽의 신화창조

도요토미 히데요시(豊臣秀吉, 1537~1598)를 말하자면 먼저 조선 선조시대 통신사들의 말을 들어봐야 할 것이다. 일본의 계속된 간청으로 임진왜란 직전인 1590년 겸사겸사 조선통신사를 보낸 조선 조정은 도요토미가 과연 전쟁을 일으킬 수 있는 자인지 통신사 일행에게 알아보도록 특별 지시를 했다.

도요토미 히데요시로부터 갖은 홀대를 받고 돌아온 통신사 일행은 선조에게 역사에 남는 상반된 보고를 했다. 서인 정사 황윤길(黃允吉)은 "필시 전란이 있을 것이다. 도요토미 히데요시의 눈빛이 반짝반짝하여 담과 지략이 있어 보인다. 그자는 보통 인물이 아니며 분명 사고를 칠 위인이다"라고 했고, 동인이며 정적인 부사 김성일(金誠一)은 "왜국으로부터 감히 전쟁 기미는 안 보이고, 황윤길이 공연히 인심을 동요시키는 것이며, 왜국은 그럴 힘도 없고 도요토미 히데요시란 자의 눈은 쥐새끼 같고 두려워할 인물이 아니다"라고 했다. 김성일은 왜국에 대한 불쾌한 기억으로 황윤길과는 달리 감정에 이끌리는 보고를 했던 것이다.

당시 일본에 파견되어 도요토미와 다른 권력자들과 자주 접촉한 포르투갈 선교사 루이스 프로이스의 『일본사(Historia de Japan)』에 도요토미 히데요시에 대한 인물평이 상세하게 기록되어 있다.

"도요토미는 처음 등장 과정이 극적이었던 것과 같이 매우 독특한 개성과 지도력을 보여 준 인물이었다. 그는 주군 오다 노부나가의 파격성과 역동성을 그대로 물려받았다. 형식이나 관습에 구애받지 않았으며, 복잡한 의사결정 과정을 단순하시켜 신속히고 정확하게 결성하고 기민하게 행동했다."

그는 도요토미의 특출한 전시 정치인의 모습을 그렸으며, 위기 상황에서 더욱 빛나는 리더의 모습을 갖추고 있다고 평했다. 그러나 이러한 위기 상황이 지나고 평화 시로 돌아오면 그의 리더십은 빛을 잃게 된다고도 했다.

과연 도요토미는 정권을 장악한 뒤부터 리더십에 한계를 나타내기 시작했다. 그가 보여 준 파격성, 역동성 그리고 신속성은 전시 상황이나 위기 상황에서는 매우 훌륭한 지도자의 자질이지만, 평화 시나 국가체제 정립이 필요한 상황에서는 그리 훌륭한 지도자의 덕목이 될 수 없었다. 히데요시는 막강한 중앙

권력을 구축할 줄은 알았지만, 그 권력을 바탕으로 국가체제를 구체적으로 어떻게 구축해야 하는지에 대해서는 알지 못했다는 것이 세간의 평가였다.

도요토미의 삶은 그대로 한 편의 드라마였다. 가장 밑바닥 천민 출신에서 천하 최고의 자리에까지 오른 그의 생애는 전국시대의 전설이었다. 천지개벽의 신화창조였다. 그는 1554년경 오다 노부나가의 하인으로 시작했다. 『선조실록』에는 그가 노부나가에게 하인으로 고용되는 과정부터 나온다. 도요토미는 천민 시절 어느 날 죽기를 각오하고 노부나가가 지나가는 길목에 드러누워 있었고, 호위무사들이 그를 죽이려 하자 노부나가가 말리며 그에게 뭐하는 짓이냐고 물으니, 제발 밥 좀 먹게 해달라며 애걸하고 나서 하인이 되었다. 그 후 도요토미는 변소지기든 신발지킴이든 정성을 다해 노부나가의 눈에 들었고, 그때부터 총애를 받아 출셋길이 열렸다고 한다.

강항의 『간양록』

임진왜란 당시 일본에 납치되어 3년간 일본 조정의 유학 선생 노릇을 하다가 도주해 온 강항(姜沆)의 『간양록(看羊錄)』에 의하면, 노부나가가 하인들에게 물건을 사 오게 했을 때 다른 하인들은 돈이 부족하고 비싸서 못 사 온다고 투덜댈 때 도요토미는 매번 싼값으로 좋은 물건을 많이 사 와 노부나가는 그것을 흡족해했지만, 실은 그가 매번 자기 돈으로 물건값의 반을 보탠 것은 아무도 알지 못했다고 한다.

그는 업무 추진에 있어서 기발한 아이디어를 자주 발휘하고 솔선수범하여 큰 성과를 보였다. 이렇게 하여 노부나가의 환심을 샀고, 점차 오다 가문에서 두각을 나타내기 시작했다. 이때 장난기 많은 노부나가는 도요토미의 용모를 보고 원숭이라고 놀려댔다.

또 강항은 말하기를, 1582년 주군 노부나가가 교토 혼노지에서 아케치 미쓰히데의 모반으로 자결한 후 도요토미는 이 소식을 비밀에 부치기로 하고 소식을 갖고 온 노부나가의 부관을 직접 베어 죽이고 전투를 서둘렀다. 그러고는 그가 싸우고 있던 적의 장수에게 은밀히 연락하여, 이 성의 함락은 시간 문제이니 백성 수만 명을 다 죽이느니 성주께서 스스로 할복한다면 나는 휴전하고 돌아가겠다고 했다. 적군의 성주는 곧 배를 타고 나와 강에서 할복하였다.

그 직후 도요토미는 엄청나게 빠른 속도로 교토로 회군하였고, 예상보다 너무 빠른 그의 회군에 아케치 미쓰히데는 정신을 못 차리고, 그 사이 노부나가의 장수들까지 전부 도요토미 편에 서자 미쓰히데는 도주하다 농민들 손에 살해되었다. 미쓰히데가 죽은 뒤 도요토미는 군사를 거느리고 곧장 본성으로 들어가 노부나가의 시신을 찾아내어 백성들을 위무하였다. 나아가 자신의 세력으로 재빠르게 사태를 수습하고 교토를 장악했다. 그야말로 전광석화였다. 다들 말 한마디 못하고 그를 지켜보기만 했다.

이후 노부나가 후계자 문제에 있어서도 복잡한 사후 처리를 쾌도난마의 솜씨로 때론 회유로 때론 전쟁으로 척결해 나갔다. 그야말로 천신만고 끝에 도요토미는 노부나가 후계자의 지위를 확립했다. 이제 남은 문제는 가장 막강한 다이묘 제2인자 도쿠가와 이에야스와의 대립을 어떻게 정리하는가였다. 도쿠가와 이에야스는 일찌감치 노부나가와 의형제를 맺은 사이였으나, 그와의 전쟁은 피할 수 없는 지경에 이르렀다.

곧이어 벌어진 도쿠가와와 도요토미 양 진영 간의 피비린내 나는 전쟁은 사실상 도쿠가와 측 승리였지만, 도요토미의 은밀한 공작으로 노부나가의 삼남 오다 노부카쓰가 급작스럽게 굴복하여, 도쿠가와는 어쩔 수 없이 그와 강화를 맺게 되었다. 당시 도쿠가와 연합군은 전쟁에서 승리하였으나 노부카쓰의 배신으로 도요토미가 승리하는 결과를 가져오게 된 것이다. 도요토미 히데요시의 천하통일은 이렇게 이루어지게 되었다.

오사카성 축조

도요토미 히데요시는 1583년 일본 역사상 가장 화려한 오사카성을 축조하였다. 나아가 내친김에 쇼군 자리에까지 오르려 했으나 모두의 반대로 결국 무산되었다. 아무도 대놓고 말하지는 못했지만 출신이 너무 비천하고 무식했기 때문이다. 그는 글자를 몰랐다. 다만 임명직인 천황 다음의 수상 격인 관백(關白)직에 올랐고, 후에 태정대신(太政大臣)에 올라 도요토미 정권을 수립하였다.

그는 한술 더 떠서 도요토미 막부를 열려고 했지만, 이 또한 귀족들의 반대로 불발에 그쳤다. 그는 분풀이라도 하듯 봄에는 교토에서 모든 귀족과 백성들을 총동원해 화려한 벚꽃놀이 행사를 하고, 가을에는 규슈에서 최고의 차 행사를 열어 국가 예산을 물 쓰듯 하였다. 그는 화려함의 대명사였다.

이제 도요토미 히데요시는 노부나가가 이루지 못한 천하통일의 꿈을 실현할 수 있게 되었다. 그는 모든 적을 궤멸시키고 일본을 통일하였다. 동시에 100여 년간의 전국시대를 종식시켰다. 그러나 많은 다이묘들이 마음속으로 그에게 굴복하지 않았고, 다테 마사무네와 같은 천하의 다이묘들을 군사력으로 제압하지 못했다.

일본인들은 임진왜란을 '분로쿠·게이초의 역(文禄·慶長の役)'이라고 한다. 도요토미는 다이묘들 간의 내부 갈등을 밖으로 돌리고 그들의 힘을 분산시키기 위해 임진왜란을 일으켰다. 당시 도쿠가와 이에야스, 다테 마사무네, 시마즈 요시히로 등 유력한 다이묘들이 조선과의 전쟁을 반대하였으나 도요토미 히데요시는 그들의 반대를 무릅쓰고 강행했다. 특히 도쿠가와 이에야스는 도요토

미 히데요시의 강압적인 전쟁 참가 요구를 영지인 관동(에도) 지방의 풍토병과 황무지 개간 등의 이유로 끝까지 묵살하였고, 결국 자신의 군대를 온전히 보존시켜 훗날을 대비하였다.

도요토미 히데요시는 마지막 순간까지 도쿠가와 이에야스를 의식하여 자신과 아들의 안전을 부탁하며 매달렸다. 그는 1598년 도쿠가와 이에야스와 그의 아들 도요토미 히데요리의 보호역을 맡은 마에다 도시이에에게 후사를 부탁하고 후시미성에서 62세로 사망하였다. 그의 죽음에 관해 다이묘들의 전쟁에 대한 혐오로 독살 등 여러 가지 설이 있는데, 전쟁 중인 이유로 그의 장례는 치러지지 않았고, 그의 죽음을 비밀로 하였다.

그러나 나중에 언급하는 세키가하라 전투 이후 그의 무덤은 폭파되어 소멸되고 말았다. 그 이유는 도쿠가와 막부에 대한 조선 측의 강력한 항의와 배상 문제 등이 있어 조선과의 외교 관계 회복을 위해 어쩔 수 없는 조치였다. 도쿠가와 막부는 조선과의 화평 외교를 강력히 원했다. 막부 측은 임진왜란의 원인이 오직 도요토미의 강행 때문으로 돌렸고, 이를 증명하기 위해 무덤을 폭파시킨 것이다.

도요토미 히데요시가 도쿠가와에게 자신의 사후를 대비하여 그토록 부탁한 유일한 아들 도요토미 히데요리와 부인마저 1615년 도쿠가와의 공격으로 오사카성에서 자결, 도요토미 가문은 2대로 끊겨 버렸다. 실로 권력 무상이다. 이렇게 도요토미 정권은 막을 내리고, 도쿠가와 정권의 에도 막부 시대가 도래하였다. 재미있는 것은 병자호란이 일어나자 조선과 일본의 관계는 급격하게 호전되었다는 것이다.

도쿠가와 이에야스

소설 『대망』의 주인공

"노부나가가 쌀을 찧고 도요토미 히데요시가 반죽한 떡을 도쿠가와 이에야스가 먹었다."

이 말은 전국시대를 종식시키고 일본 천하통일을 이룩하는 과정에서 파란만장한 삶을 이끌어 온 세 사람의 운명을 한마디로 정리한 것이다. 도쿠가와 이에야스는 130년간 이어진 전국시대를 종식시키고 도요토미 정부를 축출하여 일본 천하를 통일하였다. 그 와중에 그는 '너구리 살쾡이 영감'이라는 별칭을 얻었다.

일본에서 세 번째이자 마지막 막부를 연 도쿠가와 이에야스는 소설 『대망』의 주인공이다. 다시 말하지만 일본의 첫 번째 막부는 가마쿠라, 두 번째는 아시카가(무로마치) 막부다. 여러 차례 말한 대로 일본에서 성씨는 그리 중요하지 않다. 우리로서야 가문이 나라보다도 중요하지만, 일본은 그렇지 않다. 그들은 필요하다면 가문 바꾸기를 손바닥 뒤집기처럼 한다. 그들이 과거에 성씨가 어떠했다는 이야기는 별로 신경 쓸 필요 없다. 도쿠가와도 필요와 상황에 따라 여러 차례 성을 바꿨다.

도쿠가와 이에야스는 여섯 살부터 이마가와 가문에 인질로 잡히고 납치되어 오다 가문에 유폐되기도 했다. 또한 주변 강대 영주에 대한 충성의 맹세로 첫 번째 부인과 아들을 자살하게 한 끔찍한 짓도 서슴지 않았다. 난세의 인간들이 살아가는 방식인가? 다만 오다 노부나가와 동맹을 맺은 후 그 밑에서 세력을 확장했으며, 당시 전국시대 가신들이 주군을 수시로 바꾸던 것과 달리 20여 년이나 노부나가와 상하 동맹 관계를 유지했다.

이에야스는 귀족 가문의 노부나가도 아니고 히데요시처럼 최하층 천민도 아니고 어중간한 허약한 영주 출신이었다. 젊은 시절에는 다른 전국시대 리더들과 마찬가지로 피로 얼룩진 파란만장한 외줄타기 삶이었다. 어떡하든 살아남아야 하는 절체절명의 운명을 스스로 헤쳐나가야 했다. 그런 와중에 그는 힘을 길러 나갔다.

일본은 검으로 이루어진 나라다. 최근세에 이르기까지 하루라도 전쟁 없이는 역사가 이루어지지 않았다. 그들이 생각하기에 조선의 선조 같은 왕이 존재할 수 있다는 건 믿기지 않는 일이다. 임진왜란을 평정한 이순신 장군이 왕이 되어야 마땅한 일이었다. 그러기에 그들은 조선을 양반 가문의 조신한 어인이고, 자신들은 산적 떼와 같아서 그 여인을 겁탈한 것으로 묘사한다.

이에야스는 1560년대 후반 자신이 모시던 이마가와 가문이 몰락하자 그 기회를 이용해 동쪽으로 세력을 확장해 나갔다. 그는 당시 막강한 세력으로 급부상한 노부나가와의 상하 동맹에 의존해 생존하면서 한편으론 서서히 영토를 확장하여 1580년대 초반에는 강력한 다이묘로 성장했다. 『대망』에서는 그의 마디마디마다 생존 과정을 감동적으로 그려 나갔다. 사실 이에야스의 대중적 인기는 노부나가니 히데요시보나 한참 아래였다. 그러던 것이 『대망』 덕분에 전후 그의 인기는 엄청나게 치솟아 일약 2위까지 올라갔던 것이다.

관동(간토) 별곡

1582년 욱일승천하던 오다 노부나가가 갑자기 죽고 후계 구도를 확정하는 중대 고비에서 히데요시가 자신이 후계자인 것처럼 난국을 정리해 나갈 때, 도쿠가와 이에야스는 도요토미 히데요시의 최대 정적으로 부각되었고, 두 사람 사이의 전쟁은 필연적이었다. 격전에 격전을 벌이는 전쟁 속에서 전세는 이에야스 쪽으로 기울었다. 이는 대부분 영주 가신들이 이에야스와 노부나가의 아들 오다 노부카츠 연합군에 가담했기 때문이다.

그러나 히데요시는 전력 면에서는 패하고 있었지만 지략에 능했다. 그는 어리석은 오다 노부카츠를 회유하여 이에야스가 전투를 계속할 명분을 없앴다. 결국 이에야스는 히데요시에게 굴복하고 충성의 맹세를 하게 되었다.

히데요시에게 이에야스는 언제나 눈엣가시였으며 필요악이었다. 그가 전국을 통일하고 각지의 분란을 잠재우기 위해 가장 위협적이던 이에야스를 끌어들여야 했지만, 한편 그의 세력이 지나치게 커지는 것도 위험했다. 따라서 히데요시는 이에야스를 중앙 정계에서 배척하고 그를 관동(간토) 지역인 오다와라(小田原)로 이동시켰다. 이에야스는 히데요시의 마음이 바뀔까 봐 얼른 도주하듯 평야 곡창지대이며 어촌인 에도를 근거지로 삼았다. 이곳이 훗날 에도 막부가 세워진 오늘날의 도쿄다.

이에야스는 히데요시의 감시를 받으면서 간토 지역에서 세력을 다지는 데 주력했다. 임진왜란 당시 히데요시가 그토록 이에야스를 강압하며 출병을 지시했지만, 그는 갖은 핑계를 대며 거부했다. 훗날 이러한 사실로 말미암아 조선 측에서도 이에야스가 히데요시 정부와는 다르다는 인상을 심어 주었다(『선조실록』 39년 10월 25일 기사). 물론 이에야스는 막부를 세운 후 조선과의 화친을 도모하기 위해 간절한 친서는 물론 친선사절단 파견, 히데요시 무덤 폭파 등 모든 화해 시도를 하였다.

히데요시가 임란 도중인 1598년에 암살을 당했든 어쨌든 죽고 나서 일본은 임란 종식은 물론 커다란 힘의 공백이 생겨났다. 물론 그전에 히데요시는 주위 다이묘들에게 애걸복걸하며 매달렸다. 자기 부인과 아들의 뒤를 부탁하며 자신의 정권을 지켜 달라고…. 그토록 교활하고 상황 판단이 정확한 그도 늙으면 어쩔 수 없었는지 말도 안 되는 부탁을 했던 것이다.

세키가하라 전투

전국시대의 관습상 권력층 내부 후계자 문제는 자연스럽고 정의롭게 정리되는 일이 단 한 번도 없었다. 도요토미 히데요시의 충직한 부장 이시다 미쓰나리는 주군 히데요시의 사후를 위해 가장 난적인 이에야스를 여러 차례 암살하려 했으나 실패했다.

도쿠가와 이에야스는 히데요시가 죽자마자 그동안 인내하던 자세에서 과감히 벗어나 정통 후계자 같은 강한 모습을 보이기 시작했다. 심지어 1600년 1월에는 히데요시의 오사카성에 들어가 성주 자리를 상속한 히데요리의 10대 아들과 동등한 자리에 앉아 다이묘들의 신년하례를 받기도 했다. 이에 격분한 히데요시의 가신 미쓰나리도 중대한 결심을 하게 되었다.

이제 두 진영의 전쟁은 필연적이었다. 일본 역사상 가장 크고 의미 있는 전쟁으로 불리는 '세키가하라 전투(関ヶ原の戦い)'는 1600년 음력 9월 15일에 벌어졌다. 이는 미쓰나리의 서군 약 10만4,000명과 이에야스의 동군 약 8만 2,000명이 맞붙는 동서 전쟁이었다. 그야말로 오랜 세월 일본 천황과 기득권 세력이 있는 교토, 나라, 오사카 등 관서 지역과 새로이 분출하는 도쿠가와 이에야스를 중심으로 한 에도 관동 지역 간의 천하 쟁패전이었다.

양군의 싸움은 9월 15일 오전 8시경 보슬비가 내리고 안개가 자욱이 깔린 가운데 시작되었다. 우열을 가릴 수 없는 접전은 오후 들어 서군 측에 섰던 와키자카 야스하루 등이 돌연 미쓰나리를 배신하고 동군 편에 서게 되었다. 사실 와키자카 야스하루는 임란 당시 행주산성 전투에서 권율에게 대패한 미쓰나리를 불신하고 있었다. 이렇게 해서 세키가하라 전투는 오후 4시경 동군의 대승으로 막을 내렸다. 와키자카 야스하루의 배신이 없었다면 서군의 승리가 명백한 전투였다.

미쓰나리는 마지막 사형을 당하는 순간까지 와키자카 야스하루의 배신에 침을 뱉었다. 그러나 그는 자신의 무능과 전략 부재를 탓해야 했다. 도쿠가와 이에야스의 철저한 손자병법을 평가해야 했다. 그는 전쟁에서 이기기 위해 할 수 있는 모든 수단과 방법을 썼다. 치사하고 비겁한 짓도 거침없이 자행했다. 그의 별명은 너구리였다.

도쿠가와 이에야스는 이 전투에서 승리하면서 전국시대의 확고부동한 리더 자리에 올라 에도 막부를 세우는 발판을 다지게 되었다. 또한 이 전투를 끝으로 일본의 센고쿠 시대가 막을 내렸으며, 1603년에는 세이이타이쇼군(征夷大將軍)에 취임하고 에도에 막부를 열어 사실상 전국을 통일했다. 1607년 도쿠가와 이에야스는 조선에 공식적으로 사과하고 임란 당시 납치된 조선인과 약탈품을 가능한 한 송환하도록 했다.

하지만 현 도쿠가와 이에야스 가문이 쇼군직에 취임한 후에도 여전히 마음 속으로 도요토미 히데요시를 섬기는 히데요시파 다이묘들의 세력은 무시할 수 없었다. 또한 도요토미 히데요시의 외아들인 도요토미 히데요리가 장성하면서 불온한 기미도 있었다. 도요토미 히데요시 가문에서 마지막 권위를 과시하기 위해 막대한 돈을 들여 행한 불사를 빌미로 도쿠가와 이에야스 측은 1614년 겨울에 도요토미 히데요리에 대한 오사카 토벌군을 일으켰다. 도쿠가와 이에야스는 오사카 측에게 병사들의 해고와 영지 이전을 요구했다. 이를 거부하자 도쿠가와 이에야스는 도요토미 히데요리를 무력으로 압박하였고, 5월 초 다시 전투가 벌어졌다.

그런데 사흘 만인 5월 7일 호화로운 오사카성이 함락되었고, 도요토미 히데요리는 자결했다. 도쿠가와 이에야스는 도요토미 히데요리를 마지막까지 철저히 짓밟았다. 어머니와 자신의 목숨만은 살려 달라는 도요토미 히데요리의 간절한 소망마저 무시해 버렸다.

여기서 한 가지, 막강한 오사카성을 공략하는 데 애를 먹던 도쿠가와 이에야스는 도요토미 히데요리에게 성을 둘러싼 해자를 메워 주면 그와 그의 어머니 그리고 가신들의 목숨은 보장하겠다고 제안했다. 결국 메워진 해자를 간단하게 건너가서 성을 손에 넣은 도쿠가와 이에야스는 약속을 지키려 했으나 참모들의 고언을 받아들여 히데요리를 비롯한 모든 적장들의 목을 벴다. 이때 도쿠가와 이에야스는 혼잣말을 했다고 한다.

"참, 적장이 제 목숨 같은 해자를 메우랜다고 정말 메우나. 미친놈 같으니…."

절약의 대명사

도쿠가와 이에야스는 평생 새 옷을 사 입지 않고 헌 옷을 빨아 입었다. 시종들이 주군에게 옷 좀 사 입으라고 했다가, 자신은 천하를 위해 절약하는 것이라며 혼을 냈다고 한다. 음식이나 물자 관리까지 과도할 정도로 신경을 써서, 식사는 삼시 세끼, 국 하나에 반찬 세 가지를 먹었고, 이런 모습이 근대에 이르기까지 이어 내려와 전체 일본인들의 식생활에도 영향을 미쳤다.

이것도 절약 정신의 발로인지는 모르겠으나, 도쿠가와 이에야스 측실 가운데 과부 출신들이 많았다. 남편이 죽으면 생계가 어려워지는 사회 구조상 과부 구제책이라 할 수 있겠다. 특히 그는 자신에게 충성을 다하고 사망한 부하의 부인들을 선호했는데, 그 자손들도 보호하고 일거양득이었던 것이다. 그 가문에 손이 귀했던 것도 이유 중 하나다. 화려한 젊은 여인보다는 참하고 돈도 별로 들지 않는 과부를 들여 아이도 얻고 살림도 편한 여자를 구한 것이다.

일본에서 그에 대한 평가는 도쿠가와 막부 창설 후 천황을 없는 사람 취급하였기 때문에 존왕양이의 메이지 유신 이후 근대까지 평가가 좋지 못하였다. 도쿠가와 이에야스는 천황을 푸대접했다는 평가 때문에 사람들은 그를 비열하거나 간사하다고 표현했다. 그러나 도쿠가와 이에야스 영지인 관동 출신 무사들은 충성스럽고 우직하여 가신들이 배신하지 않는 것으로 유명했다.

그러나 태평양전쟁을 거치면서 막부에 대해 재평가할 때 점차 긍정적인 평가가 늘어났다. 또한 역사적으로 큰일을 하지 않은 사카모토 료마나 사나다 노부시게가 높이 평가된 것처럼 일본 내에서 역사적 위인의 인식에는 역사소설이 큰 영향을 끼쳤다. 야마오카 소하치의 『대망』에서 철두철미하게 평화주의자로 묘사된 것이 대중에게 어필한 것이다. 그러나 정작 오다 노부나가와 동시대 인물임에도 노부나가와 도요토미 히데요시에게 밀려 그들이 죽은 다음에야 패권을 쥐었다는 점에서 화제성이 떨어지는 인물인 것은 사실이다. 현대에 이르러 도쿠가와 이에야스에 대한 평가는 한층 높아지고 있다.

도쿄 북쪽에 있는 유명 관광지 닛코의 도쇼쿠(東照宮)는 도쿠가와 이에야스의 무덤을 안장한 곳으로 언제나 관광객의 발길이 이어지는 곳이다. 도쿠가와 이에야스의 막부를 끝으로 일본 근대는 메이지 유신으로 시작되었다.

도쿄 북쪽에 있는 닛코의 도쇼쿠(東照宮)에는 도쿠가와 이에야스의 영묘가 있다.

제 12 장

메이지 유신
이야기

메이지 유신의 여명

메이지 유신은 정말 일본을 행복하게 했을까? 아니면 오히려 더 불행하게 만들었을까? 우리는 메이지 유신의 신화와 소용돌이 속에서 명확한 화두를 잡지 않으면 자칫 길을 잃고 헤매게 된다. 오늘날 일본의 많은 문제는 메이지 유신에서 비롯되었기 때문이다.

일본은 메이지 유신을 통해 과거와 단절하고 새롭게 태어났다고 믿고 싶어 한다. 그들의 약한 것, 구태의연한 것 그리고 숨기고 싶은 것들로부터 단절하고 메이지 유신을 기점으로 새로운 일본을 구축했다고 말하고 싶어 한다. 그래서 그때부터 일본의 근대화와 서구화를 이룩하여 다시는 과거로 회귀하는 일 없이 앞으로만 나아간다고 믿고 있었다.

하지만 그들의 간절한 희망과는 달리 메이지 유신은 복잡다단하게 전개되었다. 시작부터 너무 많은 피를 흘렸으며, 조금도 달라지지 않은 행태로 역사의 반복과 오점을 어기저기 뿌리고 다녔다. 한마디로 메이지 유신은 일본을 문제투성이 나라로 만들었고, 주변 국가들도 불행하게 만들었다. 메이지 유신이 없었더라면 일본은 어떤 나라가 되었을까?

역설적이게도 일본 근대화의 시발점인 메이지 유신은 일본 제국주의와 군국주의가 태동하게 된 결정적인 역사적 계기가 되었다. 세계 제일 부국강병의 기치를 내걸고 시작한 메이지 유신은 태생적으로 아시아 여러 나라는 물론 일본에게도 악몽으로 끝나게 되어 있었다. 물론 일정 부분 일본의 근대화와 서구화의 길을 걷게 된 역사적 성과는 있었지만, 그 대가는 너무 컸다. 그들이 이룩해 낸 성과와 대가는 한마디로 규정하기는 어렵지만, 메이지 유신을 거치는 동안 그들이 치른 수많은 전쟁과 대량 살육, 그리고 현재에 이르기까지 국민들이 감내해야 하는 대가는 혹독한 것이었다.

많은 사람들이 오해하기를, 메이지 유신은 일본의 근대화와 서구화는 물론 민주화에도 크게 기여한 것으로 보지만, 그렇지 않다. 메이지 유신은 태생부터 존왕양이, 민주가 아닌 천황 주권과 극단적 우경화 그리고 외세 배격의 정치 철학을 기본으로 한 정치운동이었다. 그리고 메이지 유신의 선각자라는 사람들이 내세운 기치가 정한론(征韓論)과 대동아공영론, 즉 한국과 주변 아시아 국가들을 정복해야 일본의 길이 열린다고 생각하는 제국주의적 비전을 가지고 있었다. 이 점에서 정의를 세우고 사악한 외세를 물리친다는 위정척사론을 펼친 조선의 지식인들과는 근본적으로 다른 것이었다.

다만 한 가지, 우리는 메이지 유신 선구자들의 삶을 명백히 인식하고 평가해야 한다. 그들은 자신만을 위한 작은 이익이나 사적인 목적은 일찌감치 버렸으며, 일본의 근대화를 위해 자신을 버렸다. 그들은 멸사봉공 정신으로 하나같이 불꽃처럼 살다가 불꽃처럼 갔다. 그래서 그들의 조국 일본에서는 그들을 크고 작은 영웅으로 평가하고 대접한다. 조선 선비들이 가문을 목숨처럼 생각하고 입신양명의 뜻을 세우는 것과는 근본적으로 다르다.

나는 항상 생각한다. 유교적 선비 정신과 무사도 정신의 차이가 무엇인지. 조선에서 가문은 나라보다도 더 소중한 것이었다. 일본제국이 조선에서 창씨 개명을 강행한 것은 그들로서는 가장 잘못된 정책이었다. 일본은 성씨도 가문도 쉽게 바꾸는 나라다. 조선과 일본은 출발과 목표가 이렇게 달랐다.

요시다 쇼인

요시다 쇼인(吉田松陰)은 가장 먼저 세계사에서 낙후된 일본의 현실을 자각하고 메이지 유신이라는 큰 그림을 그리면서 또한 인물을 키워 낸 선각자였다. 그는 29세 때 막부에 의해 처형되기까지 반막부 존왕양이 우익 사상을 유신의 젊은 지도자들에게 전파하였다.

1853년 7월 8일, 미국 동인도함대 사령관 매튜 페리(Matthew C. Perry) 제독이 이끄는 군함 4척이 일본 막부의 수도 에도성 입구에 모습을 나타냈다. 이것이 일본의 개국을 불러일으킨 흑선, 즉 '구로후네(黑船)'였다. 구로후네는 이미 고유명사화되어 일본 근대사에 자리하고 있다. 미국이 검은 함선을 이끌고 일본에 기착한 이 사건은 일본사에서 '흑선 도래'라는 엄청난 것으로 일본이 개안(開眼)한 순간이었다. 그때까지 도쿠가와 막부 200여 년 동안 막강한 힘으로 정치와 경제 모든 면에서 일본 사회를 통제하던 막부 세력이 일개 서양 함대한테 밀리는 사태에 직면하여 막부의 권위는 급전직하 추락하게 되었다.

나아가 막부는 미국의 강한 압박에 밀려 허둥대다가 1858년 천황의 허가도 받지 않고 독단적으로 미일수호통상조약을 조인하니, 그러잖아도 막부의 전횡과 이중저 행태에 불만이 쌓여 가면 지방 번에서는 폭발 직전 상태가 되었다. 더군다나 조약 내용도 전형적인 불평등 조약이었으므로 당시 일본 지방 번에서 활약하던 젊은 무사층이 크게 반발하게 되었다.

그러나 이보다 더 한심하고 더 기막힌 일은, 그로부터 18년이 지난 1876년(고종 13년) 2월 27일 일본은 자신들이 미국에 당한 것과 똑같은 방식과 내용으로 일으킨 운요호(雲揚號) 사건을 핑계로 1876년 1월 30일 조선에 군함과 함께 전권대사를 보내 협상을 강요했다. 이때 일본에서는 정한론의 기조에 따라 운요호 사건에 대한 조선 정부의 사죄, 조선 영해의 자유 항행 등을 조건으로 조선을 개국시키기로 결정했다. 이것이 조일수호조규 또는 강화도조약인데, 이것은 근대 국제법 토대 위에서 맺은 최초의 조약이며, 일본의 강압적 위협으로 맺은 불평등 조약이다. 미일조약과 똑같은 내용이다.

실추된 권위와 무사층의 반발에 직면한 막부는 이를 위무하기는커녕 무자비한 탄압을 가하여, 당시 요시다 쇼인을 비롯한 반막부 혁명 세력을 대규모로 처형했다.

당시 선각자 중 가장 중요한 인물은 요시다 쇼인이다. 그는 존왕파 반막부 정치 철학의 사상가이자 메이지 유신의 설계자로, "천하는 천황이 지배하고, 그 아래 만민은 평등하다"며 존왕양이 운동의 사상적 기반을 마련했다. 특히 정한론과 대동아공영론을 기치로 내걸고 메이지 유신을 추진하여 일본 제국주의 성립에 가장 큰 영향을 끼쳤다.

그는 초대 조선통감 이토 히로부미, 초대 조선총독 데라우치 등 조선을 침탈한 주역들을 길러냈으며, 아베 신조 총리가 가장 존경하는 인물로 꼽은 바 있다. 매튜 페리의 흑선은 요시다 쇼인에게도 큰 영향을 끼쳤는데, 결국 요시다는 서구 신문물과 정치 체제를 직접 체험하지 못하면 구미 열강에 대항할 수 없다고 생각해 막부에 서양 군사학과 무기를 도입할 것과 그를 위해 인재들을 해외에 파견해야 한다는 요지의 정책을 제안했다. 또한 일본을 위기에서 구하려면 막번 체제에 기대서는 안 되며, 민중이 단결하고 조속히 무력 준비를 갖춰 조선을 공격하여 인질과 공물을 바치게 한 후 만주와 대만, 루손 등까지 정복해야 한다는 제국주의 일본의 미래를 구상하였다.

그는 감옥에서 나온 후 고향집에 마츠시타 촌숙을 세워 젊은 개화 지도자를 길러냈다. 신분과 계급에 관계없이 제자들을 받아들여 자신의 사상을 전파했는데, 3년 정도 짧은 기간이었지만 이곳에서 배출된 인물들은 메이지 신정부

의 요직을 차지하고 일본 정계와 국제 관계에 큰 영향을 미쳤다. 그러나 1858
년 그는 29세 때 막부에 체포되어 에도로 압송되어 처형되었다. 그의 삶은 그
대로 제자들에게 전수되었는데, 그의 모든 것이 텍스트북이었다.

혁명의 산실 3개 번 그리고 사카모토 료마와 사이고 다카모리

사카모토 료마

몇 년 전 일본 아사히신문에서 지난 천여 년 동안 일본 역사상 가장 위대한 인
물이 누구인지 여론조사를 했다. 그때 예상 밖의 인물이 선정되었는데, 그가 바
로 사카모토 료마(坂本竜馬, 1835~1867)다. 2위와 3위는 도쿠가와 이에야스와 오
다 노부나가, 6위는 도요토미 히데요시였다. 일본인들은 왜 32세 짧은 생을 불
꽃처럼 살다간 그를 존경할까? 아니, 그에 대해서만큼은 존경보다는 좋아한다
고 해야 맞을 것이다. 그것은 사카모토 료마가 현대 일본 드라마에 자주 주인공
으로 등장하는 인간적인 매력과 그의 남다른 행보 때문일 것이다.

사카모토 료마는 혁명의 산실 중 하나인 도사번 출신으로 보잘것없는 하급
무사의 아들로 태어나 어린 시절부터 무예에 심취해 있었다. 그 뒤 에도에 상
경하여 당대 일류 검객인 치바 데이키치 도장에서 5년간 검술을 배웠다. 20대
초반 그는 개국을 주장하는 선각자 가쓰 가이슈(勝海舟)를 증오하여 그를 암살
하기 위해 찾아갔으나, 개국에 대한 그의 주장과 설득에 탄복하여 다음 해 정
치적 입장이 다른 고향 도사번을 탈번하고 에도에 가서 가쓰 가이슈의 문하생
이 되었다. 그는 그곳에서 항해술을 배우며 해외에 눈을 떠 결국 나가사키에서
해운업을 일으켰다.

그의 가장 빛나는 업적은 1864년 같은 혁명세력이지만 서로 반목하는 사쓰마와 조슈의 동맹을 목숨 걸고 추진하였다. 그러면서 1866년 메이지 유신의 결정적 계기가 되는 두 가지 업적을 이룩했다. 하나는 사쓰마-조슈 동맹인 '삿초동맹'을 성공시킴으로써 막부에 무력으로 강력하게 대응할 수 있는 힘을 갖추게 된 것이며, 또 하나는 혁명세력끼리 전쟁하지 않고 평화롭게 왕정을 복고한다는 포용정신에 입각한 정치혁명으로, 당시 영향력이 컸던 도사번주 야마노우치를 움직여 쇼군에게 권고하게 한 결과, 1867년 메이지 유신의 분기점이 되는 역사적 '대정봉환'을 실현시킨 것이다.

이는 메이지 유신의 방점을 찍는 역사적 전환점으로, 1867년 10월에도 막부의 쇼군 도쿠가와 요시노부(德川慶喜)가 정권을 조정에 반납한 것이다. 사카모토 료마는 나아가 대정봉환 와중에 소위 '선중8책(船中八策)'을 제시하였다. 이것은 메이지 정부 정책의 근간이 되는 것으로 의회를 만들 것, 인재를 모을 것, 해군을 강화시킬 것 등이었다.

그는 메이지 혁명이라는 거대한 변혁의 순간에 다른 사람들과는 달리 자질구레한 것들에 얽매이지 않고 통 크게 문제를 해결하였으며, 동지들을 솔직하고 유연하게 포용하면서 모두 설득하였다.

사카모토 료마는 외국 세력이 밀려들어 왔을 때 개국의 불가피함을 깨닫고 함포를 앞세운 서양에 맞서 협상가다운 면모를 발휘하여 합리적으로 새로운 시대를 여는 방안을 만들어 실천해 나갔다. 이러한 노력으로 그는 막부 말기에 사분오열됐던 일본을 동아시아 최강국으로 성장하도록 견인해 냈다.

혁명의 산실 일본 남부의 3개 번

일본 남부의 3개 번 사쓰마번(薩摩藩, 규슈 남부 가고시마), 조슈번(長州藩, 야마구치현 하기), 도사번(土佐藩, 시코쿠 남부 고치현) 등은 메이지 유신의 산실이었다. 이 혁명 지역들은 일본 개국의 도화선인 흑선 내항 이전부터 이미 내부 개혁에 착수하여, 나름의 부국강병 정책을 추진하면서 막부에 대항할 군사력을 갖춰 나갔다.

또한 주요 요직을 젊은 하급 사무라이들로 교체하는 등 파격적인 인적 쇄신을 단행했다. 점차 이 지역들은 일본 전국에 있는 존왕양이 지사들의 산실이 되어 갔다. 이는 사익을 버리고 대의에 충실한 그곳 출신 인물들의 영향이 컸으며, 그들의 영웅적이고 선각자적인 행동은 유신의 성공에 결정적으로 기여하였다.

특히 반막부 존왕양이 운동에 가장 앞장선 곳이 사쓰마번과 조슈번이었다. 이 두 지역은 라이벌이자 앙숙이었는데, 혁명이 진행되면서 메이지 유신의 영웅 사카모토 료마가 등장하면서 양상이 달라졌다. 그는 이 두 번에서 조금 떨어진 도사번 출신으로 소탈하고 직설적인 인품으로 줄기차게 메이지 유신의 젊은 인재들의 역량을 한데 모으는 역할을 하고 있었다.

사카모토 료마는 사쓰마번과 조슈번의 인물들을 설득하여 화해시키고 힘을 합치게 하였다. 이렇게 해서 사쓰마, 조슈, 도사번이 메이지 유신의 주역이 되었다. 이들은 힘을 합쳐 도쿠가와 가문을 내쫓고 천황을 앞세워 전 일본의 정권을 장악하게 된다.

그런 사쓰마와 조슈가 주력이 되어 삿초동맹을 맺고 새로 수립한 메이지 정권은 천황을 옹립하고 오랑캐를 몰아내자는 '존왕양이'의 기치를 걸고 시작했지만, 진행 과정에서 막강한 서구의 힘을 점차 인식하게 되면서 '양이'가 아닌

'서구화'를 추진하여 "우리도 서양처럼 강해져서 잘 살아보자"는 부국강병 노선을 선택했다. 그들은 나라의 모든 시스템인 법과 행정구조, 경제구조, 교육체계, 신분체계 등을 서구식으로 개혁하고자 했다.

1867년 사쓰마번과 조슈번과 동맹을 결성한 후 그 힘을 기반으로 사카모토 료마는 도사번 번주 야마우치 요도에게 모든 정권을 천황에게 돌려주는 '대정봉환'을 직소할 것을 권유하였고, 번주는 이를 수렴해 에도 막부 제15대 쇼군 도쿠가와 요시노부에게 "천황에게 국가통치권을 돌려주라"고 권고하는 타협안을 제시했다. 이에 스스로 할 수 있는 일이 아무것도 없던 쇼군은 국가통치권을 일단 돌려준 뒤에도 새로운 정치 체제 아래서 권력을 장악해 실질적인 통치권을 행사할 수 있다고 생각하고 이 방안을 수용했다. 그리하여 11월 10일 천황에게 통치권 반환을 신청했고, 그다음 날 천황이 이를 허락했다.

그 사이에 반막부 체제 세력들은 1868년 1월 3일 왕정복고와 함께 일본제국의 수립을 선언했다. 그리고 5월 3일, 에도는 일본제국군의 손에 떨어지게 되었으며, 도쿠가와 막부는 마지막 쇼군 도쿠가와 히토쓰바시 요시노부(一橋慶喜)를 끝으로 1603년 막부 개막 후 265년 만에 붕괴되고 말았다.

갑자기 영웅에서 쓰레기로 전락한 사무라이 군단

천황을 옹립하고 외세를 몰아내자는 '존왕양이'의 기치를 내걸고 시작한 메이지 혁명이 점차 외세처럼 서구화하자는 것으로 변질되어 가자 혁명 세력 내부에서의 반발은 필연적이었다. 언제나 그렇듯 혁명과 같은 격변기에는 추진 과정에서 갈등이 생긴다. 그것은 혁명 당초의 뜻대로 존왕양이, 반외세 민족주의 성향을 가진 보수 세력의 사무라이들과 친서방적인 유학생 출신 신진 엘리트들 사이에 생긴 반목 갈등이었다.

생각해 보면 사무라이들은 메이지 유신 정권 창출 과정에서 수많은 전쟁을 수행했으며 수많은 희생자를 냈다. 그러나 그뿐이었다. 모든 전쟁이 끝난 후 새롭게 정비된 새 나라에서 그들이 할 일은 없었다. 이러한 사실을 정확하게 인식하는 것은 사무라이들의 또 다른 양심이었다. 구습을 타파하고 부국강병의 기치를 걸고 싸워 온 주역인 사무라이들이 어느 순간 적폐가 되어 버렸고, 이제는 그들을 어떻게 처리할 것인가가 새 나라의 커다란 과업이 되고 있었다.

이때 나선 인물이 사쓰마번의 리더 사이고 다카모리(西鄕隆盛)다. 내전 당시 혁명군 지도자이자 메이지 정권의 육군장관이었던 그는 사무라이 중의 사무라이였으며, 전통 사무라이 세력과 신진 엘리트 관료 세력의 갈등을 해소시키는 것이야말로 자신의 과업이라 생각하게 되었다.

막부 세력을 물리치고 신정부를 수립한 후 혁명 동지들 간에 갈등이 표면화되자 사이고는 신정부에 참여하지 않고 사쓰마로 돌아가 조용히 번의 관료로 일했다. 그러나 1871년 관료들의 오랜 설득 끝에 다시 정부군 사령관이 되었다. 다카모리의 등용으로 혼란에 빠져 있던 신정부 군사력과 치안상태가 급격히 안정되었으며, 정부는 이를 기반으로 폐번치현(구시대적인 번을 폐지하고 근대적인 현 체제로 행정구역을 개혁함), 사족정치 같은 번 내 봉건제도를 폐지하여 중앙집권적 국가 체제를 세워 나갈 수 있게 되었다.

이로 인해 번의 토지 영유권은 천황의 소유가 되었으며, 각 번의 군대는 해산되었다. 그리고 그때까지 갖고 있던 사무라이들의 지위가 박탈되었다. 이는 당연히 사무라이 세력을 기반으로 움직이던 사이고 다카모리의 지지 기반 역시 무너지게 되었음을 의미했다. 이런 과정에서 사이고는 신정부에 크게 회의를 느끼게 되었다.

사무라이들의 불만이 점점 커지자 이들의 시선을 외부로 돌리고, 천황 직속 군대를 만들기 위한 정부의 의도에 따라 1873년 조선을 정벌해야 한다는 정한론이 대두되기 시작했다. 이때 사이고 다카모리는 전쟁이 문무 관료 중심의 부르주아식 통치에서 다시 사무라이 중심의 통치 체제로 전환하는 계기가 될 거라고 생각하고 조선 출병을 강경하게 지지했다. 그러나 이를 반대하는 또 다른 혁명 주체 세력인 오쿠보 도시미치, 기도 다카요시 등과 대립하여 결국 사임하고 가고시마로 귀향했다.

사이고 다카모리는 가고시마에서 군사학을 가르치는 사학을 설립해 후학을 양성했다. 전국에서 그를 따르는 갈 곳 없는 무사들이 몰려왔으며, 1877년 무렵에는 학생 수가 2만 명에 달했다. 그러는 한편 사이고 다카모리는 사쓰마번을 중심으로 사무라이들이 주도하던 기존 봉건체제를 유지하고 강화하는 데 매달렸다.

점차 커져 가는 그들의 세력에 정부는 위기의식을 느끼지 않을 수 없었다. 몰락일로에 있던 사무라이들의 불만은 날이 갈수록 팽배해졌고, 사이고 다카모리는 그들의 절대적 지지자로 여겨졌다. 이에 더해 구마모토 등지에서 반란이 잇달아 일어나면서 모든 사람들은 사이고 다카모리를 주목했다.

세이난 전쟁

1877년 1월 말, 일촉즉발의 상황에서 사이고 다카모리의 제자 몇 명이 가고시마 군수공장과 해군기지를 공격하는 사건이 벌어졌다. 이때 사이고 다카모리는 반역자로 체포되어 치욕적으로 죽든지 전쟁을 통해 모두 죽든지 하나를 선택해야 하는 결단의 순간이 왔음을 직감했다. 그는 드디어 명예로운 죽음을 선택하고 사학의 사무라이들을 중심으로 군대를 일으켜 구마모토로 향했다.

이 전쟁은 메이지 정부 출범 후 벌어진 최대 최후의 사무라이 반란이었다. 정부 측에서는 사이고 다카모리의 절친이자 최대 정적인 개화파의 리더 오쿠보 도시미치를 중심으로 관군이 편성되었고, 사이고 다카모리 군대는 그들을 상대로 구마모토성에서 최후까지 공방전을 벌였다.

사이고 다카모리가 이끄는 사무라이 반군은 장렬하게 싸웠지만 애초부터 되지 않는 싸움으로 신정부군에 의해 처절하게 유린당했다. 몇 달간 이어진 전쟁에서 결국 그들은 관군에 진압되었고, 사이고 다카모리를 비롯한 반군 지도자 대부분이 장렬하게 자결했다. 그가 죽은 후에도 사무라이들은 그를 추앙하며 정부에 반발했으나 시대의 흐름을 거스를 수는 없었다.

이 반란을 진압함으로써 정부는 사무라이 세력들을 모두 제거하고 오쿠보 도시미치가 디자인한 새로운 독일식 관료제도를 도입하여 중앙집권화 기반을 확립했다. 이것이 1877년의 세이난(西南) 전쟁이다. 이 전쟁은 문학이나 영화에서 아직도 살아남아 있다. 할리우드 영화 '마지막 사무라이'가 바로 이것을 그린 것이다. 칼을 든 사무라이들이 현대식 대포 포격을 향해 장렬하게 돌진하는 장면과 사이고 다카모리의 부하 사무라이들이 함께 할복하는 장면이 그것이다.

생각해 보면 처음부터 그가 일으킨 전쟁은 너무 무모한 것이었다. 그것은 전통 사무라이 방식의 구시대적 전쟁을 답습한 것으로, 사무라이 군대는 현대적으로 잘 무장된 대규모 정부군에 맞서 이길 가능성은 전혀 없었다. 그가 선택한 전쟁 방식은 누가 보아도 장렬하게 전사하고자 하는 무모한 것이었다. 사무라이가 최후 순간에 할복하듯이 선택한 전쟁이었다. 사이고 다카모리는 사실 은퇴하여 나름의 부귀영화를 누릴 수 있었음에도 자신만의 혁명을 완수하는 사무라이식 죽음을 택했다.

지금 가고시마에는 그곳에서 배출한 메이지 유신의 선구자 두 사람을 기리고 있다. 세이난 전쟁의 패자인 사이고 다카모리와 승자인 오쿠보 도시미치다. 그곳에 함께 세워져 있는 그들의 동상은 크기도 대우도 비교 불가다. 당연히 사이고 다카모리에 대한 존경심의 크기를 말하는 것이다.

재미있는 말로, 가고시마에서 사이고 다카모리와 그곳 특산품인 돼지고기절임에 대해 왈가왈부하는 것은 금기사항이다. 그는 가고시마 사람들 마음속에 영원히 살아 있다.

메이지 유신의 영웅들은 모두 예외 없이 그렇게 짧게 살다 갔지만 영원히 살아남아 있다. 다만 현실에서 그들은 불꽃처럼 살다 이슬처럼 갔다. 삿초동맹을 이끌었던 도사번의 사카모토 료마 또한 32세에 암살당했다. 이들의 불꽃 같은 삶으로 메이지 유신의 불쏘시개가 되어 혁명 정신은 활활 타올라 후손들에게 이어져 갔다.

일본 역사상 본토에서 일어난 최후의 내전인 세이난 전쟁을 묘사한 그림

제 13 장

야스쿠니 신사

강자는 영광뿐만 아니라
슬픔까지도 독식하는가?

일본 내셔널리즘의 총본산

야스쿠니 신사는 일본 내셔널리즘의 총본산이다. 먼저 야스쿠니(靖國神社) 신사의 유래와 현재 상황을 살펴보면 일본의 속마음을 이해하는 데 도움이 될 것이다. 일본 근세사에서 일본의 새벽을 열었다는 메이지 유신과 이 신문명의 여명기에 자신들의 신념을 지키기 위해 목숨 걸고 싸운 선구자들의 이야기는 아직도 일본인들의 가슴속에 살아 있다.

메이지 유신을 성취하고도 혁명을 완성하기 위해 일 년여 동안 수많은 내전이 있었다. 이 내전은 메이지 유신의 밑거름이 되었고, 근대 일본의 향방을 가늠하는 시금석이 되었으며, 역사상 보신전쟁(戊辰戰爭)으로 불렸다. 1868년이 무진년이었기 때문이기도 하지만, 보신(무신)전쟁이라는 이름은 일본에서 특별한 의미를 가지는 일대 사건이었다. 그들은 왕정복고 과정에서 일어나는 정치적 갈등, 메이지 유신을 통하여 드러난 국가적 모순, 국정 철학의 충돌, 지역 간 갈등 등 모든 문제의 해결을 이런 크고 작은 전쟁을 통해 풀어나갔다. 내전은 1868년 1월 3일 보신전쟁의 시발점이자 분수령이 된 도바-후시미 내전에서부터 하코다테 결전을 마지막으로 15회 이상 벌어졌다.

1869년 메이지 혁명 수립 과정에서 벌어진 전쟁, 특히 보신전쟁 당시 죽은 영령을 위로하기 위해 신정부는 '도쿄 초혼사(招魂社)'를 창건하였다. 이때 메이지 정부는 정부군 사망자 3,588위 위령제를 지내면서 막부 측 전사자는 철저하게 배제했다. 그리고 1870년 국가 신토를 일본의 사실상 국교로 삼겠다는 의지를 대외에 천명했다. 그 후 1879년(메이지 12년) 6월, 도쿄 초혼사는 '야스쿠니 신사'로 개명되었다. 『춘추좌씨전』에서 차용한 야스쿠니라는 이름은 '나라를 평화롭게 한다'는 뜻이다.

야스쿠니 신사는 청일전쟁, 러일전쟁 그리고 1,2차 세계대전 등에서 전사한 이들을 생전의 신분, 계급, 성별, 연령에 상관없이 합동으로 제사를 지낸다. 이렇듯 야스쿠니 신사는 1945년 이전에는 천황 숭배와 군국주의 보급에 중요한 역할을 수행했으며, 1945년 일본이 패전한 뒤 1946년 '종교법인령'이 공표되어 국가 신토가 제도적으로 사라지면서 그해 9월 민간 종교법인으로 바뀌어 정부 관할을 받지 않는 특수법인 신사로 남았다.

야스쿠니 신사는 명부에 246만6,000여 명의 이름을 적어 합사, 봉안하고 있다. 그 숫자는 보신전쟁과 메이지 유신 7,751위를 시작으로 여러 전쟁과 대동아전쟁 2,133,915위까지 모두 합친 숫자다. 특이한 것은 시신이나 유골이 안장된 곳도 아니고 위패가 모셔져 있는 곳도 아니며, 단지 죽은 사람들의 명단이 보관되어 있다는 것이다. 문제는 이 합사자 중에 중일전쟁과 태평양전쟁을 일으킨 전쟁 범죄자들과 식민 제국주의 침략자들은 물론, 일제에 의한 강제징용자 등 합사를 원하지 않는 사람들까지 포함되어 있다는 점이다.

1945년 종전 후 일본의 모든 구제도를 변혁시킨 미군정청(GHQ)이 해산되고 일본이 다시 독립국이 된 1952년 10월 쇼와 천황 부부가 처음 야스쿠니 신사를 참배한 후 시간이 지날수록 야스쿠니 신사와 자위대가 그동안의 조심스러운 입장에서 벗어나 과감하게 결탁하여 우익 단체의 표본으로 행동하기 시작하였다.

일본 총리의 야스쿠니 신사 참배는 1985년 8월 15일 당시 일본에서 역대급 인기를 누렸던 나카소네 총리가 전후 40년을 기념하여 참배한 것에서 시작되었다. 그러나 나카소네는 한국 등이 반발하자 이듬해부터 참배를 취소하였다.

그러다가 2001년 고이즈미 총리가 과감히 재개하여 총리 재임 중 여섯 차례 참배했다. 그는 이에 대해 자신의 신념에 의한 것이지 전범에 대한 참배는 아니라고 했으나, 교과서 왜곡 문제가 크게 문제되자 참배일을 8월 13일로 살짝 바꾸기도 했다.

이렇게 일본 총리와 각료들의 공식 참배가 시작된 이래 '야스쿠니 신사 참배 문제'는 국론을 이분시키는 정치적 사상적 대척점으로 비약되어 국가적 보호 유지 방법, 총리 공식 참배에 대한 판단, A급 전범 합사 문제 등의 외교적 갈등, 신사의 역사적 성격과 국가, 정부와의 관계를 어떻게 정리할 것인가도 지속적인 현안으로 주목받고 있다.

일본제국주의 시대 전범이 합사되어 있는 야스쿠니 신사에 정부 대표로 총리나 각료의 공식 참배가 피해국인 한국과 중국, 동남아시아 각국의 반발을 사면서 외교적 문제로 떠올랐다. 전범을 신격화한 신사에 대한 참배는 사실상 일본 군국주의와 침략의 정당성을 확보하기 위한 수순으로 보인다는 점이 가장 큰 외교적 갈등 요소였다.

야스쿠니 신사에는 태평양전쟁을 일으킨 A급 전범 도조 히데키를 비롯해 일본제국주의 시대에 아시아 일대를 무력으로 점령하는 데 공을 세워 2차 세계대전 이후 벌어진 도쿄 전범 재판에서 침략 전쟁 수행죄로 사형당한 도이하라 겐지, 이타가키 세이시로, 마츠이 이와네, 기무라 헤이타로, 무토 아키라 등이 합사되어 있다.

그렇기 때문에 야스쿠니 신사 참배는 일본 국내외적으로 커다란 문제를 일으키는 진원지가 되고 있다. 일본이 일으킨 전쟁에 대한 반성, 식민지 침탈 행위로 인한 고통, 반인륜적 수탈 행위 등 모든 야만적 행위에 대한 반성 없이 일본 정부 인사들이 야스쿠니 신사 참배를 감행하는 것은 절대로 용서할 수 없다는 것이다.

또 다른 갈등은 한국, 대만 등에서 강제 징집된 징용자들을 신사에 합사한 것이다. 유골도 없이 명부에 임의로 이름을 올렸을 뿐이므로 해당 국가의 후손들은 망자의 이름을 삭제해 줄 것을 요구하고 있지만, 일본 정부는 야스쿠니 신사가 단지 종교시설이라는 명분을 내세워 명부에 손을 대는 것을 거부하고 있다. 이에 반발해 많은 유족들이 합사 취하 운동을 전개하고 있다.

강자는 영광뿐만 아니라 슬픔까지도 독식하는가? 야스쿠니에 대한 비판이나 소회는 모두 일본의 의지에 따라 진행되었다는 것이다. 매년 8월 15일 일본에서 거행되는 패전기념일 행사를 보면, 그들이 전 세계 유일의 핵피해국이라는 사실을 엄청나게 강조하며 슬픔에 잠긴다. 왜 핵폭격을 당했는지는 말하지 않고…. 항상 느끼지만 강자는 영광은 물론 슬픔까지도 독식하고 있다.

야스쿠니 신사 임시 대제에 참배하고 있는 쇼와 천황(1934년 4월)

참배객들이 합장하고 참배하는 배전(拜殿)

제 14 장

작은 신들의 나라 일본의 신사

모든 일본인은 죽어서 신이 된다

일본인은 죽어서 자기 집 안방 한쪽에 모셔진 신단 속에서 가족신으로 모셔진다. 그들은 살아 있는 가족들의 일상을 지켜 주는 역할을 하며 가족들과 함께 살아간다. 그리고 동네마다 있는 신사에 정초부터 일 년 내내 참배한다. 일본 인구 1억2,000만 명 중 약 90퍼센트가 신사 참배를 한다. 동네 신사만 가는 것이 아니다. 도쿄 메이지 신궁이나 이세 신궁 같은 국가적으로 유명한 신사에 떼로 몰려가 참배한다. 수만 명이 한꺼번에 몰려들어 경찰이 정리하느라 애를 먹을 정도다.

그리고 아기가 태어나면 반드시 신사에 가서 건강과 행복을 기원한다. 아기가 3, 5, 7세 되는 해 11월 5일에 참배한다. 성인이 되면 남자는 25, 42세 때, 여성은 19, 33세 때 액땜을 하기 위해 참배한다. 이때 신사 입구에 있는 향불 연기를 몸에 쐬며 건강을 기원한다. 그리고 신단에 걸려 있는 작은 종을 흔들고 동전을 던지며 신을 깨워 기도한다. 신사에서 파는 부적(御札, 오후다)과 오미쿠지(복점 뽑기)를 사서 지니거나 복을 점친다.

일본인들은 모든 삼라만상에 신성을 부여하고 숭배한다. 인간과 자연에 대한 주술적 힘을 부여하여 복을 구하는 원시종교 형태가 여전히 남아 있으며, 그것을 통해 아주 소박한 휴머니즘의 소통을 추구한다고도 볼 수 있겠다. 그래서 일본 신사를 이해하는 데는 크게 두 가지 관점에서 출발해야 한다. 하나는 일반 서민의 일상을 관장하는 '이나리(稲荷) 신사'가 있고, 두 번째는 국가적인 '신궁'이 있다.

일본 신사의 기원을 찾기 위해서는 먼저 이나리 신사를 이해해야 한다. 이나리(稻荷)는 쌀 또는 오곡을 뜻하며, 이나리 신은 원래 오곡의 풍요를 관장하는 농업 신이었지만 점차 일본인들의 일상사를 관장하게 되었다. 그들은 사업 번창, 가족 안전, 자녀 합격, 교통 안전 등 모든 일상사를 이나리 신에게 의탁한다. 그런 이유로 이나리 신사는 일본 전역에 퍼져 있어 3만여 개에 이른다.

이 중에서 교토에 있는 후시미 이나리 신사(교토부 후시미구)는 이나리 신사의 총본산이다. 이 신사는 예로부터 여우와 도리라는 두 가지 아이콘으로 유명하다. 먼저 여우는 이나리 신사에서 모시는 신 '우카노미타마'의 메신저가 여우이기에 여우를 같이 모시던 것에서 유래하였고, 도리(鳥居) 혹은 도리이는 일본의 전통 문으로 지금은 주로 신사 입구에만 있다.

도리이의 기본 구조는 기둥 두 개가 서 있고 기둥 꼭대기를 서로 연결하는 가사기(笠木)로 불리는 가로대가 놓여 있는 형태다. 제일 위에 있는 가로대 약간 밑에 있는 두 번째 가로대는 누키(貫)라 부른다. 도리이는 전통적으로 나무로 만들었는데, 오늘날은 돌이나 금속, 스테인리스강으로 만들기도 한다. 그리고 후시미 신사 도리가 주홍색으로 칠해진 이래 대부분의 도리는 주홍색이다.

도리이는 세속과 신성을 구분하는 경계인데, 도리이 내의 세계는 신사에서 모시는 신이 거하는 신성한 곳이다. 도리이라는 말의 유래는 여러 가지가 있어 다소 불분명한데, 일본어의 '통하다(通る)'에서 나온 것이다. 또는 '닭이 거하는 자리(鶏居)'로 신토에서 닭을 신의 전령이라고 여기는 데서 비롯되었다. 혹은 '통과해 들어가다'라는 뜻의 '도리이루'에서 유래되었다는 설도 있다. 물론 다 뜻이 통하고 일리 있는 설명이다.

후시미 이나리 신사에는 1만여 개에 달하는 크고 작은 도리가 세워져 있다. 그 이유는 후시미 신사가 예로부터 영험하고 유서 깊은 곳으로 알려져, 일본

각지 사람들이 성공을 기원하며 봉납한 거대한 붉은 도리이가 나날이 늘어나 센본도리이(千本鳥居)라 불려졌기 때문이다. 단순히 신사 주변에만 도리이가 있는 것이 아니라 이나리산 정상까지 등산길에 도리이가 있어 장관을 이룬다. 정초부터 몰려드는 참배객 숫자는 수백만이라고 한다.

일반 서민들의 기복을 관장하는 후시미 신사의 유래는 격렬한 혁명의 시간이 정리되는 서기 711년에 이로코노하타노키미(伊侶巨秦公)라는 도래인이 이나리산 3개 봉에 하타(秦) 씨족의 조상신을 모신 것에서 비롯되었다고 한다. 하타 씨는 『일본서기』에서 백제 도래인이라고 하나, 가야 또는 신라 도래인이라는 설도 있는데, 분명한 사실은 하타씨는 고대 한국에서 일본으로 건너온 도래인이다.

교토에 있는 후시미 이나리 신사. 이곳에는 1만여 개의 도리가 세워져 있다.

이세 신궁

이세 신궁(伊勢神宮)은 신사이기 전에 일본인들의 정신적 상징이다. 그래서 일본인들은 '이세님', '대신궁님'으로 부르는 경우가 많다. 이세 신궁은 내부에 두 신전이 있는데, 하나는 태양을 상징하는 신 아마테라스 오미카미를 모시는 황대신궁과 의식주를 상징하는 신 도요우케노 오미카미를 모시는 도요우케 대신궁이 있다. 황대신궁을 내궁, 도요우케 대신궁을 외궁이라 부르기도 한다. 또 두 정궁 주변에 별궁, 섭사, 말사, 소관사 등 크고 작은 사궁 123개가 있다.

아마테라스는 일본의 주신이며 태양신이다. 천황가를 상징하고 대표하는 신 '아마테라스'는 하늘에서 빛난다는 뜻이며, 오직 천황가만이 숭상하고 그들만이 모실 수 있는 신이다. 그 신이 모셔져 있는 곳이 이세 신궁이다. 신궁은 일본 천황이나 그 시조를 모시는 제단을 이르는 용어로 통용되고 있지만, 현재 일본에서 '진구'는 미에현 이세시에 있는 이세 신궁의 정식 명칭이다. 사실 오늘날 신궁이라는 이름을 가진 신사라고 해서 반드시 천황 및 황족을 모시는 것은 아니다. 1945년 종전 이전에는 '진구'라는 이름을 쓰기 위해서는 특별법이 필요했으나, 현재는 특별한 허가 없이도 품격이 높은 신사라면 '신궁'이라는 이름을 쓸 수 있다.

메이지 시대 이후 일본 황실의 선조, 천황 및 천황가에 공적이 있는 일부 신을 모신 신사 중 몇 군데가 명칭을 '신사'에서 '신궁'으로 변경하였다. 다만 '신궁'의 이름을 쓰려면 특별한 유래를 가지고 있어야 하는 것이 통례다. 1945년 이후 '신궁'이 된 홋카이도의 홋카이도 신궁(구 삿포로 신사), 후쿠오카현의 히코산 신궁, 효고현의 이자나기 신궁은 정부 신사 담당기관의 특별 승낙을 받아 개칭되었다.

중세 이후 이세 신궁 온시(御師, 신사에 소속된 기도사)들의 활동에 의해 아마테라스가 일반인들 사이에서도 수호신으로 신앙되어 광범위한 숭배 대상이 되었다. 그리고 무로마치 시대에 이르러서는 일본인이라면 누구나 일생에 한 번쯤 이세 신궁에 참배해야 한다는 관념이 형성되어 있다.

2014년 미국 오바마 대통령이 이세 신궁과 메이지 신궁을 참배해 세상의 이목을 끈 적이 있다. 일본 3대 신사 중에서 한국과 중국은 2차 세계대전 전범이 합사되어 있는 도쿄 야스쿠니 신사 참배를 강력하게 항의했지만, 이세 신궁과 메이지 신궁에 대한 일본 정치인이나 외국 정상들의 참배는 크게 신경쓰지 않고 있다. 이에 대해 일본 정가에서는 이 신사들이 야스쿠니 신사와 뭐가 다르냐고 항변하고 있다.

일본인들의 정신적 상징인 이세 신궁. 일 년 내내 참배객들의 발길이 끊이지 않는 곳이다.

메이지 신궁

　메이지 신궁(明治神宮)은 이세 신궁과 그 격이 하늘 땅 차이다. 메이지 신궁은 메이지 천황을 위한 신사로, 건국신화를 모시는 이세 신궁과 격이 다르다.

　메이지 신궁은 메이지 천황 시대에 이룩한 조선합병, 청일전쟁과 노일전쟁의 승전, 사할린 열도 침공 등 일본 제국주의를 열어 나간 시대를 오래도록 기념하고자 한 사원이므로 당연히 일본 극우 세력들의 총본산격이다. 그 의미를 얼마나 알고 있는지 일 년 내내 일본인 참배객들의 발길이 끊이지 않는다. 건물도 화려하며, 경내 숲도 아주 좋다. 그 숲은 제국주의 시절 아시아의 좋은 나무를 다 가져다 심은 것이다.

메이지 신궁은 메이지 천황을 위한 신사로 일본 극우 세력의 총본산격이다.

도쿠가와 막부 체계에 기반을 두었던 구시대를 완전히 종식하고 천황을 정점으로 하는 권위적 민족주의 사회를 완성한 메이지는 일본 우익 집단들에게는 정신적 기둥이나 마찬가지였다. 당연히 메이지 신궁은 창건 이래 수많은 우익 집단과 고위 인사들이 모이는 장소로 애용되었다. 그러다 보니 자연스럽게 메이지 신궁의 신직은 일본 우익 집단들 사이에서 상당한 명망과 영향력이 있는 직책이었고, 신궁의 신직들이 은퇴한 후 우익 집단의 지도자나 실무자 역할을 겸하여 메이지 신궁의 영향력은 더욱 더 커졌다.

또한 메이지 신궁은 다른 신사와 마찬가지로 종교법인으로 변신한 후에 다양한 수익사업을 벌여 엄청난 수익을 벌어들였다. 참배객들의 시주, 결혼식장과 조리시설 운영, 운동시설 대여 등으로 많은 수익을 올리고 있다. 이외에도 비공식적으로 전달되는 고위 인사들의 기부금까지 포함하면, 메이지 신궁은 막대한 자금을 움직이는 큰손이다. 감사 또한 느슨하여 자금을 마구 우익 집단들에 뿌려 많은 우익들이 메이지 신궁의 말을 따르게 만들었다. 결론적으로 메이지 신궁을 보면 일본 극우의 모습을 정확하게 알 수 있다.

제 15 장

기마민족의
일본 정복

서정주의 신라 정신

내가 어느 절간에 가 불공을 하면

그대는 그 어디 돌탑에 기대어

한 낮잠 잘 주무시고

그대 좋은 낮잠의 상으로

나는 내 금팔찌나 한 짝

그대 자는 가슴 위에 벗어서 얹어 놓고

그리곤 그대 깨어나거든

시원한 바다나 하나

우리들 사이에 두어야지

– 서정주 시, 「선덕여왕의 말씀 2」

동아시아가 7세기의 대격변기를 거쳤다면, 서구의 3~6세기 또한 엄청난 시련과 격변의 세기였다. 이것을 세계사적으로 말하면 게르만 민족의 대이동이다. 서기 3~6세기 세계 지도를 바꾼 주체 세력은 광활한 북방 초원지대와 몽골고원에 살던 유목민이었다. 이들은 BC 2세기경부터 세계적인 대제국을 만들어 낸 주역이었다. 시대와 상황에 따라 제국의 이름은 달랐지만 언제나 몽골고원에 살던 유목 기마민족이었다. 그들의 이름은 시대에 따라 흉노, 선비, 북위, 돌궐, 위구르, 거란, 금, 몽골제국, 청 등으로 핵심 세력은 언제나 유목 기마민족이었다.

흉노족은 대표적인 기마민족으로 만만한 농경사회인 중국을 괴롭혀 왔다. 한나라 때부터 원한에 찬 중국인들은 그들을 흉노(匈奴)라 불렀고, 그들이 유럽으로 이동하여 게르만족을 공격할 때 서양인들은 훈(Hun)족이라고 불렀다. 게르만족의 대이동 또는 민족 대이동(Barbarian Invasions)은 3~6세기에 걸쳐 게르만족이 유럽 전역에 걸쳐 이동한 사실을 말한다.

민족 대이동의 계기는 흉노족, 즉 훈족이 가뭄과 추위를 피해 서진(西進)한 것이며, 이에 밀린 게르만 여러 족속은 보다 좋은 기후와 비옥한 땅을 찾아 당시 방위력이 약화되었던 로마제국으로 대거 침략해 들어왔다. 서양도 중국과 상황은 비슷하여 최근 전 세계적으로 히트한 미드 '왕자의 게임'에서 무시무시한 북방 침략 세력이 바로 그 흉노족이다.

이때 게르만 민족은 동·서·북 게르만 민족인데, 동게르만 민족은 반달족, 부르군트족, 고트족 등이 있고, 훈족 이동의 영향을 받아 이탈리아, 프랑스, 에스파냐, 아프리카 등의 여러 지방으로 이동했다. 그들은 대부분 인구나 문화의 열등으로 그곳 민족과 동화하였다.

서게르만 민족은 앵글로색슨족과 롬바르드족 그리고 프랑크족 등이 영국, 프랑스, 이탈리아 등에 가서 각각 새 지역의 초석을 놓았다. 북게르만 민족은 노르만인으로 한참 뒤인 10세기 이후에 남하했다. 유럽 각지에 침입한 게르만 인구는 원주민의 3% 이하, 즉 소수였다. 따라서 이러한 지역에서는 존재가 미약하여 소속 부족에 동화되는 일이 많았다. 그러나 대체적으로 민족의 이동으로 말미암아 새로운 중세 서유럽 세계를 형성하게 되었다,

삼국통일의 주체 세력인 신라 김씨 왕족도 서구 게르만 민족 대이동에서처럼 북방 초원에서 한반도로 내려온 흉노족이라는 주장이 오래전부터 강력하게 제기되고 있다. 이는 한국사를 다시 쓰고 한국인의 정체성 확립에 대전환을

이룰 수 있는 일대 사건일 것이다. 신라는 삼국시대 역사에서부터 다른 두 나라와는 완전히 다른 역사적 줄기를 가지고 있었다. 신라는 개국 때부터 중국과 거리를 두고 북방 초원 유목민의 문화를 받아들였다.

삼국통일의 주역 대종 무열왕 아들 문무왕 비문(碑文)에 "나는 흉노왕 선우의 후손이다"라는 금석문과 신라 무덤에서만 나오는 금관, 로만 글라스(로마풍의 유리공예품), 적석(積石) 목곽분, 각배(角杯) 등은 흉노의 대표적인 상징물이다. 이에 더하여 역사의 변곡점마다 항상 도출되는 신라의 힘은 누가 뭐래도 흉노족 문화에서 비롯된 것이었다. 그것은 먼저 신라 토속문화 중에서 샤머니즘, 기마문화, 금관문화 그리고 화랑도 등이었다.

전라도 사람 미당 서정주는 6·25전쟁의 참혹함을 견디지 못해 죽음을 생각하고 자살 직전까지 갔다가 신라 정신을 만났다고 한다. 그것은 구원이었고 새 생명이었다는 것이다. 6·25전쟁 당시 우리 선조들은 이런 때 어떻게 헤쳐 나갔을까 생각했고, 그때 바로 신라 향가에서 향기로운 삶의 지혜를 얻었다고 한다. 그것은 자연과 인생에 대한 소박한 감정에서부터 깊은 체념과 달관 그리고 백성을 살리는 정신까지, 즉 국선(國仙) 정신이었다고 한다.

국선 정신은 조선시대 유교가 가져온 폐해와 비교할 때 더욱 빛난다. 조선시대 유교가 우리 민족에게 강자인 중국에 대한 사대와 모화사상을 각인시키고 약자의 열등감과 사농공상의 계급의식을 가르쳐, 활달한 민족 기상을 다 버리고 망국의 길로 이끌고 간 것과는 전혀 다른 것이다. 그것은 나와 내 민족의 존엄성은 스스로 지켜야 한다는 것이다.

시인 서정주는 "민중을 억압하고 무시해서도 안 되지만 민중에게 아첨하고 추파를 던져서도 안 된다. 진심으로 민중과 일치하고 화합하려는 정신이 중요하다"고 강조했다. 그는 신라 화랑들이 가졌던 미래불 미륵신앙을 자신의 시 「신라 사람들의 미래통」에서 이렇게 말했다.

"신라 사람들은 백년이나 천년 만년 억만년 뒤의 미래에 살 것들 중에 그중 좋은 것들을 그 미래에서 앞당겨 끄집어내어 눈앞에 보고 즐기고 지내는 묘한 습관을 가졌었습니다. 미륵불은 먼 미래에 나타나기로 예언되어 있는 부처님이신데, 신라 사람들은 이분까지도 그 머나먼 미래에서 앞당겨 끌어내어 눈앞에 두고 살았습지요."

도쿄대 에가미 나미오 교수의 기마민족 일본정복설

"역사는 반드시 어느 순간 입을 열어 웅변하며, 특히 고고학은 침묵의 자료인 유물을 통해 웅변의 자료인 문헌사학으로 발전한다."

일본 고고학계의 스타 에가미 나미오(江上波夫) 도쿄대 명예교수는 활달한 역사관과 이에 상응하는 학설과 일본 기존 고고학계의 모순점을 크게 반박하는 이론으로 일본 사회를 발칵 뒤집어 놓은 적이 있다.

그가 쓴 『기마민족국가-일본 고대사에의 어프로치』(中公新書, 1967)는 일본 고고학계 기존 책들과 달리 창의성과 파격적인 상상력으로 출간될 때부터 유명했다. 당시 일본의 통설은, 일본이 천황을 중심으로 한 단일민족으로 일본 열도에서 자생했다는 것이었다. 이에 대해 에가미 교수는 4~5세기 일본의 고대 국가를 세운 세력은 북방 유목민계 기마민족으로 이들이 한반도를 거쳐 일본 서해안과 규슈에 상륙하여 지금의 나라(奈良), 오사카 지방으로 진출, 소위 야마토(大和) 정권을 세운 것이라는 주장을 폈다.

그는 김해 대성동 고분 발굴과 유적으로 "기마민족설은 입증되었다"고 했다. 다시 말해 일본을 건국한 민족이 북방 초원에서 조선 남부 지역을 거쳐 일본으로 건너왔다는 기마민족 이동설을 입증했다는 것이다. 즉 북방 기마민족이 한반도로 남하해 삼한시대 진한(신라)을 세운 뒤 가야에 진출해서 먼저 쓰시마를 정복했으며, 마침내 규슈에 상륙해 '한왜연합왕국'을 세웠고, 그 뒤 명실공히 왜국 왕이 됨으로써 진한 왕가는 중국에 대해 스스로 왜국 왕으로 칭하게 되었다고 주장했다.

또한, 김해 대성동 고분군에서 발굴된 북방계 기마민족의 유물은 그때까지 일본학계에서 야마토 조정이 조선반도에 진출해 '임나일본부'를 설치했다는 『일본서기』에서 왜곡 주장하는 것과 같은 일반적 학설과 정반대되는 사실을 입증했다. 김해 대성동 고분은 1990년 6월부터 8월까지 1차 발굴한 곳으로, 김해는 가락국의 맹주 금관가야의 왕도이며 가락국의 문화 중심지였다.

에가미 교수가 자신의 학설을 입증할 수 있는 증거물로 '대성동 고분군에서 발굴된 북방계 기마민족들의 유물'이라고 단정하는 이 학설이 정당성을 가지기 위해서는 민족 대이동의 중간 거점이 반드시 밝혀져야 하는데, 그곳이 금관가야라고 했다. 대성동 고분에서는 목곽묘, 토기, 철기류, 마구, 소뼈, 통형동기(筒形銅器, 아래위로 긴 구멍이 있는 원통형 청동기), 다섯 사람의 인골이 발견되었다. 이처럼 부장물을 풍부하게 무덤 속에 넣는 장례 풍습은 오직 가야와 신라에서만 행해지던 묘제였다.

그리고 그곳에서 나온 10점의 통형동기는 지금까지 일본의 독특한 문화유산으로만 알려졌던 왜계 유물이다. 거기에 더해 대성동 13호 고분에서는 파형동기(巴形銅器, 바람개비 모양의 청동기)까지 나왔다. 파형동기는 그때까지 일본 왕의 무덤에서만 나오는 일본 고유의 유물이었다. 대성동 고분 29호에서 출토된

동복(銅鍑) 오르도스(ordos)형 청동솥은 에가미 교수가 명명한 것으로 기마민족의 필수품이었다.

기존 역사학계가 중국 중심의 농경민족 관점으로 동북아시아 역사를 풀어낸 것과 달리, 에가미 교수는 북방 유목민족인 중앙아시아와 몽골 등에서 출발하는 기마민족의 관점으로 바라보았다. 그래서 그의 창의적인 학설은 한국과 일본 고대사를 다시 써야 하는 단초를 제공하고 있는 것이다.

에가미 교수의 논설은, 『삼국지』 「위지동이전」에 중국 진시황 때 진나라 사람들이 폭정을 피해 조선으로 이주하여 남쪽 진한에 정착하게 되었으며, 그 진한인들은 마한 등과는 언어가 다르고 북방 민족들과 비슷하다고 했다. 그 북방 초원 출신 외래인들은 진한과 변한 지역에 거주하게 되었는데, 3세기 무렵엔 진왕이 그 지역을 지배하게 되었다는 것이다.

시간이 지나면서 부족국가들이 뭉쳐 고대국가로 성장하는 가운데서도 변한(김해 일대의 가야) 지역만은 소국 연합체 형식에서 탈피하지 못한 것은 이 지역에 진왕의 지배권이 계속되었음을 의미한다는 것이다. 이는 바로 가야사와 직결되고 있다. 한때 한반도 남부 지방을 지배하고 있던 진왕 세력이 삼국시대로 전환되는 과정에서 그 지배권이 변한 지역으로 축소되어 어쩔 수 없이 바다 건너 일본으로 갈 수밖에 없었다. 여기서부터 에가미 교수는 상상력을 발휘하여 변한(가야) 지역에 왜(倭)라고 불리는 부족이 살고 있었다고 본다. 이 왜라는 부족이 한반도 남부와 일본에 걸쳐서 존재했다는 것이다.

그의 기마민족 일본 정복설을 다시 정리하면 이렇다. 북방 기마민족인 천손족(天孫族)이 농경민족인 야요이 문화권인 왜족(倭族)을 정복해서 세운 부족이 야마토(大和) 정권이다. 에가미 교수는 이 천손족은 동북아시아계 민족으로 일본 진출 전에는 한국 남부 임나(가야) 방면에 근거를 두고 있었을 것이라고 추정했다. 이런 추정은 고분에서 나온 유물을 중심으로 한 고고학적 접근에서 얻은 결론과도 일치한다. 즉 동북아시아 계열의 기마민족이 최신식 무기와 말을 몰고 한반도를 경유하여 일본 서부에 침입했고, 4세기 말에는 기나이(畿內) 지방에 정착하여 강력한 지배력을 가진 야마토 정권을 수립하였다는 이야기다.

화랑도 정신의 실종

삼국통일의 주역이자 화랑 대표격인 김춘추와 김유신은 풍월주(風月主) 출신이었다. 그런데 어찌된 일인지 화랑도는 삼국통일 이후 점차 빛을 잃어 가면서 역사의 현장에서 사라지고 말았다. 그 원인은 중국에서 찾아야 할 것 같다. 광활하고 막강한 중국 농경문화에 기반한 철학과 가치관은 통일신라의 고유한 문화와 가치관이 실종되는 데 강력한 영향력을 행사했을 것이다.

화랑도의 기본 정신은 신라 지배층인 흉노 북방 기마민족의 원천인 샤머니즘과 연결되어 있다. 중국에서 받아들인 유교적 사상 체계가 이 화랑도의 자유롭고 인본적인 사상을 묘하게 변질시키니, 그 만발했던 화랑 정신은 시들어 버린 것이다. 사실 이것은 우리 민족 전래의 북방 기마민족의 기상을 잃어버린 것과 같은 이치라 할 것이다.

신라 도래인을 통해 전래된 화랑 정신이 일본 사회에 뿌리 내린 것이 무사도다. 일본은 대륙과 한국에서와는 달리 중국 유교와 불교의 영향력이 약했기 때문에 일본 고유의 신토가 강성했으며, 그 바탕 위에서 화랑도 같은 북방 기마민족 정신이 더욱 발전할 수 있었을 것이다. 신라 말기 대학자 최치원은 화랑도 정신을 유불선(儒佛仙)의 합작품이라고 했다. 유교와 불교는 그렇다 쳐도 선도

(仙道)는 북방 유목민족 고유의 샤머니즘적 종교로서 일본에서 말하는 신토와 거의 같다.

스키타이족은 기원전 7세기경부터 중앙아시아와 페르시아 초원지대를 누볐던 인류 역사상 최초의 유목 기마민족이었다. 이들이 만든 기마민족 문화가 확산되어 흉노, 선비, 투르크, 위구르, 거란, 몽골로 퍼져 나가게 되었다. 그 흐름 속에 동북아시아 한국과 일본의 기마민족 문화가 존재하게 되었다. 스키타이 전사의 복원된 모습을 보면 과거 한국과 일본 전사 모습과 흡사하며, 그 뿌리는 북방 초원의 기마민족이라는 사실을 한눈에 알 수 있다.

일본 최초 막부 가마쿠라 정권의 무사 집단은 겐지씨(源氏)인데, 이들은 신라에서 건너온 도래인일 가능성이 매우 높다는 것이 일본 역사학계의 정설이다. 그 신라 도래인들이 관동(關東) 가마쿠라 지역에서 강력한 무사 집단으로 성장했다. 근래에는 마지막 막부이며 가장 강력했던 도쿠가와 이에야스도 겐지씨라고 하여 신라계 무사 집안이란 주장도 제기되고 있다.

한국과 일본의 군사문화 연구자들은 좀 더 구체적으로 신라인들이 일본에 건너가서 사무라이 문화를 개척했다는 주장을 다음과 같이 하고 있다.

첫째, 일본인이 모시는 여러 신 중에서 하치만신(八幡神)은 신라 도래인과 관계가 깊은 바다의 신이다. 가마쿠라 막부를 세운 겐지 집안에선 하치만신을 씨족신으로 모셨는데, 하치만신은 신라 계통이며 무인의 신이라 한다.

둘째, 신라 도래인은 오사카, 나라, 교토 등 관서 지역에 주로 거주하던 백제 도래인들과 달리 도쿄 근방 관동 지방에 살았다. 16세기 일본 전국시대의 전설적인 맹장이며 마지막까지 도쿠가와 이에야스를 위협한 다케다 신겐(武田信玄)은 스스로 조상을 신라인이라면서 자랑스럽게 여겼다. 따라서 일본 무사 집단의 본류는 관동 무사다. 이 관동 무사들은 신라 후손인 겐지씨를 중심으로 집단을 형성하여 일본 역사에 커다란 기여를 하였다.

로마 문화 왕국 신라

요시미즈 츠네오(由水常雄)는 일본 최고의 유리공예가다. 그는 『로마 문화 왕국-신라』(新潮社)라는 책에서 동아시아에 로마 문화 왕국이 존재하고 있는데 그것이 신라라며, 그런 의미에서 동북아 고대사는 다시 써야 한다고 했다. 그는 다른 차원에서 신라의 북방 유목 문화를 설명했다.

이 책의 주요 대상은 경주에서 발굴한 천마총과 황남대총 출토 유물이다. 요시미즈는 로마 문화 왕국이며 북방 기마 문화 왕국 신라에 대하여 다양한 증거 자료를 내놓으면서 추론해 나갔다. 신라는 북방 유목민족의 길을 따라 중앙아시아, 중동 그리고 지중해 연안에 자리한 로마제국과의 다양한 교류를 통해 로마 문물을 받아들여 왔다. 그것은 당대 세계 수도인 로마의 로만그라스(로마풍 유리공예품), 장신구, 황금칼 등의 호화로운 로마 물건과 로마 정신에 이르는 세계화된 문물이었다.

신라는 고구려나 백제와 달랐다. 그 두 나라는 중국 문물을 순순히 받아들였지만, 신라는 6세기 중반까지 중국 선진 문물을 의도적으로 외면했다. 무슨 연유인지 6세기 전까지는 중국과 교역도 하지 않았다. 중국의 한자나 불교 같은 문물 수입도 그때부터였다. 신라는 북방 유목민의 길을 통해 서방 세계와 교류했으며, 이 길을 통해 세계적 문물을 수입하였으므로 굳이 중국까지 갈 필요가 없었다는 것이다. 로마 문화를 이미 알고 있던 신라는 중국 문물이 그저 그런 대단치 않은 것으로 인식하고 있었다.

요시미즈 츠네오는 섬세한 유리공예가답게 아주 미세한 부분에서 신라의 특이성을 발견했다. 그는 한국 고고학자로부터 신라 미추왕릉 발굴 때 출토된 코발트 블루 빛깔의 작은 옥구슬 속에 새겨져 있는 남녀 얼굴과 그 주변을 날고 있는 새들에 대한 이야기를 들었을 때 머릿속이 반짝했다고 한다. 그는 바로 경주박물관으로 달려가 그 옥구슬을 마주한 순간, 이것은 세계에서 가장 아름다운 단 하나밖에 없는 구슬이라고 단정했다. 거기에는 네 인물이 새겨져 있는데, 두 사람은 왕관을 쓴 왕과 왕비이고, 다른 두 사람은 콧날이 날카롭고 오뚝했으며 피부가 흰 서양 사람이었다. 그는 그 옥구슬의 디자인이나 제작 방법, 상감된 인물 등을 추정할 때 분명 로마 세계에서 만들어진 구슬이라고 단정했다.

그렇다면 어떻게 해서 이 구슬이 아시아 대륙 끄트머리에 있는 작은 나라 신라에 와 있단 말인가?

그는 북방 초원의 스키타이 흉노 기마 문화의 표상인 금관이 신라 금관으로 자리한 것에 대해 너무 놀라고 황홀한 느낌이었으며, 이는 신라의 다른 출토 유물과 관련지어 볼 때 분명 그리스 로마의 왕관일 것으로 단정했다. 또 신라 천마총 적석목곽분에서 나온 수많은 금팔찌, 금귀고리, 보검, 유리공예품을 보고 더욱 확신에 차서 중앙아시아 대초원을 통해 들어온 로마 문화 유물이라는 의견을 내놓았다. 나아가 황남대총에서 나온 유리그릇 가운데 로마에서 수입한 것도 있지만 로마의 유리공예가가 직접 신라에 와서 만든 것도 있다고 했다.

이 모든 것은 신라 집권층이 북방 루트에 정통한 흉노족이기 때문에 가능했을 것이다. 그들은 언제나 호방한 기운을 가지고 사방으로 문호를 개방했고, 특히 서방으로 문을 열어 놓고 있었다. 그것이 차츰 6세기 중반부터는 중국으로 방향을 튼 것이다. 사실 중국으로의 문호 개방은 5세기에 게르만족이 이탈리아를 침입하여 476년 서로마 제국이 멸망하고, 유라시아에 걸쳐 존재했던 로마제국이 멸망하면서 교역 상대가 사라진 것이 주원인이었다. 5호16국시대에 북중국을 통일했던 북위도 기마민족인 선비족의 나라, 똑같은 배경으로 신라처럼 로마와 교류했으나 서로마가 망한 20여 년 뒤 수도를 낙양으로 옮김으로써 로마와 단절하게 된다.

이후 신라는 법흥왕 때부터 지증왕의 한화(漢化) 정책을 이어받아 중국식 율령을 반포하고, 왕을 정점으로 하는 국가 권력의 강화를 꾀하였다. 신라는 법흥왕의 개혁 이후 중국과 적극적으로 교류하면서 불교와 한자 수입 등 국가제도를 중국화하기 시작했다. 법흥왕은 왕족의 장례식도 간소화해 호화로운 적석목곽분이 일거에 사라지고 중국식 석실묘로 바뀌었다.

요시미즈 츠네오는 "그 뒤 신라는 당과 밀접하게 교류함으로써 약소국이면서도 백제와 고구려를 멸망시키고 한반도를 통일하였다. 소국 신라가 지녔던 이러한 반도 통일의 에너지는 과거 로마 문화 수용 시대에 쌓아올린, 중국 문화와는 다른 에너지가 축적되어 있었기 때문에 비로소 반도 통일의 원동력이 될 수 있었을 것이다"는 의견을 내놓았다. 그리고 신라의 독특한 문화 수용 실태를 정확히 밝혀 내면 동양사, 고대 한국사, 고대 일본사, 고대 유라시아사에 대한 고정관념을 바꿀 수 있을 것이란 생각까지 하게 되었다고 한다.

덧붙여서 말하자면, 그는 자신이 발견하고 흥분했던 문제의 로만 옥구슬이 만들어진 곳을 세 군데로 상정했다. 4~5세기 당시 로마제국 식민지였던 루마니아 다키아, 지금 불가리아 트라키아 및 모헤시아 등 3국 중 어느 나라일 것이며, 이 옥구슬은 너무 귀중한 것이라서 단순 교역품이 아니라 그곳 왕가에서 신라 왕가에 선물한 것이다. 이는 그냥 물건만 교류한 것이 아니라 물건과 함께 사람이 오고갔으며, 로마의 정신문화도 함께 왔을 것이라고 했다.

그 예로 1973년 경주 계림로 공사장에서 황금 보검이 발굴되었는데, 이는 지금 불가리아에 있었던 트라키아의 켈트족 왕이 주문 생산하여 신라 왕가에 선물한 칼이라고 단정했다. 이렇게 귀중한 칼을 전달하면서 트라키아 왕의 사절이 직접 신라에 왔든지 신라 사신이 트라키아에 가서 받아 왔든지 둘 중 하나일 것이며, 로마제국과 신라는 많은 문물을 교역했다는 것이다.

신라인의 자존심

일본의 국민소설가 시바 료타로는, 신라는 매우 야성적이라 문(文)보다도 무(武)를 숭상하면서 무인의 감각으로 막강한 당(唐)의 힘을 이용하여 동맹을 맺음으로써 국제 정세를 오판한 백제와 고구려를 멸망시켰다고 했다.

문제는 나당연합군 형성 과정과 신라 삼국통일 이후 대당 외교에서 보는 것처럼 신라의 자주성과 정통성 확보 과정에서 신라인들이 신라와 중국의 본질적인 차이를 어떻게 이해했는가다. 좀 더 엄밀하게 말하면 내물마립간 시대 이후 신라 김씨 혹은 경주 김씨들이 대대로 가지고 있던 주체성과 오기는 흉노-알타이계라는 종족적인 특성에서 유래하는 부분이 클 것이다.

『화랑세기』에 따르면 태종 무열왕 김춘추의 아버지는 김용수다. 김용수는 동생보다 먼저 죽었는데, 그는 죽기 전에 동생 용춘에게 아내 천명공주와 아들 춘추를 맡겼다. 용춘은 형수와 형의 아들을 자신의 아내와 아들로 삼았다. 그런데 형 용수는 그전에 천화공주를 아내로 맞아 살고 있었는데 천명공주를 다시 아내로 맞게 되자 천화공주를 동생 용춘에게 준 일이 있었다. 즉 용수는 동생에게 두 명의 아내를 연달아 준 것이다. 이런 일은 사마천의 『사기』 중 「흉노열전」에 나오는 대표적인 흉노 풍습이다. 유교적 관점에서 판단할 일이 아니다.

『삼국사기』에도 "신라에서는 같은 성끼리 혼인하기도 하고, 형제의 자식이나 고모, 이모, 사촌 자매까지 아내로 맞는 일이 흔했다. 이렇게 각기 풍속이 다를지라도 중국의 예속으로 이를 따진다면 큰 잘못이다"라고 했다. 이렇게 신라 초기에는 중국 예법과는 다른 소위 오랑캐의 풍습에 따르는 일이 많았다.

『화랑세기』에는 신라 전통 풍속이 자주 소개되는데, 누나와 결혼하려는 아들에게 어머니가 "네 태도가 옳다. 신국(神國)에는 신국의 법도가 있다. 어찌 중국의 도로써 하겠느냐"라는 이야기도 있다. 이 또한 6세기 이후 중국 사회의 예법이 신라에 밀고 들어오는 시점에서 양 문화가 충돌하는 과정일 것이다. 신라 사회 전체가 흉노와 중국 문화 사이에서 갈등하고 있었음을 알 수 있다.

신라 지배층이 삼국통일 후 대당 전쟁을 선택하여 우리나라의 독자성을 확보하려는 투쟁정신의 배경에는 중국에 대한 신라의 강한 자존심이 존재하기 때문이다. 우리가 우리 역사에 대해 늘 답답하게 여기는 가장 큰 부분은 조선 시대의 주자학에 대한 것이었다. 한족의 지배 이데올로기인 주자학에 모두 경도되어 나라를 망친 셋이다. 그 대표적인 사례가 조선 양반 사대부들이 명(明)에 대한 지나친 사대로 병자호란이 일어난 것이 아니던가.

후에 신라 유민들이 여진족과 함께 나라를 세운 것이 금(金)이었다. 이는 신라와 여진족이 퉁구스계 북방 기마민족끼리의 동질성이 존재했기 때문이다. 여진족은 말갈족(靺鞨族)이라고도 한다. 당나라 초기에는 고구려에 복속되어 있었는데, 고구려가 망하자 발해에 예속되거나 통일신라에 편입되기도 했다. 고려 때 윤관(尹瓘)에 의해 정벌당한 적이 있는 여진족의 리더 아구다가 세력을 크게 확장하여 여진을 통일하고, 1115년 후이닝(會寧)을 수도로 하여 금을 건국했다. 금은 짧은 기간에 대제국으로 성장한 북방 기마민족이었다. 여진족은 선진국 고려를 부모의 나라로 섬겨 왔다.

금을 세운 여진족은 비록 금의 주요 영토가 중국에 둘러싸여 있었지만, 고유한 민족정신을 보존하기 위해 많은 노력을 기울였다. 비록 왕조 이름은 중국식으로 '금'이라는 명칭을 썼지만 그들은 끝까지 자신의 문자와 언어를 사용했으며, 백성들의 중화를 막기 위해 군대를 동원해서라도 강제로 중국식 옷이나 관습을 금지시켰다. 그리하여 여진 고유 문화를 바탕으로 송나라의 문화를 융합하려 했으나 역부족으로 동화되고 말았다. 금은 1234년 몽골과 남송연합군의 공격을 받아 멸망했다.

이렇게 자존심 강한 금의 후신인 후금(後金)과 조선은 얼마든지 친선을 도모할 수 있었다. 당시 후금(후에 청나라)도 조선이 최소한의 체면만 세워 주면 전쟁을 할 생각이 없었다. 초창기 광해군은 지는 해 명(明)과 떠오르는 태양인 청(淸) 사이에서 외줄타기 실리외교를 하면서 전쟁을 피해 갔다.

이러한 광해군의 실리외교를 조선의 알량한 사대부들은 사대국가인 명에 대한 배신이라고 규정하고, 친명반청 쿠데타를 일으켜 집권한 인조 세력은 신흥 강국 청(후금)을 적으로 삼는 우물 안 개구리식 자살 행위로 병자호란(1636년)을 불러일으켰다. 결국 남한산성에서 홀로 도망치던 인조가 붙잡혀 청 황제 앞에서 삼전도의 얼음 위에 머리를 수도 없이 처박는 수모를 당한 것이다.

그러니 불과 30여 년 전 임진왜란으로 7년간 갖은 고초를 겪은 민초들의 수난은 어떠했을까? 주자학으로 중무장하여 오직 사대와 당파싸움에만 골몰하던 조선의 집권 세력들을 어찌 단죄할까?

신라의 백제와 고구려에 대한 부채 의식

신라 삼국통일 이후 당의 동북공정이 노골적으로 펼쳐지자, 참고 참던 문무왕은 668년부터 2년간 대당 전쟁을 준비했다. 당은 고구려 땅에 안동도호부를 두어 전체를 확실하게 지배하고, 일본에도 2천 명의 군사를 보내 지배하려 하였다. 이에 문무왕은 우선 고구려 유민들의 부흥운동을 지원했으며, 일본의 '임신의 난' 당시 신라계 도래인들이 덴무 천황 측을 지원하여 승리하게 만들었다. 덴무 천황은 감사의 표시로 신라에 대규모 사절단을 보내 신라의 제도를 답습하였다.

문무왕은 670년 옛 백제 지역을 관할하는 웅진도독부를 공격하였다. 이에 안동도호부 사령관인 설인귀가 나서서 문무왕을 공박하며 편지를 보냈는데, 그와 문무왕의 편지 문답에 당시 두 나라의 정세와 상황이 구체적으로 나타나 있다. 이때 문무왕의 답신이 눈물겹도록 절실하다. 삼국통일의 전 과정과 그 뒤 신라인들의 수모와 고통이 고스란히 드러나 있었던 것이다. 그야말로 임진왜란 당시 명 지원군의 갖은 횡포와 군량미를 대야 하는 조선인의 수모와 고통이 조금도 다를 바 없었다.

삼국통일이라는 국가적 대업을 완수는 하였으나 남의 나라 힘을 빌려 이룩한 미완의 완성과 백제와 고구려에 대한 부채 의식은 신라인들에게 항상 원죄처럼 남아 있었을 것이다. 그것이 당의 장수 설인귀와 문무왕 간의 서신에 그대로 남아 있는 것이다. 문무왕의 편지는 당대 문장가 강수(强首)의 대필이라고 하는데, 서두부터 문무왕은 망설임 없이 그간 쌓였던 울분을 이렇게 토로했다.

"신라의 남녀노소 모두가 나서서 전쟁 준비를 하였고, 심지어 어린아이와 과부들까지 동원되어 돌과 식량을 날라댄 전쟁, 그래서 당신들 당군의 뼈는 당나라

것이지만 당신들의 피와 육체는 신라 것이오."

나당연합군의 동력은 외양은 당의 군사지만 속은 신라의 피와 땀이라는 말로 모든 말을 다한 것이다. 그리고 전쟁 당시 신라 지배계층의 화랑 정신에 입각한 솔선수범과 명예심, 민간과 군과 관의 합심에 의한 국가통합 정신이 삼국통일의 군건한 힘이 되었던 것이다.

편지에는 계속해서 전쟁 중 그동안 신라가 당과의 연합을 위해 참았던 굴욕과 쌓인 울분이 고스란히 담겨 있다. 668년 신라군이 평양성을 함락시켜 고구려를 멸망시킬 때도 최선봉에 서서 싸웠던 사실을 설인귀에게 상기시켜 주었다. 이렇게 신라의 전공(戰功)이 당군에 비해 훨씬 컸음에도 신라에게 상을 주기는커녕 핍박한 사실을 조목조목 비판하고, 신라의 성을 빼앗아 고구려 관할로 넘겨준 것, 백제의 옛 땅을 모두 웅진 도독의 백제 사람들에게 돌려주라고 압력을 넣은 것, 그리고 이제 군사를 보내어 신라를 치려고 하는 사실들을 들어 이럴 수가 있느냐고 공박했다.

신라의 대당 전쟁을 살펴보면, 『삼국사기』를 비롯한 중국과 일본의 역사서에는 한결같이 신라의 대당 전쟁을 높게 평가하여 신라인을 가늠해 볼 수 있는 중요한 자료가 된다. 삼국통일 이후 당나라는 신라와 약속했던 바와 달리 고구려의 평양 이남과 백제 땅을 신라에 주기로 한 영토 분할 약정을 위배하였다. 이에 격분한 신라는 당나라에 선전포고를 하고 대당 전쟁을 감행했다. 그것이 670년부터 676년까지 신라의 대당 7년 전쟁이다. 그중에서 675년 천성 전투와 매소성 전투 그리고 676년 11월 기벌포 전투 등 3대 전투가 가장 의미 있고 중요한 전투였다.

나당전쟁은 675년 천성 전투에서 승기를 잡은 신라가 계속해서 여세를 몰아

매소성 전투에서 연승하여 당을 궁지로 몰아 넣은 다음, 676년 2월 안동도호부를 평양에서 요동으로 옮기게 했다. 그러자 당은 육로로 신라의 한강 방어선을 돌파하는 것은 어렵다고 판단하고 총사령관 설인귀는 금강 하구 기벌포에당 함대를 침입시켜 신라의 측면을 공격했다. 기벌포는 백제 수도인 부여 방어를 위해 중시되던 지역으로 서해 제해권과 관련해서도 아주 중요한 군사 요충지였다.

676년 11월 설인귀의 당나라 해군이 기벌포로 내려오자, 신라는 총력전을 펼쳐 무려 22번에 걸친 크고 작은 전투에서 당나라 수군 4천여 명의 목을 베고 승리하였다. 기벌포 전투에서 당나라 해군을 격파함으로써 신라는 대당 7년 전쟁을 승리로 마감할 수 있는 결정적인 계기를 만들었다. 기벌포 전투 이후 신라의 제해권 장악은 물론 대당 전쟁을 승리로 마감할 수 있었다. 이렇게 문무왕은 백제 고토를 지켰으며, 대동강에서 원산만까지 신라 영토를 확정하고 중국의 한반도 진출을 강력 저지하였다.

또한 한반도에 주둔한 당의 주력군을 격파함으로써 안동도호부는 요동 지역으로 옮겨갔으며, 한반노와 만주 일대의 남북국 시대가 열리게 되었다. 이러한 남북국 시대의 개막이라는 역사 인식은 신라 정신에 대한 새로운 고찰과 함께 논의해야 할 부분이라고 생각한다.

일본의 잃어버린 40년

황혼의 사무라이

일본의 잃어버린 40년이란 지금까지 흔히 말하는 일본의 잃어버린 30년과 앞으로의 불투명한 미래를 말하는 것이다. 지난 30년간 그들이 걸어온 길은 일본의 장단점이 극명하게 드러나 일본 사회를 점철해 온 철학과 정책이 지배한 것이다. 그것은 너무도 강력하여 한국을 비롯한 세계 여러 나라가 일본을 바라보는 관점이 되어 버렸다. 일단의 사람들은 한국도 일본이 걸어온 길을 같이 걸어갈 것이라고 오해할 정도였다.

그 길은 어떤 것이었을까? 2000년 초 일본 사회를 열광케 한 영화 '황혼의 사무라이'가 바로 그들의 자화상이 아닐까? 일본 작은 지방의 하급 무사가 지키는 가난한 가족과 사무라이의 자존심 그리고 폭풍우처럼 밀려오는 메이지 신정부의 근대화 물결 속에서 갈피를 못 잡고 결국 신무기의 위력 앞에서 장렬하게 산화하고 마는 운명. 그들은 이 영화에서 그들의 운명을 직감한 것은 아닐까? 당시 그 영화는 일본 영화계뿐만 아니라 일본 사회 전체를 떠들썩하게 했고, 모든 상을 휩쓸었다. 지금 일본은 그렇게 산화하고 있는 중이다.

Japan as Number 1

패전국 일본은 미국 맥아더 군정 앞에서 강제로 근대화의 길을 걸었고 모든 구습을 버리도록 종용당했다. 한국전 발발과 이로 인한 미국의 일본 전시군수품 제조공장 배치 정책으로 일본은 실로 비약적으로 성장하여 전전 못지않은 모습으로 발전했다. 80년대 이르러서는 자유우방의 명실공히 G2로 성장했다. 그렇게 미국은 일본을 아시아에서 소련과 중국에 대한 막강한 견제세력으로 내세웠다. 미국의 모든 기술도 무제한 이전했다.

시간이 지남에 따라 미국에 대한 무역 역조는 상상을 초월할 지경에 이르렀고, 이전된 기술은 오히려 미국을 압도하였다. 당시 에피소드로 미국 곳곳에서 미국 노동자들이 일본제 토요타 자동차나 소니 TV를 해머로 부수는 퍼포먼스 장면이 언론에 크게 부각되었었다.

80년대 중반 나카소네 총리 시절에는 미국 레이건과 영국 대처 총리와 함께 자본주의 세계 삼두마차로 세계를 이끌었다. 이때 나온 말이 "재팬 넘버 원"으로 모든 면에서 서방을 앞섰고, 일본을 팔면 미국 10개를 살 수 있다고 기염을 토하기도 했다.

일본 기업의 시가총액은 세계 1위로 2위인 미국을 크게 앞질렀다. 전 세계 시가총액 순위 1위에서 5위까지 2위 IBM만 빼고 모두 일본 기업이 차지했으며, 동시에 시가총액 1위에서 20위까지 일본 기업이 14개를 차지했다. NTT, 토요타, 마츠시타, 노무라증권, 스미토모은행, 미츠비시, 히타치 등 기라성같은 일본 기업들이 이름을 떨쳤다. 모두 충격 속에서 일본의 행보를 바라만 보고 있었다.

아키하바라의 소니 워크맨과 코끼리표 전기밥솥의 추억

도쿄 우에노 옆 전자상가 '아키하바라'와 거기에서 가장 잘 팔리는 '소니 워크맨'과 '코끼리표 전기밥솥'은 세계인들이 애호하는 상품이었다. 그곳에는 세계 젊은 아빠들의 애틋한 욕망이 숨어 있었다. 그것은 해외 출장 때 자녀나 아내를 위해 꼭 선물로 사가야 했으며, 이웃에 자랑해야 하는 품목이었다.

엄마들은 계를 모아 일본 단체 여행을 가 몇 개씩 사 오곤 했다. 심지어 20세기 최고 감독 왕가위의 페이소스 가득한 로맨스 영화 '화양연화'에서도 여주인공 장만옥이 일본에 출장 가는 회사 사장에게 전기밥솥을 사다 달라고 부탁하는 장면이 여러 번 나온다.

당시 아키하바라는 그야말로 꿈의 천국이었다. 세상의 모든 최신 전자전기 제품이 즐비하였고, 파소콤(퍼스널 컴퓨터), 청소기, 미니 오디오 등 없는 게 없었다. 특히 한국인들은 그곳에서 쇼핑하고 그 옆에 있는 우에노 한국 음식점에서 음식을 먹는 것이 필수 코스였다.

그때 한국이나 미국 등 세계 각국은, 아니 일본 사회에서도 이러한 일본을 우려스러운 눈길로 바라보았다. 정말 이래도 될까? 모든 것을 마구 먹어치우는 포식사회, 모든 시장을 송두리째 침범하는 일본을 마치 이솝 우화의 개구리처럼 언제 터질지 조심스럽게 바라보고 있었다.

미국이 드디어 나서다

그러다가 미국과 일본의 무역 역조와 막대한 재정적자를 견딜 수 없었던 미국이 수차례 경고 끝에 드디어 결단을 내렸다. 미국이 강권으로 일본을 끌어들여 체결한 1985년 '플라자협정'으로 1달러당 250엔 하던 환율을 120엔으로 절상해 버렸다. 이것이 엔고 쇼크다. 유례없는 급격한 엔고 정책으로 일본은 휘청거리기 시작했다. 일본에서 유학하거나 달러로 지급받는 외국 기업 직원이나 주일 미군들은 비명을 질러댔다. 일본 기업들도 견디지 못하고 해외로 빠져나가기 시작했다.

그리고 설상가상으로 1986년 미일 반도체 협정까지 체결되어 일본 반도체 가격이 대폭 상승하기 시작했다. 일본은 어쩔 수 없이 고품질 고가 반도체 정책을 고수할 수밖에 없었다. 일본 전통 장인정신으로 이룩한 빛나는 소부장, 즉 소재·부품·장비 가격도 덩달아 뛰었다. 하지만 아무도 이때부터 시작된 일본의 종양을 인식하지 못했다. 다만 싼값에 사들인 넘쳐나는 달러를 주체하지 못했다.

금융실명제와 부동산 실명제가 없는 나라

일본은 무역 흑자와 엔고로 빌이돌인 넘쳐나는 돈을 주체할 수 없자, 낮은 이자와 싼값으로 기업과 개인에게 무제한 대출해 주었다. 모두 부동산에 뛰어들어 부동산 가격은 2배 3배 상승하여 도쿄 집값은 상상을 뛰어넘었다. 10배 이상 상승한 지역이 부지기수였다.

집 없는 서민들은 점차 자민당 정부에 대해 커다란 반감을 갖게 되었다. 전후부터 지금까지 그토록 열심히 지지해 준 자민당이 이렇게 서민들을 배신할 수 있느냐며 노골적으로 반기를 들었다. 소위 '55년 체제'로 계속 일본을 지배하던 자민당은 정권을 내줄지도 모른다는 불안감에 휩싸였다.

일본은 자민당과 경제계의 정경유착 체제로 금융실명제와 부동산실명제가 지금까지 없다. 앞으로도 없을 것이다. 정치권이나 경제계가 절대로 이를 용납하지 않는다. 간혹 언론이나 야당에서 과감하게 문제를 제기해도 미동도 없다. 과거 70년대 막강한 다나카 총리 시절 이에 도전했던 젊은 기자의 무용담은 소설 속 이야기로 끝나고 말았다. 일본에 한국식 경제 정의라는 개념은 없다. 이것은 본질적으로 일본의 친아날로그 반디지털 분위기와 무관하지 않다.

꺼져 버린 일본 버블 경제

90년대 접어들면서 일본의 잃어버린 30년이 시작되었다. 일본 정부는 과열된 경기를 식히기 위해 급격한 금리 인상과 부동산 대출 규제를 단행했다. 그것은 어제까지 기준금리가 2.5%이던 것을 90년에 이르러 6%로 대폭 인상했고, 부동산 대출 규제로 신규 대출 전면금지와 총량규제로 대출한도를 200%에서 70%로 제한했다. 주식시장은 급격하게 폭락하고 부동산 시장은 얼어붙었다. 거기에 일본의 만연된 고령화와 아시아 금융위기, 대기업 해외 이탈 등으로 일본의 성장 신화는 깨지기 시작했다.

1990년대 후반기부터 일본은 초유의 마이너스 성장으로 진입하였고, 기업들은 줄줄이 도산하였다. 1998년 최대 증권사 야마이치증권과 최대 지방은행 홋카이도은행과 일본장기신용은행의 파산 선고는 큰 이슈가 되었다.

잃어버린 20년과 한국 삼성 신화의 등장

90년대 초부터 인터넷이 확산되고 개인 PC가 양산되면서 한국 삼성이 새로운 컴퓨터 부품 반도체를 싸게 대량으로 양산하며 치고 나왔다. 따라서 일약 삼성의 신화가 시작되었으며, 이는 일본의 소니, 마츠시타, 내셔널 등 전설의 빅테크 10대 전기전자업체 매출액을 다 합쳐도 삼성 1개 기업에 미치지 못했다. 일본 언론은 연일 삼성 관련 기사로 도배하다시피 했다. 삼성의 브랜드 파워는 코리아 브랜드보다 더 크고 의미 있었다. 동시에 일본의 길고 긴 잃어버린 20년이 지속되었다.

2011년 3월 인류의 대재앙으로 불린 진도 9.0의 도호쿠 대지진 쓰나미로 도호쿠 지방은 괴멸되고 2만5,000여 명이 순식간에 휩쓸려 갔으며, 그 위에 후쿠시마 원전 유출 사고가 뒤따랐다. 세계는 경악했고, 일본은 큰 충격으로 넘어졌다. 드디어 일본이 망했다는 소리가 들려왔다. 오랜만에 정권 교체를 이룩한 민주당 정부는 재난 대비 위기 관리 불능 등으로 3년 만에 다시 자민당 아베 정권으로 교체되었다.

아베의 등장과 아베노믹스

2012년 야심차게 재등장한 아베 정권이 지난 잃어버린 20년을 종식시킬 것으로 일본 국민은 확신하였다. 그만큼 그는 강력해 보였다. 아베 정권이 지난 20년에 10년을 추가하여 다시 잃어버린 30년으로 연장될 줄은 아무도 예상하지 못했다. 이 잃어버린 30년은 단순히 경제적 문제뿐만 아니라 사회적 변화와 문화적 충격까지 광범위하게 작용한 사회현상이었다.

이 30년 동안 일본 사회는 가뜩이나 보수적 성향인 민족이 더욱 보수적이고 안정적인 삶을 선호하는 방향으로 변했다. 대부분 내일을 알 수 없는 불안한 경제 환경 속에서 자신을 보호하기 위해 과도하게 저축을 하고, 이는 소비 트렌드를 바꿔 놓았다. 일본의 저축률은 세계 최강이다.

그로 인해 일본 소비자들은 '소비 위축' 현상을 겪게 되었고, 이는 경제에 더욱 악영향을 미쳤다. 일본 백화점과 쇼핑몰은 대대적인 세일을 하고도 손님이 없는 날이 많았으며, 사람들 마음속에 잃어버린 30년이라는 두려움이 깊이 새겨져 있었다.

아베는 2012년 민주당으로부터 정권을 재탈환하여 총리에 취임하자마자 즉각 일본은행 총재를 갈아치웠다. 신임 구로다 총재는 아베와 함께 일본 경제정책을 책임지는 키맨으로 아베노믹스의 조타수 역할을 했다.

아베노믹스란 아베 총리가 취임하자마자 내세운 경제정책으로 일본의 침체된 경제를 극복하기 위한 야심찬 전략이다. '세 가지 화살'이라는 멋진 이름으로 포장한 정책은 통화정책, 재정정책 그리고 구조개혁 세 가지를 말한다. 세 개의 화살은 일본 전국시대부터 내려오는 경구로, 한 개의 화살은 쉽게 부러지지만 세 개를 뭉쳐 놓으면 절대로 부러지지 않는다는 단결과 협력의 뜻이 내포되어 있다. 이는 일본의 거시경제를 활성화하고, 디플레이션을 극복하며, 성장 가능성을 높이는 목표를 가진 것이다.

첫 번째 화살인 통화정책은 일본은행이 제로금리와 양적 완화를 통해 자금을 푸는 것으로, 이는 소비와 투자를 촉진하는 것을 목표로 한다. 아베는 당시 "화폐 제조국의 윤전기를 마구 돌려 돈을 찍어내야 한다"고 공언하면서 양적 완화를 강력히 추진했다.

두 번째 화살인 재정정책은 정부가 대규모 인프라 투자를 통해 국민의 소득 지원을 도모하는 것이다.

세 번째 화살인 구조개혁은 노동시장과 산업구조를 개편, 기업 환경을 개선하여 일본 경제의 국제 경쟁력을 높이는 것이다.

이 아베노믹스는 초기에는 다소 긍정적인 영향을 주었다. 주식시장 활성화,

실업률 감소, 소비 활성화 등 경제지수 변화가 나타나 일본 경제가 오랜만에 되살아나는 것처럼 보였다. 그러나 그것은 곧 착시현상으로 밝혀졌다. 경제성 장률은 여전히 낮은 수준에 머물고, 디플레이션은 개선되지 않았으며, 무엇보 다 저출산 고령화의 지속으로 노동력은 급격히 감소하였다. 한마디로 힘과 성 장 동력이 너무 부족했다.

사토리 세대, 삼포 세대, 탕핑족

이러한 일본의 장기 불황 속에서 일본 젊은이들에게 유행한 말은 '사토리' 다. 이는 '도를 통한 도사'라는 뜻인데, 연애도 결혼도 출산도 돈도 출세도 포 기한 도사 같은 삶을 살아가는 청춘들이라는 말이다. 이들은 아무런 욕망도 없 고, 그냥 하루하루 무미건조하게 살아가고 있다.

그들은 열심히 공부하여 좋은 대학에 가고 좋은 직장에 들어가 성공한다는 공식은 이제 없어진 지 오래다. 결혼도 포기한 마당에 알바로 약간의 돈을 모 아 단칸방에서 살며 인스턴트 음식을 먹으며 살아간다. 하기사 좋은 작장이라 해도 30년 전 월급이 지금까지 제자리다. 당연히 실질소득은 30년 전보다 절 반 이상 감소했다.

일본의 완전 고용을 말하는 사람들은 이를 간과하고 있다. 한국의 연애, 결 혼, 아이를 포기한 삼포 세대나 중국 공산당에 소극적으로 저항하여 드러누워 잠이나 자자는 탕핑족과 거의 같은 개념이다. 동아시아 세 나라 젊은이들의 좌 절감에 대해서는 별도로 다뤄야 할 중요한 문제다.

일본은 어쩔 수 없이 20세기의 패러다임인 아날로그에서 빠져나올 수 없다. 20세기 벽두부터 지금까지 일본은 100년 이상 아날로그 성공 신화를 써 왔으며, 아직도 그 속에서 헤어나오지 못하고 있다. 아무리 21세기 패러다임인 디지털 사회로 나가려 해도 안 된다. 불가능하다. 그들 사회를 조금만 들여다보면 곧바로 알 수 있다.

전자 디지털 정부를 위해 디지털청을 만들고 혁신을 도모해도 1,740개(한국은 243개)에 이르는 지자체 서식이 모두 다르고 추구하는 가치가 달라서, 간단한 가족관계증명서 하나 떼려 해도 그 지방으로 출장을 가야만 한다. 지방에 가려면 기차표 검표원한테 표 검사를 받고 지자체에 도착해서 한참 기다려 지방 공무원들이 문서고에 가서 간신히 찾아낸 원본 서류를 복사해 도장을 받아 와야 한다. 간혹 디지털화된 지방에서는 90년대 사용하던 플로피 디스크에 보관된 것을 프린트해서 도장을 받는다. 이를 두고 그들은 디지털화되어 엄청 편해졌다고 말한다.

일본 사회가 외국 디지털 전문가들에게 매년 지불하는 돈은 천문학적이다. 그 기업의 횡포는 말도 못한다. 신문사 시스템도 비슷하여 현장에서 기사를 작성해 본사에 들어가서 다시 수정해서 입력한다. 우리 기자들이 이걸 보면 기절초풍한다. 이것이 정말 오늘의 일본 신문사란 말인가?

선거 때는 투표용지에 한자로 된 후보자 이름을 일일이 쓰고 나서 투표한다. 신인 후보자의 이름은 거의 모른다. 그래서 정치 신인들의 정계 입성은 힘들다. 아베 같은 2세 정치인이 많은 이유가 거기에 있다.

일본의 디지털 혁신은 정말 요원하다. 최근에 만든 우리 주민등록증 같은

'마이네임카드'에 의료보험증 기능도 넣어 시행하려 했지만, 국민들의 무관심으로 1인당 3만 엔씩 지급하며 가입을 유도해도 잘 안 된다. 카드 콘텐츠도 가끔 엉뚱한 사람의 내용이 나와 사람들의 불만이 많다.

일본의 진정한 디지털 혁신은 가능할까? 그러나 일본 사회는 별로 디지털화를 원치 않는다. 아날로그가 편하고 그들의 적성에 맞기 때문이다. 황혼의 사무라이는 산화될지언정 자존심을 굽히기 싫어한다. 그것이 일본이다.

레이와 시대의 쌀값 폭등

2025년 5월 느닷없이 일본의 쌀값이 폭등하여 일본 관광객들이 한국에서 쌀을 사 간다는 뉴스가 들려왔다. 확인 차 일본 뉴스와 자료를 검색하니 사실이었다. 알려진 것보다 훨씬 더 심각한 상황이었다.

일본은 과거 70년대 이래 쌀농사를 조절하여 계속 감산 조절과 수급 조정을 해 왔다. 이는 농민 보호와 쌀 가격 조절을 통해 일본 경제 전반에 미치는 영향을 최소화하려는 농업정책의 결과였나.

그러나 2023년 극심한 가뭄과 기후 악화로 인해 쌀 생산은 최악이었다. 2024년 말부터 쌀 가격이 전년 대비 20~30% 이상 상승하는 현상이 나타났으며, 일부 품종은 도매가 기준으로 5kg당 4,000엔(약 4만 원)을 넘기며 30년 만에 최고가를 기록하였다. 금년 쌀 가격은 전년 대비 90%가 넘어서는 지경에까지 이르렀다.

일본 정부의 대응책은 계속 침묵하다가 금년 들어 처음 나왔으나 그리 신통치 않은 것 같다. 첫째, 에토 다쿠 농림수산성 장관의 제일성부터 귀를 의심케 할 정도였다.

"쌀은 충분히 있는 것으로 알고 있다. 구체적으로 어디에 있는지는 잘 모르지만. 사실 나는 쌀을 사 먹지 않는다. 지지자들이 쌀을 많이 보내 줘서 쌀을 한 번도 사 본 적이 없다."

당연히 일본 전역이 들끓었고, 그는 이 발언 3일 만에 사임했다.

5월 21일 새로 취임한 고이즈미 신지로 장관은 아버지 고이즈미 준이치로 전 총리를 이은 2세대 정치인이다. 81년생인 그는 여러 이유로 말도 많고 탈도 많은 정치인이다. 현 총리 이시바 시게루와 지난번 총리 경쟁을 했고, 가장 유력한 차기 총리다.

그는 취임 일성으로 "쌀 문제를 즉각 해결하겠다. 비축미를 풀고, 쌀 수매를 경매로 하지 않고 수의계약으로 하여 즉각 수매하겠다. 필요하면 외국산 쌀도 수입하겠다"라고 기염을 토했다. 나아가 비축미를 무제한 방출하고, 2,000엔 이하로 수의계약을 하겠다고 공약했다.

그러나 그의 공약은 모두 일본의 전통적인 쌀 정책과 어긋나는 것이다. 비축미는 한 번에 10만 톤 이상 방출할 수 없으며, 경매 이외의 방식으로 쌀 수매를 할 수 없고, 나아가 외국산 쌀 수입은 엄격히 규제하고 있다. 이 모든 규제는 전부 소위 농림족의 전유물이기 때문이다. 특히 일본 농협은 거대한 공룡으로 비록 민영화되긴 했지만 여전히 가장 막강한 일본 농정의 주역이며, 그 이익 사슬은 누구도 손을 댈 수 없을 만큼 막강하다.

일본 정가에서는 신임 고이즈미 장관의 공약을 별로 믿지 않는 눈치다. 그 이유는 무엇보다 소위 농림족들이 가만히 두고 보지 않을 것이기 때문이다. 농림족은 농림수산성과 농림수산위원회 소속 의원들 그리고 농협 임직원들의 삼각 편대로 이루어진 거대 이익 집단인데, 어떻게 그 방어막을 뛰어넘을 것인가가 관건이다.

그들은 너무나 막강하다. 사실 쌀값 폭등도 그들이 작업을 한 결과가 아닌가 하는 것이 중론이다. 일본 정가에서 농림족이나 이와 비슷한 건설족의 이익 사슬은 누구도 손을 못 대는 공룡이기 때문이다. 일본 소비자들이 언제까지 이를 조용히 지켜볼지, 그것이 궁금하다.

UNDERSTANDING JAPAN

우리가 잘 몰랐던 일본
그 진실과 매력 15가지